2019[1]

CeOh![2] oder ABisCet

- eins geht nur - oder keins ...

Christian Seegert

Phantastisches Tagebuch - Band 12

Bibliografische Information der Deutschen Nationalbibliothek:
Die Deutsche Nationalbibliothek verzeichnet diese Publikation
in der Deutschen Nationalbibliografie; detaillierte bibliografische
Daten sind im Internet über *dnb.dnb.de* abrufbar.

Impressum

Band 12 (2019[1])
© 2020 Christian Seegert, Ritterhude, *cseegert.tbc@web.de*
Alle Rechte liegen beim Autor.
Herstellung und Verlag: BoD – Books on Demand, Norderstedt
Satz & Layout: Martin Labedat, Northeim

Phantastische Tagebücher
Bisher erschienen:
Band 1 (1985–1989), Band 2 (1990–1994), Band 7.1 (2012)
Band 9 (2017), Band 10 (2018[1]) und Band 11 (2018[2])
In Vorbereitung sind die Jahre 2013 und 2014

Zum Titel:
* Text folgt in 2019.2 (nach der Melodie von „In der Weihnachtsbäckerei")

ISBN: 9783751918770

Vorwort

Das fragmentarische Schreiben hält an, keine Verknüpfung zu einer Erzählung – so ist die Welt, voller Flecken und Flicken, daraus der je persönliche Teppich, der ja im Kopf das Material fürs Weltbild wird – das ich mit dem bezaubernden Begriff des Geschäftsmodells auf Abstand zu halten suche. Natürlich bin auch ich wählerisch – und mache Zusammenhänge – folge meinen Codierungen, Übertreibungen, naja, meiner Sehnsucht.

Aber Struktur hat's schon! Mein Kaleidoskop von Desastern geht von eins bis vier, jetzt fünf – hoffentlich bleibts dabei, was verträgt ein Land! Hier der Schlüssel:

> D1 – Klima
> D2 – Migration
> D3 – EU-RO
> D4 – ‚Bildungsrepublik'
> D5 – Gender-Inklusi+Exklusi-Sprache
> (packe ich dazu, da es sich institutionell verfestigt)

Alles hat Licht und Schatten, fürs Licht, für die Blendung ist ja gesorgt, ich bin eher Mann für den Schatten.

Mit diesem Paket ein Blick auf die Lage unseres schönen Fleckens in Mitteleuropa – das Thema kennen Sie, bitte schön, aus dem Immobilienerwerb, entscheidend ist Lage, Lage, Lage – also deren Betrachtung unter meiner soziologischen Kategorie des Sandwich, gewinnt an Bedeutung. Das Sandwich kommt natürlich aus dem anglo-amerikanischen Raum, im englischen seit 250 Jahren auf dem Markt, nordamerikanisch 1929 erstmals urkundlich erwähnt.

Anders als diese Leckerei sieht meine Kategorie vom reichhaltigen Innenleben so eines Kunstwerks ab. Vielmehr steht das Beziehungsgeflecht im Vordergrund, vulgo die Wirkung von Deckel (USA) und Boden (XI) auf das Innenleben (D).

Anzumerken bleibt, daß bereits beim physischen Sandwich die Außenflächen dem Innenleben Halt geben, beim Verzehr überhaupt den Zugriff darauf.

Im Sandwich als Beziehung wächst die Bedeutung der Außenflächen, wenn auch nicht mit erdrückender Kraft, wie bei so mancher Muschel. In den akuten Personifikationen XI und JOHNNY TRUMP ist ein gemeinsames Motiv zwar nicht auszumachen. Die Sandwich-Funktion wird dennoch spürbar, sie folgt einer anderen Dynamik. Diese gewinnt ihre Wirkung aus der Kraft, den Potenzialen der Beteiligten, kurz aus dem resultierenden Kräfteverhältnis, wie schon *beid'n G'nossinnen und Genossen, newwar!* Dort neigte man zum Gesundbeten, Kleinreden und zur Projektion auf den Klassenfeind, was bekanntlich schief ging. – Beim hier angestimmten Kräfteverhältnis geht's um nix Anderes! Um die produktive Intelligenz, um Fähigkeiten und Motivation und zukunftssichernden Einsatz der Ressourcen, wenn Sie ahnen … alles im Wettbewerb.

Geschichte wiederholt sich nicht, heißt es, aber nationale Prägungen sind stabil. – Wofür hat der Herrgott die Deutschen erschaffen? Ei, um das Klima zu retten! So siehts hier im Moment aus, im dritten Quartal wird's so recht ein Tollhaus, was sich abspielt. – Wir sind und bleiben der Sonderweg – ein Thema wird sich schon finden, könnte ein Außenstehender räsonieren. Da kommt die schwedische Greta grade recht. – Steht wahrscheinlich alles schon bei ANGELA M., seit 1997!

Hier ein Bild des Sandwich-Modus:

… und los geht's mit der Sichtung des Materials.

2019

1.1. Der Nacht des Sylvesters folgt reine Entspannung. – Doch heißt es bereits tags drauf, der Weihnachtsbaum müsse weg! Das war früher anders, wie vieles. Es dauert keine fünfzehn Minuten – furios, na gut, entschieden.

3.1. Ein Workshop mit Jonas kommt in Sicht, wir fahren auf das Gelände von Kellogg's zur Vorbesprechung mit Malte, Chefe Prolupin. – Wenn Loki vom Gassigang her Richtung Küche gast, kriegt sie die Kurve echt nicht, vom Rost folgt sodann turmhoher Sprung auf den Boden zur Verteilung der Dose Koks im Garten – zurück, springt sie mir ins Kreuz, stößt sich ab und – hast du nicht gesehen, fliegt die Mütze durch den Raum (zur Vernichtung freigegeben). – Sie brauche einen *agility*-Parcours, meint Marion – oder Windhundrennen in Hope? – nein, nichts, was das Jagen unterstützt – also Motto: bei Mutti ists am schönsten!

OLLI SCHOLZ schleppt zusammen mit Ländern und Kommunen einen Überschuß von 60 Milliarden ins neue Jahr, der Ärmste – seit 2008 Steuern rauf, Schuldzins runter – maximale Schröpfung unverheirateter Werktätiger im OECD-Kreis, so MANFRED SCHÄFERS (8.12.18) – 42 % ab 57.000 Jahreseinkommen.

Während des Krieges wurden Kunststücke aus den Uffizien in Florenz ausgelagert. Was die ‚Abteilung Plündern' der sich zurückziehenden Truppen entdeckte, wurde über die Alpen verschleppt, so 1943 die ‚Vase mit Blumen' des JAN VAN HUYSUM von 1722, die dort seit 1824 hing. In einer Privatsammlung 1991 entdeckt, ist keine Rückgabe bis zur Stunde erfolgt. Die Besitzer verlangen Bezahlung. – Daher hängt Direktor EIKE SCHMIDT eine Schwarzweiß-Kopie des Bildes aus, verbunden mit erneutem Aufruf zur Rückgabe.

5.1.   Ich Streuner am Lebensrand
        der Ereignisse – mehr
        am Aufheben interessiert, dessen,
        was rumliegt. So geht die Rede.

        Die Fragen nehmen ab, gehen
        zurück ins Schweigen.
        Ich mache mich auf,
        warum fragt keiner.

Nach diesen Präliminarien heißt es Obacht – was ist Phase! Na, immer dasselbe: D1 bis D5 – das will man nicht wiederholend lesen, aber es findet wiederholend statt – daher muß es – zumal, wenn sich Jahr für Jahr nichts ändert – Zustände der Republik, an die ihr euch gewöhnt habt! Also Hand aufs Herz und ab in den ersten Streßtest: D4, die <u>Bildungsrepublik</u> (hab' ich nicht erfunden)! Schließlich hat sich HEIKE SCHMOLL erneut die Finger wundgeschrieben. Hier vorab die Zusammenfassung:

Zuvörderst: Anstieg der Privatschulen seit 1992 um mehr als 80 Prozent, 9 % aller Schüler lernen dort (8.1.19 jpen). Als Grund vermutet die Dame vom DIW: Akademikereltern wollten sich abgrenzen – wie wärs da mit Befragung, statt Einstieg ins Ressentiment! Vielleicht ist es einfach Qualität.

Dann der Sprach- und Schriftreißwolf Genderstern – die Debatte gleiche jener über Inklusion (SCHMOLL 21.11.18) und jener

Bildung im Sandwich: Status!

übers ZehOh-2, ergänze ich vorlaut. Erste Behauptung: die Abschaffung der Sonderschulen sei eine Forderung der UN-Konvention von 2006, ein ‚Übersetzungsfehler'! – Zweite Behauptung: der Stern folge aus dem Beschluß des Verfassungsgerichts zum dritten und weiteren Geschlecht, nix folgt, Lesehilfe! – Dritte Behauptung: die CO^2-Werte seien wissenschaftlich ermittelt, *bullshit* pur, (guxdu SOLDT / BECKER bei 2.2.19, FLORIAN SCHILLING 13.9., A.S. KEKULÉ 1.4.)

KATARINA BARLEY aber folgt dem Stern, der ihren Namen trägt, sorry, und natürlich Berlin, dessen ‚Referat für Lesben, Schwule, Bisexuelle, trans- und intergeschlechtliche Menschen' (Atmen nicht vergessen) um ‚Formulierungshilfe' beim Rechtschreibrat nachsuchte. Der lehnt Sonderzeichen ab – nur in Deutschland werde das Thema so fanatisch diskutiert, sagt der Vorsitzende und verweist auf das generische Maskulinum – PETER EISENBERG votiert gegen diese ‚Erfindung einer politisch interessierten Gruppe'.

Gleichwohl geht's anderenorts durchaus noch phantastischer zu, wie eine fünfseitige ‚Kurze Anleitung für Transverbündete …' an der Uni Edinburgh zeigt: Studenten sollen sich aussuchen, wie sie angesprochen werden möchten, mit ‚he', ‚she' oder ‚they' – und sie sollten bedenken, daß das Geschlecht ‚flüssig' sei, also die Anrede wechseln, wenn sie sich so fühlten (28.8.18 G.T.). – Ist kein Arzt zur Stelle!

Zurück in die deutschen Bildungszentren: RAINER WERNER hatte bereits seinen Kampf als Gymnasiallehrer gegen die Berliner Senatsverpflichtung zur ‚geschlechtergerechten Sprache' annonciert (24.11.18). Den verlor er natürlich gegen die örtliche Gleichstellungsbeauftragte und fügte also seinem Text 80 Sternchen ein – nur beim ‚Hausmeister' nicht, keiner hats bemerkt. Schließlich gab es seit Schulgründung 1885 keine Meisterin. Der Text ist jetzt unleserlich, kannst du in die Tonne treten. – Sprache macht etwas mit uns, meint KATARINA BARLEY, womit sie recht hat – daher sei die Frage gestellt, was sie denn vorhat, wenn sie Sprache, schriftlich oder mündlich, unter die Rute weltanschaulichen Positionskampfes zwingt, noch dazu unter die infantilen, weil untauglichen Selbstbefreiungsversuche vermeintlich Sprachunterdrückter.

Begonnen habe das pädagogische System der ‚Minderwertigkeitszuschreibungen' in Gruppen mit Leistungsgefälle in den 70er Jahren. Die Bildungskatastrophe vollendet habe im Anschluß an die hessischen Gesamtschulen die integrierte Gesamtschule, so im Leserbrief Werner Rosenbecker (17.1.).

Der Bericht aus der Hamburger Schulpädagogik zieht dir auch die Schuhe aus (SCHMOLL 18.12.18). Nach dem senatorischen Hochsetzen des Notenschnitts 2016 und aufwändiger Notenumrechnungstabellen bei Schulübergängen, nach abstürzenden Mathe-Kenntnissen allüberall, der Notenfestlegung Mathe durch die Zeugniskonferenz statt durch den Fachlehrer und einer Schulinspektion, die sich um alles außer fachliche Qualität kümmerte – nach all dem gabs eine Kommission, die den *spread* von niedrigstem %-Satz guter und Höchstsatz schlechter Schüler gegen den Bundesschnitt zusammenziehen soll.

In der Betrachtung der Berliner Schulinspektion durch RAINER WERNER (24.1.) zeigt sich brennglasig die *selffulfilling prophecy* eines politischen Gleichheitskommandos, welches seine anvisierte Klientel durch ‚moderne Unterrichtsmethoden' nicht aus ihrer Benachteiligung herausholt, sondern diese stabilisiert und ausbaut. – Seit zwölf Jahren donnern die Inspektoren durch die Berliner Schulen, bewerten fachfremde Tester in 20 Minuten mit 64 Indikatoren die Qualität des Unterrichts – am Maßstab der bejodelten ‚Binnendifferenzierung' und jener modernen Methoden, deren Gegenpol das Unterrichtsgespräch ist, vulgo Frontalunterricht. Wer sowas noch macht, kann sich gleich verrenten lassen!

‚Die Form ergibt sich aus der Funktion', zitiert hiergegen RW das Bauhaus, also die Unterrichtsmethode leitet sich aus dem Gegenstand ab, sie ist nicht indifferent vor die Aufgabe gesetzt – wollen die aber nicht! So kommen die Inspektoren bei einem

Gymnasium mit Spitzenergebnissen zur Bewertung: leider mit der ‚falschen Unterrichtsmethode'. – Du schlägst tonlos hin, nach hinten. – Und alles gegen einschlägige Erkenntnis, etwa eines HARTMUT ESSER, wonach heterogene Gruppen nur die Guten stärken und die Leistungsschwachen benachteiligen – das ist auch schlicht gMv, wenn du dir die Pökse anguckst!

Solche Ignoranz gedeiht nur auf Weltbild-Überzeugungen! – Die auch den Grundschulverband prägen, wenn er den ‚offenen Unterricht' oder das Schreiben nach Gehör gegen alle Ergebnisse und Folgen verteidigt – Ruinierung des ‚visuellen und grafomotorischen Gedächtnisses' (KLAUS RUSS 17.2.19) – und die funktionale Autorität im Frontalunterricht als aufkommende ‚konservative Revolution' angreift, zitiert HANNAH BETHKE (24.1.). – Die ‚Koalition' von Schulbuchgestaltern (‚Bilderbücher mit gesammelten Einzelheiten') und Didaktikern (schriftliche Arbeiten als ‚Lückentext'), auch von Lehrern (‚Abkopplung des erziehenden Personals von der literarischen Welt'), schließlich von Eltern (‚wie viele Seiten hat denn das blöde Buch überhaupt', KLAUS RUSS) und Apps-Weltbildern erscheint übermächtig.

Gegen Weltbildfanatiker haben Empirie und Evaluation wenig Chance, gleichwohl hat HEIKE SCHMOLL einige Ergebnisse zusammengestellt (27.9.18). HEINZ-PETER MEIDINGER läuft schreiend durchs Land und fordert bundesweites Verbot des ‚Schreiben wie's klingt', gegen den ‚pädagogischen Freiheitsspielraum', der's gern nach Gutdünk' macht. Ein halbes Dutzend Bundesländer ist den empirischen Ergebnissen bisher gefolgt. Die Auswertungen zeigten brachialen Abstand der ‚Fibelkinder' zu den gehörschreibenden, dazwischen noch ein dritter Ansatz. Schreib mal Kasten – Stück – Fuchs – Quelle – Café nach Gehör – ganz überwiegend entspreche die Laut- eben nicht der Schriftsprache, so UNA RÖHR-SENDLMEIER. – Angesichts solcher Offensichtlichkeit auf pädagogischem Freiheitsraum zu bestehen, gehört zu den Ballspielen deutscher Schulausbildung – mit den Kindern kann man's ja machen. Zumal dort, wo Dialekt Umgangsform ist, Sachsen, Bayern, Schwaben. Doch können die es weit besser, weil sie den Unterschied kennen! – Bei solcher

Kundenorientierung ginge jedes Geschäft direkt in die Pleite. Und dafür würde bezahlt, im Unterschied zum Schulregime!

Ach ja, Weltbild-Meister sind ja die Grünen – die kriegen dauernd mehr Stimmen, in Berlin jetzt zehn Prozent vor der SPD – und sie sind entschlossen, jedem Bildungs-Desaster in den verkommenen Schulen der Stadt zur Perfektion zu verhelfen (25.11.18 SCHMOLL) – dafür wollen sie ‚alle Fächer zu Mangelfächern erklären lassen‘, um überall Quereinsteiger ran zu lassen, in den Grundschulen sind's ja erst 70 % – die ‚Entprofessionalisierung des Lehrerberufs‘ ist für Berlin dann abgeschlossen, die Stadt hat diesbezüglich der ‚Berliner Anarchie‘ (SCHMOLL 24.1.19) bereits ordentlich vorgearbeitet, der Quereinsteiger als ‚Heilsbringer‘ hofiert, bis zu 15 % Abbrecher in den Gemeinschaftsschulen, ‚in der Regel nicht ausbildungsfähig‘ – gegen die Schwäche im Lesen, Schreiben, Rechnen will Grün die Gemeinschaftsschule forcieren, wie überall, wo sie's können (NRW, Ba-Wü).

Dieser Ansatz führt das Abschleifen des Gymnasiums im Gepäck: Verpflichtung zur Aufnahme von Förderkindern, Abschaffung des Probejahres und des Versetzens in eine niedrigere Schulform, warum? Um die hohe Zahl an Rückläufern zu unterbinden, die am Gymnasium scheitern! Was nicht gefällt, wird verboten, soll wenigstens nicht sichtbar sein! Bemerkenswert sei das hohe Maß abwegiger Lösungen nach richtiger Diagnose, bemerkt HS im Kommentar, noch was?

Nochmal: alles das gegen empirische Verifizierung, wonach ‚strikter differenzierende Bundesländer (Bayern, Sachsen, früher auch Ba-Wü) deutlich bessere Leistungen‘ hervorbringen (SCHMOLL 15.11.18, Bezug auf IQB 2009). Nur in Baden-Württemberg, so IQB 2015, haben sich die Leistungen folgerichtig ‚in allen Dimensionen erheblich verschlechtert‘. Gleiches aus der NEPS-Bude: strikte Differenzierung führt wegen ‚kognitiver Homogenität … immer zu höheren Leistungen‘, gerade auch der Leistungsschwachen, die im heterogenen Umfeld kapitulieren – und den Leistungsstarken das Feld überlassen! Die profitieren sogar von Komplexität, ihr Behüter der Gerechtsame, der Armen, Schwachen und Leidenden. Das gilt, auch wenn OECD-Schwachmaten konstant ein substanzfreies Gegenteil in die Welt setzen. Wie *stoned* müssen verantwortliche Kultuskader sein, solche banalen Zusammenhänge über Jahrzehnte zu ignorieren, die bereits in den 70er Jahren vorlagen. Was treibt solchen Vorsatz! Vulgo: wer kann sowas wählen.

Leistungstests in ‚normierten Verfahren‘ und darauf gestützte ‚bindende Schulempfehlung‘ wären die logische Folge – gerade gegen vorgefaßte Privilegierung und Benachteiligung (RICARDA STEINMAYR) – kriegst du aber nirgends mehr durch, ‚voll die Seuche‘ (Zitat aus Hm. Krause).

Es klingt nach purer Denkfaulheit, wenn sie schließlich umstandslos fürs flotte Internet werben. Da kommt die ‚digitale Agenda‘ etwa von RALPH MÜLLER-EISELT gerade recht. Das ist ein Bertelsmann-Stratege, der Curricula, Lehrpläne und Klassenunterricht auflösen und jeden Schüler in einen Algorithmengetriebenen 1:1-Frontalunterricht packen will, so WOLFGANG SCHIMPF (16.2.19). Diese lernenden Formeln im Prozeß permanenter Verfeinerung ließen dem Probanden keine Chance, außer alles richtig zu machen. Er werde zum ‚Teil einer Maschinenwelt‘ und olle HUMBOLDT könnte sich mal … vielleicht hilft ja die Arbeitsstättenverordnung mit ihrer Pausenregelung.

Was noch! Der ansteigende Lehrermangel, in Thüringen ‚Lükkenanstieg‘ 2018, gemeint keine Noten in den Halbjahreszeugnissen, auf 600 Klassen (31.3.18 oll), infolge Lehrermangel bzw. fachfremder Unterrichtung – der Lehrermangel führt häufig seine Überschußseite mit (SCHMOLL 18.10.18): was im Grundschul- und Sekundarbereich fehlt, drängelt sich am Gymnasium als ‚Überangebot‘ – das möchte aber nicht dorthin, also wird das System Quereinsteiger ausgebaut.

Und die Inflation der Abitur-Eins, seit 2006 hat sich die Zahl verdoppelt. Sie ist häufig leicht zu haben, daher gibt es ‚keine angemessene Note mehr für Spitzenleister‘ (SCHMOLL 7.3.19). Die sagenhafte Intelligenzschwemme findet sich ausgerechnet in Berlin, Brandenburg und Thüringen – gleichzeitig sinkt die Gruppe der Spitzenschüler im PISA-Lernstand ‚kontinuierlich‘. Der überwiegend kriterienfreie Übergang aufs Gymnasium unterstütze solche Entwicklung, Anstieg seit 2006 von 30 auf 41 Prozent. – Die Aussichten bleiben trübe. – Mit der Umsetzung zentraler Abiturprüfungen stieg die Zahl nicht bestandener Abschlußprüfungen, ein Hinweis auf ‚größere Zahlen sehr schwacher Abiturienten … insbesondere der Gesamtschüler‘, so OLAF KÖLLER vom IPN (27.3.19 – Schmoll). – Alles in Praxistests bestätigt: von 120 Stellen konnte in 2016 das BKA (Wiesbaden, für Berlin hätte es vielleicht gereicht) nur 62 besetzen – knapp die Hälfte der Abiturienten fiel beim Deutschtest durch, so RAINER WERNER (4.4.19). – So auch im Studium: je die Hälfte aus der 25 %-Abbrecherquote in Konstanz räumten 2015 ein, ‚daß ihnen Kenntnisse und Techniken zum Verfassen akademischer Arbeiten fehlten‘ (WERNER a.a.O.). Weils nicht gemacht wird, keine Protokolle, Arbeitsbögen, Lückentexte usw. – Und das wird früh vorbereitet: 37 % der Grundschüler mit unleserlicher Handschrift, so der VBE, an weiterführenden Schulen sind's 53 % (Jungs) bzw. 33 %, ‚beschwerdefreies Schreiben‘ über 30 Minuten schaffen zwei von fünf Schülern (18.4.19).

So, das mußte sein – nutzt ja nix. Wenn ich den Laptop anschreie, meint Jonas, der Blöde, in Frankfurt ‚Dummbeutel‘, sitzt immer davor! – Kann es sein, daß das im Bildungsbetrieb ähnlich ist? – Nachhaltigen Erfolg scheint wenigstens die Klima-Indoktrination zu haben, dafür gibt es dann ‚FreiDays‘ ohne Sanktion, weils für den ‚guten Zweck‘ ist, tönt es aus den politischen und medialen Echoräumen.

Bitte jetzt unterbrechen – und auf der Zunge zergehen lassen – denn: das findet ‚im Sandwich‘ statt, dieser planetaren Wettbewerbsveranstaltung nach dem Motto: ‚EWG‘, von HANS-JOACHIM KULENKAMPFF.

7.1.   Unsere ARD/ZDF: mit der Begründung für den Medien-Monopol-Giganten ist es wie mit der für die Landwirtschaft in der EU: sie ist ein halbes Jahrhundert alt, also hinfällig und wird durch neuere Begründungen ersetzt. Und was führt Intendant THOMAS BELLUT für seine 5%-Forderung an? Qualitätsniveau, die ‚meritorischen Güter‘, die ohne Staatsfütterung im Gully ‚Marktversagen‘ absaufen, flötet das DIW – die Fachwelt, nein, der gemeine Frontmann vor dem Glas, lacht sich tot – Berge von Ramsch, dazu 500 Millionen für den Sport und die ‚zweistelligen Millionengagen‘ für Talk- & Showmaster (PHILIP PLICKERT) – naja und die Pensionsrückstellungen für die Lotto-Ansager & Co. – Und jeder fehlende Druck für Kosteneffizienz und die Intransparenz der Bedarfsevaluation, der Beirat beim Finanzminister ist der schärfste Kritiker dieses weltweit nahezu teuersten Anbieters von ‚Dick und Doof‘.

11.1. Lucas G., alias Abu Ibrahim al-Almani, wurde von Einheiten der Syrischen Kurden im Euphrattal festgenommen. Er bereitete grade einen Anschlag vor daselbst, nachdem er 2013 das Berufskolleg in Dortmund mit dem Ziel Fachabitur abgebrochen hatte.

Mit 2,5 Promille ist ein Lokführer an Wittenberg vorbeigerauscht. Reisende dorthin fuhren mit der S-Bahn zurück. – Während eines Notfalleinsatzes in Pforzheim fuhr ein Betrunkener mit dem Rettungswagen davon – das war ‚unbefugte Ingebrauchnahme eines Fahrzeugs‘! – Achten Sie auf Ihren Zustand bei waghalsigen Projekten, die Rauschtat schützt vor Strafe nicht, denn Sie waren ja vorher bei Sinnen – wird als Regelfall unterstellt!

12.1. Wir lungern abends so etwas vor dem schönen Fernseher, da kommt ‚Aida‘ auf 3sat, sehr stark und sehr schwer – ohne Vorbereitung noch schwerer – aber dann der Kulissenbericht aus der ‚L'Opera de Paris‘! Fantastisch. Bild und Ton durch alle anfallenden Arbeitsgänge, das nimmt mit in diese vielgestaltige Mechanik, in die Nähe der Arbeit.

13.1. SONNTAG. 7 Uhr raus – Gassi – Brötchen – Zeitung. Später auf die Dreispurige, wenn Sie verstehen, was das heißt, nach Hamburg zum jährlichen Neujahrsempfang in der Haynstraße – Sigrid ist jung und schön, freut sich – es ist voll in der flurlangen Hamburger Wohnung – Erinnerungen an Eckhard – sein Kaffee HAG-Freund und Eismeerfahrer Walther, auf der Lebensachse zwei Jahre vor mir, ist weiterhin entschlossen in Richtung Atlantik. – Mit noch klarem Blick geht's sodann quer durch die Stadt nach Westen – zweiter Teil des Großeinsatzes Hamburg – Aufschlag mit großer Tasche für Yve & Peet – alles aufs Fensterbrett und an die gute Quiche von Jenny – noch ein bißchen durch den Apfelkuchen – danach Activity, Opi floppt, Peet ist on top. – Durch Sturm & Regen zurück.

19.00: das ‚Don Alfonso Mille‘, Restaurant an der Amalfiküste oder Riomaggiore auf Cinque Terre, serviert auf einer Serviette feinste *pasta*, dazu konzertant, als wärs eine Oper, es ist wie eine Oper, was die Köche machen – Pasta Sushi – Carpione con Schwertfisch – Honig, Süßholzrauch, Tanne – Erde für die Ente karamelisiert – tiefster Respekt vor diesen Produzenten, italienischen Köchen aus drei Restaurants, die mit tiefem Ernst Einzelheiten der Zutaten, das Zusammenspiel für die Geschmacksausprägung, erläutern.

14.1. HELMUTH LETHEN, heute wird er 80, ‚dieser bravouröse Analytiker unseres Maskenspiels‘, so CHRISTIAN GEYER (guxdu Band 10, 2018.1, Seite 50, Band 11, 2018.2, Seite 72).

‚Warum sie ins Exil gingen‘,
wurden 1933 wohl Hunderte seitens der Harvard University gefragt – und antworteten auf Tausenden von Seiten. Daraus liest EVA MATTES, unterlegt mit szenischen Schnitten aus jener Zeit. Ich sitze davor und be/schreibe mit.

Eine Gruppe steht vor dem Haus mit gestrecktem Arm – vom Dach wird die Hakenkreuzfahne entrollt.
Aus A wurde B, dann C und das gesamte Alphabet.
1933 Chefärztin Nathorff, geb. Einstein – die Apostel des Führers … sichtbare Erscheinungen, im Unterschied zu vorher … das deutsche Volk so mit Hitler-Ideen vergiftet, eine feine Republik – der Tod, oder Hitler soll sie holen … über Hindenburg empört, der diesen Kleinbürger-Bolschewiken empfängt.

Die Reichstagswahlen auf dem Schulhof nachgespielt: Arbeitslose gegen Schupos ‚Wählt Hitler', Hakenkreuz in der Sonne – heute Nachtwache? Ich bin doch in der NSDAP – ich bin Preuße, Mitglied der SPD – Angebot an KPD-Mitglieder: SA-Uniform – 50 Mark bei Eintritt – Verpflegung in einer SA-Kaserne – 1 Mark/Tag.

KARL LÖWITH, unter Pseudonym, es sei alles Porzellan der Welt wert, meinte er – ‚Die Volksparole', das NS-Hetzblatt, Sprache des Mordes, der offenen Hetze (1932) – das Wettrennen nach Posten setzte ein, Parteibuch wird meine Versicherung.

30.1.1933 – Hitler Reichskanzler, ‚das deutsche Volk erwacht', GÖRING – gesamte SA alarmiert zum Fackelzug vor dem Reichstagspalast – 4 bis 6 Wochen soll er, dann Neuwahlen, Reichskanzler KAHRS, so das Zentrum – alle rechneten mit einer Art Explosion.

27.2.33 – Brand des Reichstags, der Täter aus Holland mit dem Parteiausweis der Kommunisten, ich wurde gezwungen, alle Türen aufzuschließen <für die Brandstifter>.

5.3.33 – Wahlen zum Reichstag, 50 % an die NSDAP – die SA klingelte bei den Langes, das bedeutete Tod – der Polizeiminister Münchens von SA aus seiner Wohnung entführt.

SS und SA im Marsch durch die Arbeiterbezirke von Chemnitz, mit Sturmmaske, Gewehr, Hundepeitsche und -bürste – lange vorbereitete Listen, wurden alle auf die Straße getrieben – SA-Leute treiben einen der angesehensten Rechtsanwälte Münchens im Hemd und mit Schild durch die Straßen.

21.3.33 – Tag von Potsdam – Ausruf des ‚Dritten Reiches' – Legionen deutscher Männer in Uniform – alle Bünde der militärischen Tradition – Kinder in braunen Hemden – der greise Hindenburg mit bleichem Gesicht durch das Spalier zur Kirche, im Reichspräsidenten-Auto und schwarz-rot-goldenem Wimpel.

23.3.33 – Ermächtigungsgesetz
2.8.34 – Tod Hindenburgs – vor 20 Jahren begann der Weltkrieg – großes Staatsbegräbnis in Tannenberg – ‚mögest Du eingehen in Walhalla' – Reichskanzler und Reichspräsident in einer Person – es beginnt die Jagd der Geheimen Staatspolizei auf Kommunisten, sozialdemokratische Funktionäre und andere Gegner.

Mein erstes war, daß ich mein Geschlechtsteil (schützte) – bei uns geht alles im Laufschritt – du wirst dich dran gewöhnen, bevor wir dich kurz und klein schlagen – … dem KL zugeführt.

1.4.33 – ‚Judenboykott', junge Bursche mit Schildern, ‚Kauft nicht beim Juden' – einzelne Kriegsauszeichnungen in die Fenster gehängt. – Ich kündigte der jüdischen Familie, bei der ich gewohnt hatte und zog zu einer urdeutschen Familie – die Zeitungen schwiegen über die täglichen Morde – zu Hause: die Sammlung bürgerlicher, jüdischer, marxistischer Schriftsteller ausgesondert – Verrat?! – verbrennen? – verpacken und an falsche Adressen schicken.

Fahnenaufhängung in Freiburg – wann treten Sie in die SA ein, vielleicht besser, Ruhe, kann immer noch denken, was ich will – Denunziation eines katholischen Pastors durch einen katholischen Studienrat, Deportation ins KL. – Tübingen: der Pastor und der Professor (Phil) in der Kirche: Pakt mit dem System – an jedem Balkon ein Hakenkreuzband – man stellte mit Erstaunen fest, daß sie eine große Zufriedenheit an den Tag legten.

UTE LEMPER liest …
Gleichschaltung – Ausdruck einer Ekstase bei allen, wenn Hitler am Fenster erschien, eine Ausfahrt macht – besessen auf den ‚Erlöser Hitler', der ‚wahre Gottessohn', so rechtes ‚Hitler-Wetter' – der Spießer, der sich an der Menge und seinem eigenen Warten berauscht – Parole, ohne Debatte akzeptiert – Volksabstimmung, sofort.

Aus der Schule (6), was habt ihr heute gelernt – spontaner Beifall – Spender: ein großes Q an die Außentür – marschieren – marschieren – marschieren.

Kein Staatsbeamter durfte mit einer Jüdin verheiratet sein, sofortige Entlassung – er mache alles nur aus Opportunismus – was er denn getan habe – und: was sollte er denn tun – Anweisung an den Hauswart, sich das Kommen und Gehen genau anzusehen.

In der Schule: an erster Stelle der Staat, die Eltern in der letzten Reihe – ein Junge: der Vater schimpfe auf das ewige Marschieren, Überführung ins Lager – stehend die ganze Stunde das Horst Wessel-Lied gesungen – Volks-, Mittel- und Hochschullehrer fallen um wie trockene Bäume – noch vor einem Jahr ultralinks, heute 100 % Nazi – HEIDEGGER Rektor der Uni Freiburg – die Kinder mit

Schüssel, Seife und Bürste, um Sitze zu säubern, auf denen Juden gesessen haben – die Schüler hören nicht mehr zu, sie denken nur an ihre Aufgaben in der Hitler-Jugend, dort bekämen sie alles, was sie brauchen.

Die deutsche Frau: Kochtopf, Ehe, Mutterschaft – statt Klassiker nur Reden von GOEBBELS, HITLER, GÖRING, wieder und wieder.

Der Arbeitsdienst – Zwangsrekrutierung billiger Arbeitskräfte für Kriegszwecke
KdF: Erholungsorte, überflutet, Zuckerbrot, mit der Peitsche verabreicht – der Einzelne gehört nicht mehr sich selbst sondern dem Staat – keine Tür mehr, kein Schloß – Parteidienst jeden Sonntag, jeden Abend, was sich nicht bog oder weich wurde, mußte zerstört werden.

Im Ostseebad Rauschen: ‚für Juden verboten‘ … ‚unerwünscht‘ – selbst Gottes freie Natur war dem Paria verschlossen <der Sinn der ‚Volksgemeinschaft‘>

1935 Nürnberger Gesetze – minderwertige Schädlinge und Untermenschen – rassische Kategorisierung – Blut-Arithmetik – … bemühte sich, der jüdische Vater sei nicht der Erzeuger, … ein arisches Dienstmädchen unter 45 zu beschäftigen, in jüdischen Haushalten – keiner ahnte, daß auch die größten Geister, von wenigen Ausnahmen abgesehen, so wenig Widerstand, auch nur in Worten, aufbringen würden.

Zugkräftiges Propagandamittel fürs denkfaule Publikum war Antisemitismus und Antibolschewismus und Versailles, dazu ‚Brot und Spiele‘, ‚seit 2000 Jahren – und immer marschieren – marschieren – es war eine wahrhaft rasende Tätigkeit: Kundgebung, Aufmarsch, Festtag in Permanenz.

Über Stunden, halb erfroren – ‚daß wir hier bauen, verdanken wir dem Führer‘, an jeder Baustelle, bis sich vor Hakenkreuzen alles drehte. – Massenhypnotischer Zwang – niemand geeigneter als Deutsche, Preußen, an der kurzen Kette gehalten zu werden, die ihm in den Hals schneidet.

Goebbels: ‚unsere Revolution war die unblutigste in der Weltgeschichte‘ – Einzelverhaftungen zu jeder Tag- und Nachtzeit.

9.–10. Nov. 1938 übertraf alles – ,schmeißt den Juden ins Feuer' – Läden, Wohnungen, Synagogen – die Feuerwehr stand, löschte nicht – Goebbels: Reparatur durch Juden auf eigene Kosten, da selbst verschuldet.

Als ich Deutschland verlassen hatte, verstand ich all mein Verhalten nicht mehr, in D. dachte ich nach jeder Maßnahme, schlimmer wird es wohl nicht. – Es ist kalt, eiskalt, nach diesem Bericht. Alles kühlt ab innen, erst Ablenkung wärmt wieder.

Die ,National Socialist Knights oft the Ku-Klux-Klan Deutschland' verherrlichen das Regime und werden bundesweiter Fahndung unterworfen.

Auslieferung des CESARE BATTISTI an Italien zur Vollstreckung lebenslanger Haft wegen Mordes – Raubmord für die ,Bewaffneten Proletarier für den Kommunismus' war sein Arbeitsfeld. Als der Sozialist FRANÇOIS MITTERAND Terroristen in ,Aktivisten' umtaufte, begab sich Battisti, wie Dutzende Genossen, nach dem Ausbruch aus dem Gefängnis ins politische Asyl nach Frankreich, wo er als Autor hofiert wurde, danach weiter nach Mexiko – Brasilien unter die Fittiche des Arbeiterpartei-Chefs LULA (Matthias Rüb 14.1., Rüb/Wiegel 15.1.19).

Start Up 2019: die Innovationsagenda von PAUL ACHLEITNER und Lange als Sollprofil gegen den Status des Landes: ,von neuer Gründerzeit kann hierzulande keine Rede sein' angesichts Platz 35 von 54 Ländern – hier die sieben Elemente des großen Maßstabs:
• wenig Wagniskapital, 60 Milliarden fehlten,
• wenig Offenheit für ausländisches Kapital, ängstliche Abschottung,
• selten sind Hochschulen ,Treibhaus', Ausnahme etwa TU München,
• wenige regionale Innovations-Öko-Systeme als Attraktion für Kapital und Talente,
• Militärausgaben auf *spill over*-Effekte ausrichten,
• Regierung sollte Initiative und Ambition zeigen,
• mehr Investition in Köpfe.

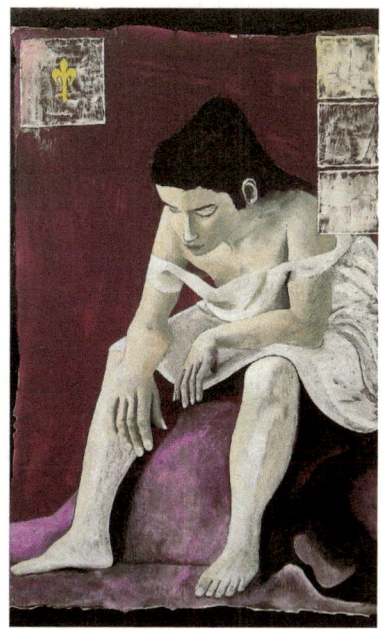

Besinnung (2015) – 70 x 100 cm Acryl auf Holz

JÜRGEN KAUBE wirbt für APHRA BEHNS und ihre Restaurationskomödien aus dem England des 17. Jahrhunderts – ‚der Mann als Verführer? Da konnte sie nur lachen' – in Deutschland seit 300 Jahren kaum übersetzt, nirgends gespielt. Sie schloß ‚die Logik der Ehe aus Vermögensrücksichten mit der Prostitution zusammen'.

16.1. Abends aufs Elektro und durch die schwarze Nacht, im Niesel ins Nurdach-Haus, wo Giselher zum Ski-Gespräch lädt. Phantastische Bewirtung prägt das Ereignis im kleinen Ratskeller unter NN. Alle bekommen das ‚Crossing USA' und ich werde erneut den Pastor vertreten.

FRANZ JOSEF CZERNINS Märchenprojekt rezensiert Daniela Striegl – ‚Manches Buch wirkt wie ein Schlüssel zu fremden Sälen des eigenen Schlosses', ist da Kafka zitiert. – Das gilt wohl auch, wenn man keines hat.

17.1. Zum Chor durch den ersten Schnee hier oben, so dicht bis in reines, wildes weiß – es sei nur eine Wolke, enttäuscht die Wetter-App.

18.1. … aber unter Frost zu glatter Körnung gefroren.

Der Präsident des Bundestages ist WOLFGANG SCHÄUBLE. Der macht ganzseitigen Text zum Thema Balance und Kompromiß im Politischen. Das geht auf dem Boden von MAX WEBER und Ordoliberalismus auch gut los. So markiert die erste Hälfte auch den Abstand zur Kanzlerin. – Doch dann große Themen einschließlich EU, UNO und den Wahn der DSGVO als Beispiele solcher Grundierung zu versammeln, macht das Ganze zur Chimäre – als wolle er diesen Politikbetrieb der konservativen Kritik verkaufen, ‚gut verpackt von Bertelsmann‘ oder wie. So sitzt du da mit der Asche im Gesicht – nach einem Schuß in den Ofen. Maxe dreht sich im Grab, wie üblich.

19.1. Um 7 mit Loki an den Deich, eisekalt – Hundeschule abgesagt, ohne Hundemantel!

Sodann die politischen Einschläge beim Frühstück, das Ei springt aus dem Becher:

- der grüne Fundamentalismus ‚Bleiberecht für alles‘ weigert sich, ‚sichere Herkunftsländer‘ anzuerkennen wie Georgien, so kurz vorm Nanga Parbat, wenn Sie nachsehen wollen,

- eine *so called* Mobilitätskommission unterwirft sich dem grün-ökologischen Fundamentalismus, den Straßenverkehr runter- und Steuern hochzuregeln,

- die rot-rot-rote Hauptstadtregierung möchte Wohnungsgesellschaften preiswert enteignen und mit 6-Euro-Mietendeckel endlich wieder das DDR-Wohnfeeling, so MICHAEL PSOTTA, ins jahrhundertverseuchte Berlin zaubern. Die Quelle ‚totalitärer Systeme‘ nannte Kai Warnecke von Haus & Grund bereits, auf den Deckel-Vorschlag der SPD vom letzten September

Bezug nehmend. – Ganz anders aus dem Innenministerium und von der neuen Bau-Zuständigen Anne Katrin Bohle (6.4.19 loe), die ‚neidisch nach Wien guckt‘ – EVA HÖGL wohl auch, die mögliche Nachfolgerin der nach Brüssel vegetierenden KATARINA BARLEY plädiert für ‚herzhaftes Vorgehen‘. – Das tut ROUZBEH TAHERI, der ist nach WASG und PDS ‚unabhängig links‘, gegen Spekulanten, mit ‚starkem Gerechtigkeitssinn‘, für Artikel 15, gegen 10,32 Euro/Qm kalt, nächster Stopp ist das Volksbegehren (5.4.19-dpa). – Gute Chance im eigentumslosen Berlin, 85 % in Miete, Kosten um 30 Milliarden.

• Fehlt nur noch Kanzler-Aspirant OLAF SCHOLZ, der lebhaft für mehr Brüssel-Steuerkompetenz plädiert – weils die ‚europäischen Bürger‘ erwarteten. So geht *framing*, Herrschaften, ZDF vom Feinsten, dagegen ist MENASSE der Biedermann. Steuerkumpel MOSCOVICI brüsselt sich tot! Und MACRON kann seine Gelbwesten endlich rüberschicken, beschwert euch in Brüssel!

Solche Ereignispaletten faßt ULRICH VON SUNTUM im ‚Merkantelismus‘ zusammen. ANGELA MERKEL habe ‚nicht weniger als die deutsche Wirtschaftsordnung der Nachkriegszeit zerstört‘. – Ein überbordender Staatsinterventionismus verdränge Marktkonformität, die Gleichheit vor dem Gesetz und ökonomische Handlungsfreiheit, daraus resultierende Desaster werden jedoch dem Markt zugeschrieben, wie etwa bei Mieten oder dem Gesundheitswesen. Das Grundgesetz sei inzwischen ‚wirkungsloser Schutz vor staatlicher Willkür‘, zugleich zunehmend ausgehöhlt durch Europarecht.

Ganz anders der ‚Berliner Bunker‘, der zur ‚verbotenen Stadt‘ ausgebaut wird, so ULF MAYER zum Ausbau des BKA, Bundeskanzleramt. Seit 2001 von 410 auf 750 Teilnehmer hochgefahren, wird die Hütte rückwärtig massiv erweitert, wie Circus Maximus. Die stetigen Personalbeschaffungen bekommen dann hoffentlich in den vierhundert (in Worten: 400!) Räumen auf sechs Etagen Unterschlupf, ‚eine endlose Festung für den stets wachsenden Bürokratenapparat‘, so UM. Bis zum zweiten Stock fensterlos massiv-blanker Beton hält ungebührliches Anklopfen ab. Da ist etwas Reziprokes, wie beim rechtsdrehenden *Hurricane,* falls Sie noch folgen können: während beständig Aufgaben und Funktionen ins befreundete Ausland, vulgo: an die 30 Tausend Brüsselsitze gehen, wird der Personalbestand ordentlich aufgesattelt, wie beim Parlament. Dagegen wirkt der neue Staatsschutzbau transparent.

20.1. 7.30 Deich, Bäcker, ich nehme die Tüten mit Mengenrabatt, Leon und Jonas sind am Frühstückstisch. – Jonas erweitert seine Belegschaft, vor dem ersten Abschluß. – Wir bereiten den Workshop vor, Prolupin. – Christof wieder im Krankenhaus – schwer erträglich – Loki knurrt, als Marita zum Tee kommt – Tage später ist ‚die letzte Hoffnung dahin‘. Das Endgültige füllt den Raum.

22.1. Mit Jonas zum Betriebsgelände Kellogg's, wo sich ‚Prolupin‘ mit den Mecklenburger Pflanzen eingenistet hat. Mit knapp zwanzig Leuten gehen wir durch einen Workshop auf Lifo-Basis und mit qualifizierten Botschaften des Chefs. Der steht abends mit Frau und Schürze hinterm Flammkuchenbräter. Gelungene Impro.

23.1. Tags drauf soll es weiter gehen, ich komme aber nicht weg – finde den Autoschlüssel auf dem Hundeplatz, auf einem Handschuh liegt Loki beim Vormittagsschläfchen. – Wir gehen durch die Lifo-Zahlenkolonnen, Grundlage für provozierende Illustrationen aus dem Leben. – Zum Abend holen wir Marion ab und in die Große Arena, wo Malte uns drei Bodenkarten für die ‚Fanta 4‘ überlassen hat. Schon der Vorlauf bringt auf Touren – da tobt son Dijäy am Schallplattentisch zu skandierendem Rhythm & Tohuwabohu, daß es die Hundertschaften an der *edgefront* so richtig schüttelt, uns auch. Ab 8 heizen dann die 4 ein, gewaltige visuelle *performance* im Rücken – zur Halbzeit werden Botschaften ausgeteilt, ‚kein Faschismus und Nazis raus‘ ist unangenehm deplatziert, zum Glück ohne nähere Erläuterungen nach 20 Sekunden vorbei – irgendwann brechen wir ab, nach immerhin drei Stunden netto, also kein Anlaß für Rollator-Text – es war *great,* wenn Sie verstehen – zurück aufs Land – mit Loki kurzen Sturz in den Gassiweg – und Schluß.

24.1. Tag im Standardformat – die Chorprobe endet in doppelter Geburtstagssause, wer weiß, ob ich nächstes Jahr noch hier bin, motiviert die Jubilarin das alkoholische Gedeck – und kündigt an. Und es wird so recht eingeschenkt bei bester Unterhaltung.

Der Postbote klingelte und brachte den nächsten HELMUT LETHEN, seine Herren Staatsräte von 1933. Auf seine ,Lehren der Kälte' kam ich assoziativ über den Biografen des WERNER BEST. Aus der Niederlage 1918 ohne Aussicht kommend, entwickelten konservative Intellektuelle diese Grundierung des Lebens, woraus die Nazis den kühl exekutierenden Herrenmenschen formatierten.

Und FRANCIS PICABIAS ,Köstliche Ungeheuer' ist dabei – die Surrealisten saßen in feinsten Karossen – diese Kälte durchzieht auch ihre Aphorismen, ,Gott hilft uns und läßt die Kacke wachsen'. – Das Revox liefert *,Shake your money Maker',* Booker T's ,*Green Onions',* Leute!

Dabei stand JONAS MEKAS, riesiger Filmregisseur, gegen das Sentimentale und in der Angst, daß Erinnerungen neue Erfahrungen blockieren könnten. Er floh erst vor den Russen als Sowjets, dann vor den Deutschen als Nazis, kam 1944 aus der Internierung bei Hamburg frei und, die Kulisse New Yorks vor Augen, aus der Stadt nicht mehr weg – die Summe dieses ,einzig möglichen Lebensortes waren seine ,*Outtakes from the Life of a Happy Man'.* Davon erzählt Verena Lueken, nachdem der 97-Jährige ans Ende seines Aufenthaltes kam. Er hinterläßt die ,*Anthology Film Archives'* in einem alten Gerichtsgebäude in der Lower East Side von Manhattan – könnte ein Abstecher auf dem Rückweg von Las Vegas sein, bevor ein Investor den Bau einreißt.

27.1. Beim Frühstücksrätsel: ‚Zuerst lernt der Mensch gehen und sprechen, später zu sitzen und den Mund zu halten‘, sagt MARCEL PAGNOL. Isso!

Beim Vergleich OBAMA – TRUMP gehen Dir die Augen auf, nachdem die Ohren bereits klingeln vom öffentlich-rechtlichen Trump-Battle. Der Taktgeber mehrerer *initial wars* wurde gerade noch zum evangelischen Kirchentag geladen und gefeiert. – Was der ignorante und selbstverliebte *mainstream* gerne hat, das gönnt er sich.

Meine Mütze? – Auf dem Hundeplatz – meine Handschuhe? Ei, am Hundeplatz, der linke halb aufgefressen.

29.1. Zwar konnte die Rundum-130-Ansage auf den letzten unregulierten Autobahnkilometern nochmal abgebogen werden. Doch geht der Braunkohleplan der Großen Koalition hürdenfrei durch, begleitet vom alle Gemüter ruhig stellenden Subventionsmarathon. Die Industrie kündigt Stellenschwund an, ‚Uniper‘ bringt das modernste Kohlekraftwerk nach 1,5 Milliarden Investition gar nicht erst ans Netz – wir Weltmeister der Kapitalvernichtung, gell Frau Merkel, alles für ne gute Sache – die älteren Kohlis bleiben auf Frist am Netz. – Die global einmaligen Klimaspiele erreichen ungeahnte Höhen, was Ineffizienz, Asozialität und Verschwendung, Vernichtung von Kapitalstock und Kostenüberwälzung auf das steuerzahlende Volk betrifft. – Aber dem Missionar auf seinem identitären Marsch ist das lineare Denken eigen. Geraten Eliten ins Missionsfieber, wird's schnell gemeingefährlich. Der Kommissionstrick, achtzehn Stück werden gezählt, hat wieder geholfen: alle saßen am Tisch und haben das neue Wahnpaket geschnürt. – Derweil häkelt es weiter an asozialen Fahrverboten, treibt die 32. ‚EnergiesparVO‘ im Wohnungsbau die Kosten ohne Wirkung, macht der Elektrojubel neue landesweite Netzwerke auf, klettern die Energiekosten jährlich, 2019 allein um 6 Cent bisher, fast hätten die Klima-Experten ihren 52-Cent-Aufschlag auf Kraftstoff noch drangehängt. Christoph Schäfer bricht die Aufzählung ab. – Die Gelbweste steht dem Deutschen nicht.

Schwer erträglich das anschließende Resumée des Wehrbeauftragten: die Waffengattungen am Boden, 20 000 Neuzugänge, aber ein schier nicht zu überblickender Apparat, der Ineffizienz gebiert und verwaltet, das reine PEP©-System, dem der Auftrag abhandenkommt. Wenns brennt, wird's Amerika schon richten.

CLINT EASTWOODS 88. Film ‚Respect‘, Regie und Hauptrolle in einer Hand, versteht sich.

Noch schwerer erträglich, aber überstanden, ein neuer langer Schatten auf der Nachkriegsrepublik (guxdu zuletzt Band 11, Seite 209 ff.) – vom ersten Bundeskanzler inthronisiert und gesteuert, vom ‚Amt Gehlen‘ weidlich ausgebaut – mit ‚erfahrenen Kräften‘ besetzt – die Naziumtriebe schonend und deckend, alles andere auskundschaftend, oft mit denunzierend-verleumderisch-falschen Berichten vorlegend. – Die Aktenauswertung 1946 bis 1953 des KLAUS-DIETMAR HENKE fördert braunen Sumpf zu Tage, der unter dem Feigenblatt des Antikommunismus ERICH KÄSTNER und EUGEN KOGON beschattete, FDP-Treffen mit Gauleitern oder hohen SS-Männern hingegen für vernachlässigenswert hielt, so der Rezensent Frank Bösch. – SS-Mann VICTOR-EMANUEL PREUSKER nutzte seine prominente Position in der FDP zur Denunziation linksliberaler Parteikollegen – der Leiter des neugegründeten ‚Instituts für Zeitgeschichte‘ versprach, er werde ‚nichts herausgeben, was den Generalstab belasten könnte‘. – Die CIA hielt den Dienst insgesamt für inkompetent, notiert der Rezensent.

Der Materiestrahl eines galaktischen Schwarzen Lochs scheint auf die Erde gerichtet, teilt Jan Hattenbach mit, ja dann – noch einen schönen Lebensabend! Aber zügig.

In Chicago 46 Grad .

‚Ja, wir werden uns die Intelligenzija neu erarbeiten, wie in einer Fabrik‘, zitiert NINO HARATISCHWILI das Politbüromitglied NIKOLAI BUCHARIN aus dem Jahr 1924, als allein Moskau schon zwölf Arbeitslager hatte. Das STALIN'sche ‚Umschmieden‘ hatte bereits begonnen, als der Bankräuber das Diktat erhielt.

Die Verfassung sei verletzt, da nicht Männer und Frauen zu gleichen Teilen im Parlament säßen, erklärt eine Frau im ZDF-Interview. Und nach einem erneut berüchtigten Kanzlerwort (CDU), ‚Parität erscheint mir logisch‘, macht Brandenburgs Links-links-Regierung ein ‚Parité-Gesetz‘, als käms von der glorreichen Französischen Revolution her. Fortan sind die Landes-Wahllisten auf 50/50 gesetzt, die Grünen fordern‘s darüber hinaus auch für Direktkandidaten. Zwei eingeholte Gutachten attestieren Verfassungswidrigkeit – KLARA GEYWITZ (SPD) ist stolz auf solch‘ ‚Pioniervorhaben‘, KATARINA BARLEY fordert Reform des Wahlrechts, KATJA KIPPING, links, meint, es sei höchste Zeit fürs Bundesgesetz.

Der vom Opferstatus genährte Parzellierungsprozeß gewinnt damit auch im staatsrechtlichen Kern Substanz, dem allgemeinen, gleichen und freien Wahlrecht. Erfolg hat, wem Positionierung in einer der multiplen Minderheiten von Unterdrückten & Benachteiligten gelingt. *Status matters*! – Belohnt (und versorgt) wird

> ‚die Abhängigkeit ganzer Gruppen vom Bewußtsein systematischer Benachteiligung, von staatlichen Teilhabegarantien, von der Gewißheit, man müsse sich nur als Opfer darstellen‘, so VON ALTENBOCKUM. Das Gemeinwohl werde ‚an gesellschaftliche Besonderheiten und vermeintlich Unterprivilegierte‘ verpachtet.

Solche mental zugerichtete Klientel eignet der Linken wie radikalen Rechten als Wahlvolk. Gegen die parzellierte Republik der Unterdrückten setzen diese den völkischen, identitären Block, jene auf maximale Versorgung aus den abgezogenen Steuern vom Einkommen der Arbeitenden.

Ach ja, das Tollste dabei: die reine Frauenpartei bleibt natürlich quotenfrei – Logik solchen Geschäftsmodells – sollten Männer auf die gleiche Idee kommen, natürlich auch! Stellt euch solch eine Versammlung vor – so wird der Krieg aller gegen alle etabliert, ein Krieg der polarisierten Entitäten, der Opfer, der Vernachlässigten. – Das ist Enteignung der perfidesten Art. Einsortiert in und ausgestaltet mit Mängeln der buntesten Art steht der Mensch als Verlustmeldung gegen seinesgleichen, lauter Verlustanzeigen – ein nekromantisches Gesellschaftsbild – wie es die Versailler Sieger mit den Ethnien machen wollten – und organisierter Mord und Totschlag herauskam.

Die dicke weiße Katze schiebt auf der Mauer entlang – Loki im Blitzstart an die Glasfront, die Scheibe hält – kurz drauf die schwarze Katze – die Hütte wackelt – Loki ginge im Hochsprung über die Mauer – nach dem geführten Gassigang – ein grüner Strich im Garten – mit Nachbrenner gast sie, Holz quer im Maul, die Fläche ab, drei längs, drei quer.

30.1. SAUL FRIEDLÄNDER in makellosem Deutsch vor dem Bundestag über Flucht, Internierung und Ermordung der Eltern in Auschwitz – und den Antisemitismus, den linken wie den rechten, den alteingesessenen und den zugewanderten – und über HANS VON DOHNANYI, der, vor seiner Hängung an den Fleischerhaken in Plötzensee nach dem Grund seines Handelns befragt, zur Antwort gab, das sei ,der zwangsläufige Gang eines anständigen Menschen'.

Zu Hause platzt das Briefkastl – ,Bild der Wissenschaft' hat ein ,Mitmachbuch für eine bessere Welt' im Angebot – ja geht's noch, Herrschaften! Dann schreibt mir Andres Horacio Restrepo Gomez von campusucc.edu.co, mein Globus pfeift, weiß nicht, wo das ist!

Hallo!
Leute rufen mich an, Nicola Dunn Ich wollen mit Ihnen sprechen, aber im unschädlich plattform, weil ich sehr unbequem bin. Im Allgemeinen möchte ich einen guten Mann finden. Ich fühle, wir sind sehr nahe bei dir. Ich habe dir ein Überraschung für dich geschickt, aber zeigen Sie es bitte niemandem. Unsere Beziehung ist mir sehr wichtig.

Ich soll anklicken – und der staubige Bruder sitzt mir im Nacken, auf der Platine! – Pflugschar zu Pump Gun, geht's mir durch den Kopf.

Um 19 Uhr ist Antritt zum Glühweinabend bei Giselher. Dort wird's eng und fröhlich – auf fünfzehn Quadrat feinste Schnittchen – Wechsel ins Ratszimmer – um Mitternacht unfallfrei zurück.

1.2. ‚Das Unvermögen, die Wurstigkeit und Empathielosigkeit diverser Amtsträger' habe dem Kindes-Massenmißbrauch durch drei Männer über Jahre hinweg in die Hände gespielt, REINER BURGER. – Vielleicht auch einfach öffentlich-rechtliche Einstellung und Haltung … ‚besonders schlimm, wenn sich Opfer nicht artikulieren könnten', so WOLFGANG SEIBEL weiter, der das öffentliche Desaster, Verzeihung, das Verwaltungsdesaster erforscht.

Nachdem es bei der Regierungsflugbereitschaft dreimal klemmte, gibt's drei neue Maschinen. Obs am Material liegt, bleibt offen. Ob die Kanzlerin bis Tokio und zurückkommt, auch. – Eine neue Bundeswehr wäre auch hilfreich. – Woran es alles liegt, zeigt kurz drauf PETER CARSTENS anhand der Papiere des Rechnungshofes (11.4.19): da werden 20 Jahr alte Marineflugzeuge beschafft, deren Permanent-Instandsetzung Milliarden beansprucht, wobei sich Onkel Airbus anständig Zeit läßt, weil ein schlechter Vertrag alle Freiheiten läßt. – Dir schwinden die Sinne! Alles folgenlos, der Bericht wird eh nur auf dem Clo gelesen, die Berater für 200 Millionen haben wohl auch grade keine Zeit.

Auf dem ehemaligen Außenlager des KL Buchenwald sollte ein Bratwurstmuseum eröffnen. Das werde aber noch einmal ‚neu bewertet', vielleicht ist ja ein Museum für Etagenbetten angebrachter. So sind Tage voller Fassungslosigkeit. Ist das auch nur Empathielosigkeit?

2.2. Marion möchte eine Ausfahrt, nicht den ganzen Tag auf Carmen warten, daher zu Ikea, wo wir beim besten Willen nur einen dekorigen Wasserschenker, schwarz, fürs neue Küchendesign auftreiben – zum *Middach* ins Industriegebiet, in so eine Art Wartehalle, zu Portion Fisch auf Anruf – wir wollens ja nicht so gemütlich, meinst Du. – Unterkühlt ins Auto zurück, der arme Hund.

Um 18 Uhr ins Feinzeug und in die Waterfront, Kino 2, Reihe 0. Es wird ‚Carmen' gezeigt, Mitschnitt aus der MET – schon der Transfer erschüttert mich – dann die Kameras, drei Stunden auf der Szene, den Profilen, an CLÉMENTINE MARGAINE mit schierer Präsenz als großartiger Carmen, ROBERTO ALAGNA als Don José, an der klangvollen ALEKSANDRA KURZAK als Micaëla und all den Anderen, fast zu wenig Totale – in der Pause hinterm Vorhang – *Interviews* mit der Lady in Red – Blick auf den Umbau – dazu *lüdd bedden* Sekt, kleinen Roten und so, so halb liegend im neuen Gestühl – tief beeindruckt, verglichen mit dem ehrwürdigen Hamburger Schauspielhaus, wo wir neulich im zweiten Rang klemmten, wenig verstanden und vieles nicht genau sahen. Also Oper nur Reihe eins bis zehn, denke ich in meiner Begeisterung, oder so, unter Verzicht auf das Feeling eines vollen Opernhauses. Das war würdiger Anschluß an die Bregenzer Bühne (guxdu Band 11, Seite 8).

Bei PETER ALTMAIER springt mein Tinitus im Dreieck. Erst dekoriert er seinen Laden auf ‚LUDWIG ERHARD', sodann macht er einen auf Industriepolitik, frei von jeglichem Erhard! Der Mann ist doch personifizierter Etikettenschwindel als engster Vertrauter der Kanzlerin und voll europaverseucht, einer der wenigen EU-Beamten im deutschen Apparat. – Es gehört wohl zu den personellen Finten der ANGELA MERKEL, einen solchen gefügig-Vertrauten auf den CDU-Markenkern Wirtschaft gesetzt zu haben. Den ruiniert er mehr, als daß er ihn verteidigt, geschweige denn ausbaut.

Von LARS FELD, der sein ‚vernichtendes Urteil' mit ‚im Grundsatz falsch' maniriert – über MICHAEL THEURER, ‚skandalös der Artenschutz für Großkonzerne' – weiter mit REINHOLD VON EBEN-WORLÉE, ‚auf dem Weg zum wirtschaftlichen Politbüro Deutschlands', sag ich doch, und dann JUSTUS HAUCAPS ‚wirklich völlig falsch' bis ACHIM WAMBACH vom ZEW fliegt allen das *toupé* aus dem Fenster. – Wer rät dem Mann, Frau Kanzlerin, Sie sind doch in der CDU, in echt? – Solch Klimbim (Zitat) hat in der strafrechtlichen Verschuldenskette das ‚grob fahrlässig' verlassen, auf dem Weg in die Vorsatzform des *dolus eventualis,* also das billigend ‚in Kauf nehmend‘, daß dieses Land Ressourcen, also in Staatsgeld gedrehtes Volkseinkommen, und die Substanz, den Kapitalstock und die intellektuellen Potenziale (früher Humankapital, aber da schreit ja auch gleich Frau ‚menschenverachtend‘) verschleißt, fehlallokiert.

Seit diesem fahrenden Volk von Schöngeistern die Lenkung des Landes überlassen wurde, ist es Weltmeister in Sachen Wirkungslosigkeit seiner bahnbrechenden Maßnahmen geworden:

- die Klimaumwandlung seit 2011 ziert die Prämie Null-Effekt – eine Billion ist weg, jedem spendierten Euro stände ein Vermeidungseffekt von 3 Cent gegenüber, zitiert HOLGER STELTZNER Analysen von Umwelt-Freaks, stellt kurz drauf (15.3.19) den Blumenkübel von sich gegenseitig aufhebenden Maßnahmen vor, wie etwa der bis zum Überschuß subventionierte Ökostrom den Emissionshandel in den Verfall treibe. Leider kommt er beim Aufzählen natürlicher ZehO!zwei-Quellen auf die mit Abstand größte nicht zu sprechen: den Vulkanismus, der gerne ein Mehrfaches menschlicher Abwärme raushaut.

- das Projekt Zuwanderung ist von gleicher Qualität – es wühlt das Land auf und um – für die Hunderte von aufgewandten Milliarden werden 20- bis 50-fache Effekte ‚vor Ort‘ ermittelt, würden sie dort eingesetzt.

Nur der unverschämte Reichtum dieses Landes ermöglicht diese Spielräume und -wiesen dieser Staatslenker, in vielem peinliche Dubletten des Brüsseler Schwarzen Lochs. – Je nun, OLLI SCHOLZ gefällz! Einen besseren Sozial-, Öko- und sonstwie – Partner gibt's nicht. – Letzte Rettung: der Stimmabzug an der Urne.

Und – der schwarze Rauch hängt noch im Raum – da donnert HUBI HEIL mit sogenannter Respekt-Rente durchs Gestühl, Umbau der Rentenversicherung zur Fürsorgeanstalt. Das ZDF schwärmt – Verdoppelung von Kleinrenten aus Steuern – ohne Bedürftigkeitscheck – Widerstand versandet im Weichbild von

,ungerecht', Gießkanne und ,nicht zielgenau' – reißt das Versicherungsprinzip systemwidrig in den Abfluß, keine Fraktion verteidigt es, ihr Brüder zur Sonne, zur Freiheit! – Und woher kommt die Knete? Ei von überall her! Von einer imaginären EU-Finanztrans-Steuer, aus dem gekappten Mehrwertsteuerprivileg für Hotels, aus der Kranken- und Arbeitslosen-Versicherung, den Rest zahlt die BA (5.6. enn) – Cabaret in heller Verzweiflung oder ein Kabinett außer Atem. Wie Kumpel SCHEUER.

Dabei hatte HEIKE GÖBEL noch zum Jahresende die Gigantomanie deutscher Fehlallokation von Ressourcen im ,Plädoyer für eine ,Sozialstaatsbremse' vor den Herren des Bundessozialgerichts zusammengefaßt (28.12.18). Die Ignoranz gegen eine ausufernde Steuer- und Abgabenquote beruht auf diesem politischen Geschäftsmodell. Daß hohe Arbeitsmarkthürden das größte Armutsrisiko produzieren, ist solchen Sozialpriestern eher recht, daß die oberen zehn Prozent die Einkommensteuer zu 60 Prozent wuppen, ist ihnen billig – daß die Fuder ausgeschütteter Sozialeuros überwiegend keine Armutskompensation bewirken, ist dem Sozialgeschäft eh wurschd. Und daß Armut zurückgeht, weltweit die ,2 Dollar pro Tag' von 36 auf unter 10 Prozent in 30 Jahren (14.1.19), glaubt hierzulande auch niemand – dank dauerhafter Fehlversorgung durch das GEZ-Regime und die Sozialindustrie – und das Schweigen der Koalitionäre, es wäre schlecht fürs Geschäftsmodell, gell!

Und daß die Euro-Springflut nicht mal die erhoffte Zustimmung ausbaut, rührt sie auch nicht: RÜDIGER SOLDT (5.6.19) illustriert den radikalen Abbau der ehemals Volksparteien in Baden-Württemberg, an deren Stelle die Grünen in Volksparteistärke stehen – in Dutzenden Gemeinderäten, Kreistagen, als Regionalpräsidenten – gegen ,überalterte Mitglieder- und Funktionärsstruktur(en)'.

Seit dem Koalitionsstart haben die Gebrüder für Rente, Pflege & Gesundheit 15.000.000.000 auf die Budgets gepackt, jährlich! Da paßt Ollis Haushaltsloch wie Faust aufs Auge, falls noch eins frei ist. – Und die Altlasten unter den neuen wachsen über alle Projektionen hinaus, so die Rente mit und ab 63, in zwei Jahren um bummmlige 6,5 Millis, nein um 12.500.000.000, wenn entgangene Steuer- und Sozialbeiträge 2014 bis 2016 einbezogen werden. Und die Nachfrage nach dieser feinen Rente in stetigem Wachstum, je 250.000 in 2017 und 2018, akut 1,6 Milliarden monatlich an 1,2 Mio Nehmer. Und: der Dauerbrenner Altersarmut wird anständig konterkariert:

,eine mit hohen Kosten verbundene Umverteilungsmaßnahme (von kleinen Renten) zu Rentnern mit vergleichsweise hohem Einkommen'

So klingts aus dem IfO, klassische Klientelpolitik zur Wählerbestechung. Dafür nehmen sie es vom Lebendigen, dazu gern von den offiziell Bejammerten. Läufst schreiend vor den nächsten Poller!

Pünktlich zur Kündigung des INF-Vertrages stellt der Iran seinen Marschflugkörper für Israel ins Schaufenster. Das Land ist durchsetzt mit korruptiven Seilschaften, so Modell Recip oder Iwanowitsch, wohinter 80 % verarmtes Volk haust. Die Mittelschicht wurde nach kommunistischer Manier liquidiert.

Nachdem Münchens OB das Dieseln neu vermaß – und erstaunliche Abstände zum Amtsdiesel ermittelte, fällt das Umweltregime, in den Ländern lindgrün besetzt, unisono ins Haus: das ginge so nicht, wenn doch, tut nichts, die Wette, sorry, die Werte stehen! Ob sie stimmen, ist *eh wurschd*! Was sie bedeuten, noch *wurschder, gell*!

Denn wie es zu denen kam im Sauber-Europa, haben gerade BECKER / SOLDT (31.1.19) publik gemacht – und dem Ohnehin-Skandal eine weitere Krone aufgesetzt: ohne Evidenz – so gings bei der WHO schon in den 90er Jahren! – es wurden Annahmen gesetzt, sodann wegen anhaltender Zweifel halbiert, also von 400 auf 200 Kartoffeln pro Eimer, dann nochmal geviertelt (in echt!!!) und dieser Würgegriff 40 – obacht! – ,in Ermangelung belastbarer Werte als Richtwert angesehen', sodann daran festgehalten, obwohl es ,ausdrücklich keine mathematische Begründung gab', genauer: keine ,Dosis-Wirkungs-Beziehung' – und von der Kommission übernommen, die eine eigens in Bilthoven eingerichtete Abteilung der WHO finanzierte (KEKULÉ 1.4.) – wir sind jetzt im Schwarzen Loch – weil's schnell gehen sollte mit der Richtlinie. – Und diese erschwurbelten Werte werden in Deutschland höher als die ,Zehn Gebote' geheiligt und durch Verfolgung, Verbote und Strafen, am liebsten Teern & Federn, in einen verbissenen Klimakampf getrieben.

Über ,zwei grobe Fehler', so der Mediziner ALEXANDER KEKULÉ (1.4.19), sei so ein willkürliches und dramatisierendes Ergebnis entstanden, getrieben von der Umwelt-Lobby-Entourage – und begeisterten Umweltministern mit regulatorischer Ambition angedient – ,als seien sie eins zu eins von Greenpeace übernommen worden', lesen sich die Papiere der ,Generaldirektion Umwelt'. – Nach drei Arbeitsgruppenanläufen in den 90ern übernahm man einen Wert – obacht! – aus ,älteren Untersuchungen über Gasherde in Innenräumen', wovor deren Autoren ,ausdrücklich gewarnt' hatten. – Auf dem gleichen Weg – über Gasherde im Haushalt – kam es zum NO^2-Wert: mangels brauchbarer Daten schätzte man übers Jahr 40 Millis pro Kubik im Haushalt – das haben sie dann auf die Straße gepackt – und das UBA Dessau hat's sodann epidemologisch auf 6000 Tote pro Jahr hochgezogen, nach der ,Methode' Kaffeetrinken und Krebs – ,im Widerspruch zum internationalen Stand der Wissenschaft' (KEKULÉ).

Über das schon berüchtigte ,Trilog'-Verfahren hinter verschlossenen Brüsseler Türen sei der Öko-Hype dann durch den Straßburger Rundbau getrieben worden. – Selten strahlte der Funktionsapparat Brüssel heller im Licht pastoraler ,Schöner Neuer Welt' – welche die angeschlossenen, besser unterworfenen Völker dann ausbaden dürfen – ein Öko-Wahn-System mit ultimativem Eingriff in die Garage und das Portemonnaie.

PS.: und wenn ihr noch einen braucht – Klimafreak NIR SHAVIV aus Jerusalem legte vor dem Umweltausschuß des Bundestages am 28.11.2018 dar, es fehle an wissenschaftlichem Beweis für den menschenverursachten Klimawandel. – Wo war das zu lesen? Ei nirgends, ihr Klimakteriker! Wer Gerüchte verbreitet, wird verhaftet, so! Sorry, das war der STALIN-MAO-XI-Ausrutscher, er wird beiläufig beschwiegen – das hat erst Herbert Tröscher im bummeligen Leserbrief bemerkt (25.3.19). – Bei Wikipedia folgt auf Nir … wana!, als nächstes landest du auf ‚weiter zur Klimawandelleugnung‘, hatten die auch Frau WEHLING zu Gast? Jedenfalls, Verhaftung brauchen wir hier nicht. – Tröscher geht die anstehenden Klimamilliarden durch, von Stromautobahnen – Ersatzkraftwerken – Energiespeichern – Redispatchern – Versorgungssicherheit und zunehmenden ‚manuellen Netzeingriffen‘ – naja und die Wirkung des monströsen Zirkus.

PS.: entbehren solche errechneten oder gar Schätz-Programme jeder empirischen Evidenz, so darf dies Evidenz beanspruchen: erst steigt die Temperatur, dann der Zeh-Oh!-Zwei-Kram, ungeachtet des anthropogenen Spurengasanteils. – So gnade uns Gott, was da noch aus mathematisch zwingendem Schluß der Gesellschaft vorgesetzt und aufgehalst wird.

Aus dem PS-Wahn kommst du auch nicht raus – wenn du dem Zauberwort ‚Brüssel‘ folgst: dort wird ja am Regulat der 90er Jahre geschraubt, soweit es sich nicht einfach ignorieren läßt, gell JCJ! Und Abstimmungsregeln sperren sich der Ignoranz – Einstimmigkeit ist oft eine gute Barriere, manchmal aber nicht – daher solls durch ‚qualifizierte Mehrheit‘ ersetzt werden, und wo? Gegen den Steuerwettbewerb – Steueroberst PIERRE MOSCOVICIS Präsi‘ stieß nur auf ‚mäßige Begeisterung‘, ich würde sagen, auf mittleres Befremden! Besteuerung sei Kernbestand nationaler Souveränität, wurde entgegnet – drauf er: das sei doch ‚Mißbrauch für eng verstandene nationale Interessen‘, das könne die Straßburger Krake (Karussel) doch besser (die dann im Zweifel durch das Trilog-Verfahren frisiert wird).

WERNER MUSSLER (14.1.19) beklagt die ‚anmaßende Attitüde‘ der Kommission, er sollte seinen MENASSE kennen! Und Koalitionspartner OLAF SCHOLZ ist nicht abgeneigt, ANGELA MER-

KEL ist strikt europafreundlich, LOTHAR BINDING (SPD) ist fröhlich, LINA PAUS-grün begrüßt – und die Schuldner-Mehrheit im Europaprojekt schlägt sich auf die Schenkel (15.1.19 mas/wmu)! – Nationales Interesse ist dem linken Block eh ein Gräuel, das hat Tradition – und OTMAR ISSINGS Warnung vor den Folgen (24.1.19) perlt an ihnen ab, die viel weiter reichenden Ziele spricht die Kommission ja aus – und der Brexit wird das Verhältnis von restriktiven ‚Nordländern‘ zu den Mediterranen endgültig verkehren, dann liegt die Steuersouveränität in Brüssel – und der Berliner Hörsaal darf es dem Publikum erläutern, bevor er das Licht ausmacht. – Und wie das schillernde Brüssel-Regime mit den Regeln schon heute changiert, zeigt ISABEL SCHNABEL am Beispiel der Bankenpolitik (25.1.19) – nichts half, Desaster allenthalben, Deutschland wie überall mit Höchsteinsatz ohne wirklichen Effekt.

Hat noch jemand eine Idee in Sachen Ansehen? – Wie es der Teufel will, dieser gesellige Begleiter, fällt mir PATRICK MINFORD (nie gehört) vor die Füße, englischer Brexiteer, schon bei MARGARET THATCHER und Marktwirtschafts-Aktivist (so heißen sie ja jetzt). Er macht Vertrag bei IfW in München und strahlt – Motto: wird schon! Denn die EU sei ein ‚wirtschaftliches Gefängnis‘, ‚zutiefst protektionistisch‘ (guxdu Band 9, Seite 193), auch noch ‚ohne Respekt vor Demokratie‘, naja und olle JUNCKERS ‚Bestrafungsstrategie‘ sei auch nix. – Also von Ansehen sieht er eher ab, egal, was bei ihm zu Hause noch so passiert. Aber vielleicht fällt euch ja noch was ein, ihr Dekorationskünstler.

Und, wie alle sechs Monate, wieder legt PETER GRAF KIELMANSEGG Maß und Mitte auf für das die Republik prägende Thema <u>Migration</u>. Sein vernichtendes Urteil in distinkter Diktion: Politik-Versagen des Mitte-Spektrums, ob sie streiten oder kartellieren – Verlust der Diskursmöglichkeiten und jeder Diskursfähigkeit durch ‚ungeheure moralische Aufladung der Thematik‘. – Sein Bruder HANNO formuliert die in großer Linksverschiebung vereinnahmte Öffentlichkeit kurz drauf im Leserbrief. Unter moralischer Stigmatisierung sei ‚ein Klima der

Angst und der Brandstiftung' erzeugt. – Damit wird das Thema der Debatte entzogen, welche subjektive wie objektive Tatsachen überhaupt erstmal zur Kenntnis nehmen müßte und diese in Umgang und mögliche Zielsetzungen einbinden könnte – ‚um das (national) Verantwortbare und (für das Staatsvolk) Zumutbare … auszuhandeln'. – Dann fliegen sie einen zurück, ‚wegen gefährlicher Körperverletzung und besonders schweren räuberischen Diebstahls' und bringen ihn wieder mit, weil Afghanistan die Abnahme verweigerte (10.1.19 jib).

So besteht keine Chance, für die ‚Elends- und Hoffnungswanderungen' das Bestmögliche zu erreichen, das weltweite Regulat tut ein Übriges mit seinen uferlosen Proklamationen, von der Menschenrechts-Konvention bis zum jüngsten Migrationspakt: diese Beschwörungen entziehen nationale Handlungsfähigkeit, die in der deutschen Juridifizierung eh schon maximale Unangemessenheit zelebriert.

Kein Prozeß war demokratiegefährdender als das, was diese Migration seit 2015 und ihre Rechtfertigung mit dem Land macht. Kehraus des MAX WEBER. Vielleicht braucht die Regierung doch kein anderes Volk, jenes nur *annere Loid.* – Was macht die Ränder wohl stark!? – Wie etwa lebensrettende Erwartungen geflohener Christen hier kollabieren, zeigt THOMAS THIEL (2.4.) am Beispiel einer Frau, die in den Containern am Flughafen Tempelhof in den gleichen Fundamentalismus gerät, vor dem sie floh.

Auf die General Electric-Stücke gabs 1 Cent Dividende brutto, also abzüglich Quellensteuer. Daß bei der Quelle auch noch Steuern anfallen …

7.2.   Im Wartezimmer des Arztes beginnt ein Smart Phone Nachrichten zu senden, der Nachbar guckt auf seins – Text hört auf – fängt wieder an, die gleiche Nachricht – nu is genug, denke ich – fängt wieder an – ich packe meins aus, es ist meins, das unaufgefordert anfängt, Nachrichtenbrocken auszuwerfen, lautstark – ich habs nicht angefangen, kanns kaum abstellen, entschuldige mich in die Runde Wartender.

,Lucky' – HARRY DEAN STENTON (90) stirbt, bevor er seinen Film nochmal gesehen hat, Musik JOHNNY CASH. ,The Green Mile' war auch seins.

Morgens Jonas abgeholt zum Abschlußgespräch mit Malte, Prolupin. Es wird eine fruchtbare Personaldebatte, es soll noch etwas getan werden. Jonas mutig und gut. – Abends zum Chor mit Anstrengung, bisweilen ist es nur Ritual. Das Lied von den Intervallen.

Kann ich dir ein Geheimnis anvertrauen – sicher – und du verrätst es keinem – sicher nicht – ich hab ne Scheißangst – Pause – sicher, und sie geht. – Ein Tag ohne Not.

8.2. Marion um 6 vor den Hund und raus – ich quäle mich hinterher – später nach einer Rutsche Rock ,n' Roll aus dem Revox geht's, an den Schreibtisch.

9.2. 7.30 gassi – 9.30 zur Hundeschule – dort fallen einfache und glasklare Worte, aus der Hundeperspektive – ist das blöd!

Plötzlich schlägt die Gasleitung durch die Ostsee der Kanzlerin ins Gesicht, der zweite Fall nationalen Alleingangs dieser Europa-Besessenen, nach dem Energiewende-Öko-Diesel-Dreisprung. Sorry, der Dritte, das Tor macht weit, diese göttliche Eingebung war ja auch ihrs – allein, ohne Absprache, ja ohne Info ans Europagefüge – ein doppeltes Spiel dieses Europagedränge. Europa ist kein Prinzip, sondern opportun. Auch in diesem Thema hat der Schwanz das Sagen, der mit dem Hund wedelt, die ostgeneigte SPD, den Altkanzler und Rosneft-Aufsichtsrats-Chef und Pipeline-Konsortialchef im Rücken. Von Parteiausschluß keine Rede, mag sich THILO SARRAZIN wundern.

ALI-BEN BONGO wird 60. Die Zeitung gratuliert, oder so ähnlich. Chefe <u>Gabun</u> fährt Ferrari – Antritt mit ein bißchen Putsch – danach Familienfest – Bruder Fréderic macht Geheimdienst (brauchst du immer) – Töchterchen Malika machte 99,19 % in Opa Bongos Wahlkreis – Gerücht, Chefe hat 100 Mio-Villa weit weg, bei Paris – Gerüchte und Gerichte seit Jahren in Arbeit.

‚In der Elbphilharmonie geht die platzabhängige Varianz des Klangeindrucks und auch die der Orchester-Balance über das akzeptable Maß hinaus', wenn Sie verstehen, was hier gemeint ist. Der Saal sei eine ‚spröde Geliebte', zitiert JÜRGEN KESTING. Also ist da noch Hoffnung. – Komisch, in der römischen Arena reichts doch auch.

Marion geht mit Marita ‚Kaffee trinken', auswärts – sofort ans Revox, *and music of highest relevance, folks – I tell you!* BO DIDDLEY *‚can't judge a book by lookin at the cover ... next* BRENDA LEE, remember? ‚*Sweet Nothing'. whole stuff recorded with AFN*, American Forces Network, Frankfurt, wo den ganzen Tag eingeheizt wurde – der Kampf gegen den *big talkin* Ansager, der in jeden song reinquatschte, dabei die Senderstörungen, nix stabil am Scheiß-Radio ... LOU RAWLS *I'm gonna push my way out of here ...* JOHN LEE HOOKER ... *all that hot sweet fuckin stuff ...* oder *The Gipsy Woman told my Mother – before I was born – that a boy child is comin – ... be a son of a gun ...* so geht das nur!

Rezension des THOMAS BIEBRICHER über ‚die Erschöpfung des deutschen Konservatismus' – im ‚Abarbeiten der Problemberge', so der Rezensent, also in einem ‚inhaltlich verschlankten Prozeduralkonservatismus', so der Autor, bestehe Hoffnung. Klingt eher hoffnungslos. Das habe die Nachfolgerin HELMUT KOHLS in ‚atemberaubende Verschiebungen im Verfassungsgefüge' transferiert – was allerdings noch der Darstellung harre. – Das war etwas kauderwelschich, aber die Notiz wert.

MANFRED SCHÄFERS erzählt das Märchen vom Tapferen Schneiderlein, das OLLI SCHOLZ grade als Briefmarkensatz präsentierte – und mit diesem geistreichen Krümelmonster regelrecht verschwamm – vom größten Haushaltsüberschuß zum größten Haushaltsloch in Monaten und – Dreisprung! – rein in HUBI HEILS Prospekt-, sorry, Respektrente ins Meer der Gerechtsame. – Ollis Hoffnung angesichts stabiler 15 %: die CDU wird sich die Sozialfürsorge nicht abkaufen lassen – und wenn die SPD, so HEIKE GÖBEL, ‚vor allen Respekt (hat), außer vor Steuerzahlern', so zieht das die CDU beim ‚Verschwimmen mit der SPD' widerstandslos auf sich. – Schließlich, sei angemerkt, ist Respekt vor dem Steuerzahler eine echt konservative Haltung. Und in der Ausrufung des totalen Sozialstaats zeigt sich ein ungebrochener Wille der SPD zur Selbstvernichtung.

11.2. Die Selbstverständlichkeit irritierte mich, mit der EDGAR SELGE als ‚König Lear‘, einem Kollegen folgend, nackt an die Rampe geriet. Auch wenn Theater nicht auf Schönheit fixiert sein kann, haftete diesen Nacktaufführungen der beiden Männer ein Rest zeitgenössisch Demonstratives an, ein Überschuß, szenisch nicht verarbeitet. – Das geht so ähnlich in FRANZ KAFKAS ‚Bericht an eine Akademie‘, die OLIVER FRLJIĆ am Gorki-Theater inszeniert: da ‚wird der männliche Körper selbstverständlich und schutzlos ausgestellt‘ – ‚er‘!, der Name des Körpers, muß gar ‚sein eingeschüchtertes Geschlechtsteil‘ – ‚aus kleinen Verhältnissen‘, wie lachhaft, ins Spiel bringen, steigt ‚durch die Zuschauerreihen und reibt seinen Hintern an den Besuchern‘, berichtet SIMON STRAUSS – Solche Abgeschmacktheiten gendern durchs Land, als sei es ein Racheprojekt. Na dann rächt euch doch, das rehabilitiert! Denn zeitgeistunterwürfige Träger solcher Konzepte gibt's zuhauf, die erst das Gift unter die Leute bringen – was auf den schmalen Graten des Theaters jederzeit unterkommt. – Dabei geht nichts über sein Spiel, impertinentes.

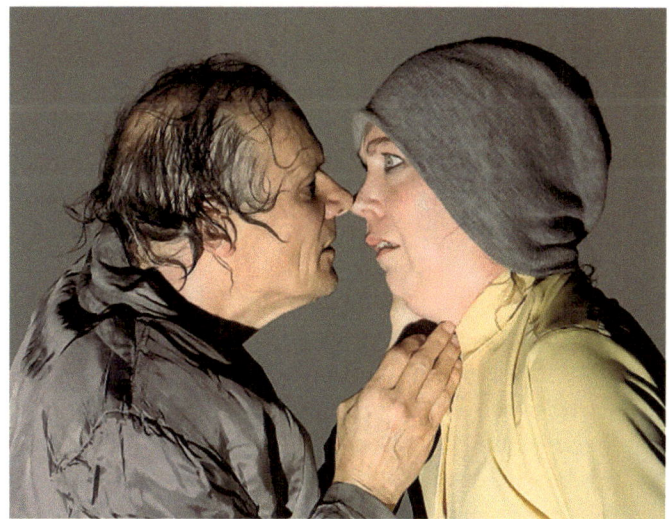

Foto: Chr.Charisius/dpa

Marion fragte, die Jungs sagten ok – wir holen de Leo zu Hause ab, der heißt mich in den Fond umsteigen, Jonas vom Bus weggeholt und ab nach OhHaZet ins ‚Menada', Kirche gegenüber – strammvoll – gutes Essen, guter Service und Austausch über Lage und Phase.

Heute vor vierzig Jahren ging der Schah ins Exil – das Volk glaube an seinen Gott, sei daher unbesiegbar – das wird nicht reichen, denn die Korruption im Dreieck von gottesgleicher Spitze – Militär – Wirtschaft hat sklerotische Strukturen hervorgebracht wie beim Nachbarn Recip, von Wladimirowitsch nicht zu reden. Zum Update Korruption und organisiertes Verbrechen daselbst vgl. Band 11, Seiten 49 f. (2018.1) und 229 f. (2018.2).

Kannst Du für jeden Geschäftszweig aktualisieren, und das macht FRIEDRICH SCHMIDT anläßlich des MERKEL-Röhren-EU-Debakels, also die Nord Stream-Nummer. Das geht so: de GENNADIJ unde ARKADIJ, schwere Duzfreund mit WLADIMIROWITSCH, haben in ihre ‚vielfältige Unternehmensportfolio' (laß dir auf die Zunge zergehen!) auch de Pipeline-Bau. Und damit geht's drunter und drüber im weiten Land – kostet alles dreimal so viel wie nötig – Milliarden durchs offene Fenster und so – denkst du, vom Winde verweht, fleutschepiepen! – stehen unten die Duzfreunde, fangen alles auf! – Selbst Staats-Sberbank sagt: reiner ‚Selbstbedienungsladen für Putins Weggefährten', so FS, diese Gasprom, heißt bei uns Spießgesellen, Projekte seien ‚zutiefst wertevernichtend' – Erneuerung der Leitungen aus Sibirien macht ‚Sagorsker Röhrenfabrik' – und wer sitzt drin mit viele Prozent? Ei Kommilitone von Putin ‚aus Leningrader Studienjahren'.

Tags drauf noch ein Aufschlag von CHRISTIAN STEINER über Seilschaftanstieg von Gasprom-Chefe ALEXEI MILLER – Herkunft Stadtverwaltung Leningrad, unter Seilmeister PUTIN – jetzt haben LNG (Flüssiggas) und Schieferpresse in Amerika Preise kaputt gemacht, dazu muß im Land das Gas billigst abgegeben werden – Väterchen P. will nicht, daß Volk friert (gibt Aufstand) – und ist Fuchs! Ein bißchen Konkurrenz, unter

Aufsicht, von de ‚Novatek‘ mit Flüssiggas, belebt Geschäft, will sagen, macht ALEXEI Beine, olle Igor von de ‚Rosneft‘ mischt ja auch mit. – Bei alledem: Gasprom ‚fungiert als Brieftasche für die Herrscher Rußlands‘, schließt CS. Das Land kommt aus seinem Rohstoff-Wirtschaftssystem nicht hoch, weil es schon oben ist – bei ‚Vetter & Korrupti‘, geschätzt 110 %, auf jeden Fall Kampf um Platz 1.

Dazu paßt die Alt-Petersburger Chefe-Handlanger-Freundschaft mit Brüderchen JEWGENIJ PRIGOSCHIN. Der macht Politik in Afrika mit der ‚Wagner‘-Truppe, sehr bemüht in Sudan um Chefe OMAR AL BASCHIR, der ist seit 2010 planetar zur Verhaftung ausgeschrieben. PRIGOSCHI‘ macht auch Petersburger ‚Trollfabrik‘, schickt an Redaktion Grabgesteck und Hammelkopf, bevor er zuschlagen läßt (SCHMIDT / THIELKE, 14.1.19).

Kaum hat Marion das Haus verlassen, holt sich Loki ihr Portemonnaie und schleppt es zum Hundeplatz, dagegen hilft keine Erklärung. – Neulich stand sie still neben mir – bis ich im Maul die Packung Tabletten entdeckte …

12.2. ‚Übergriffig‘ sei es, wie taktiert werde, so JULIA LÖHR. JENS SPAHN möchte ermitteln, wie Frauen sich nach einer Abtreibung fühlen. Er sollte nach Rom reisen. Deren Verzweiflung bei der Suche nach einem Arzt interessiert ihn nicht. Ein Selbstentscheidungsrecht der Frauen ohne strafrechtliche Steuerung schon gar nicht. Wer füttert solche Politik mit moralischem Überschuß an. Frauen vor der Geburt sind häufig ebenso verzweifelt, weil der Hebammenberuf vom eifrigen Gesetzgeber verriegelt wurde. Das interessiert solche Fehlbesetzungen aber nicht. – Da scheint es fast wohlfeil, sich über das ‚Konstrukt der Frau‘ in Afrika, Indien oder unter dem Islam zu echauffieren. Wie subtil hier nach der Selbstgewißheit getrachtet wird, ist manchen Aufschrei wert.

13.2. Rußland: DANIEL BEER beschreibt das Zarensystem der Verbannung unter dem Titel ‚Totenhaus‘, von JÖRG BABEROWSKI vorgestellt. Die Verbannten, vom Archipel Sibirien buchstäblich verschluckt, unterlagen und erlagen dem Regime von Kriminellen, ein System, das STALIN fortführte, also nicht erfand.

– Überhaupt ist solche ‚Tradition des niedersten Instinktes' als Antisemitismus etwa in Europa fest verankert, transportierendes Element jeder Diktatur, der roten wie der braunen und der islamischen jedenfalls. Dieser zweitausendjährig gefütterte Hass auf die Juden sucht und findet Nahrung, er bildet den Sumpf auch im republikanischen Europa, so in Frankreich, wo der verwurzelte mit dem importierten amalgamiert: nach den Gelbwesten-Belagerungen tragen Briefkästen Hakenkreuze, auf gelbem Grund heißt es ‚Juden raus' oder ‚Macron Judenhure'. Man ist dort einen Schritt weiter als hier, wo noch versucht wird, die An- und Übergriffe kleinzurechnen oder zu ‚neutralisieren', vom Motiv frei zu zeichnen. Das fördert die Täter und vergiftet. – Die Weigerung, Tatsachen sehen und zu benennen, zeigt sich ja auch in anderen Themen, etwa bei Mißbrauch und Mord an Frauen. Auch das fördert die Täter und vergiftet.

> Wann stirbt man – mit Anfang 70 stirbt man – wann ist die Zeit – die Frage steht, wenn die Letzten vor mir gegangen sind. Dann steht die Frage, jeden Tag, wenn sie keine Antwort hat. Wie dumm, die Antwort ist das Leben, das mir vergönnt war – ich kann gar nicht genug davon aufzählen, was war und was ist – gestehe, daß ich glücklich bin – im Angesicht der Frage.

Und vergnüge mich an FRANCIS PICABIAS ‚Köstlichen Ungeheuern', etwa derart, ‚Die Wahrheit eines Menschen sind seine Irrtümer', isso! – Oder: ‚Die Vernunft ist ein Licht, das mich die Dinge so sehen läßt, wie sie nicht sind' – oder ist das ein Widerspruch zu all dem, was morgens in der Zeitung steht? Etwa ÖTTIS (kommt von Günther) vierzehnte Beschwörung gestern, es seien alle einschlägigen Regeln beachtet worden bei MARTINS (SCH.) Dreisprung neulich in Brüssel, wogegen Bürgerbeauftragte EMILY ja resümierte, beim SELMAYR-Coup seien ‚relevante Regeln weder dem Buchstaben noch dem Geist nach' befolgt worden. So treideln Weltbilder durchs Gelände, die armen Mikrofone.

<u>Berlin</u> bleibt Frontstadt in Sachen Sozialismus – was ‚volkseigen' war, solls wieder werden. Die Gesellschaft mit den 50.000 Wohnungen mache Gewinne auf dem Rücken der Mieter (wie alle

Unternehmen auf dem Rücken Dritter) – und bei Umfragen sagt die Hälfte: richtig so! RAINER HANK zitiert EZRA POUND, danach CANAN BAYRAM aus Grün-Berlin, die Sozialismus-Gutachten beim Wissenschaftlichen Dienst des Bundestages in Auftrag gibt. Ergebnis: läuft! ‚Sozialisierungsreife‘ sei erreicht im Berliner Mietwucherbau, genauer für 200.000 Wohnungen – dazu skandiert ROUZBEH TAHERI vom Aktivisten-Bündel: ‚wir wollen die Investoren aus der Stadt vertreiben!‘ – Oder: 'was wir wollen, ist eine sozialistische Stadt‘, schallts aus dem Juso-Stadl Pankow, Enteignung ab 20 Wohnungen auf einen Namen. Das bringt MARKUS WEHNER auf die Seite 1 und etwas auf die Palme: in der Hauptstadt des Landes funktioniere Weniges – in den links-linken ‚Milieuschutzgebieten‘ werde Wohnungsbau verhindert – Knappheit ziehe daher den Preis – aber einen schönen Frauenfeiertag hats dort. – Da sekundiert glatt Verkehrssenatorin GÜNTHER: ‚Wir (!) möchten, daß die Menschen ihr Auto abschaffen‘ … und in den ÖPNV umsteigen.

ÖPNV! Ohne mich!

Und der Stadtparteitag SPD will auch keine Vorträge von ‚militärischen Organisationen‘ mehr in den Schulen – aus Achtung vor dem Leben! Da springt selbst THOMAS OPPERMANN der Draht aus der Mütze.

Überhaupt: Berlin ist eine einzige Schlagzeile – die rotrotgrünen Verbünde in den Bezirken, Kreuzberg vorneweg, wollen Straßen, Plätze und U-Bahnstationen entmilitarisieren & entkolonialisieren. Dazu haben sie eine Liste gemacht mit zwölf Verdächtigen, darunter die Heerführer der Befreiungskriege 1812 bis 1814. Die leergemachten Schilder sollen sodann nach Geschlechterparität wieder beschriftet werden. Hindenburg geht schon mal gar nicht, empört sich WERNER grün-HECK. Doch die Leute wollen das nicht, berichtet MARKUS WEHNER, diese ewige Bevormundung und Belehrung, wie beim Gender-Lotto – Die Mohrenstraße etwa gibt's seit 1707, ohne Widerspruch bis zur Stunde – tut nichts, erwidert der Aktivist, ist heute unpäßlich, er fühlt sich so belastet, daß er nur von der M-Straße spricht.

Das ist das persönliche Drama aller Weltreinigungsverbände, sie fühlen sich in ihrem Weltbild von dem, was ist, beeinträchtigt – und das steigert sich von Tag zu Tag – daher möchten sie in ihrem Einflußbereich alles mit ihrer identitären Paste überziehen, statt es beim privaten Tapetenwechsel zu belassen. Das ist respektloser Mandatsmißbrauch, Freundchen!

Dieses Milieugebaren ruft dann doch PETER GRAF KIELMANS-EGG auf den Plan (um den 30.4.). Der gibt meinem schon vielfach geprüften Begriff der Enteignung so recht Kontur, hier als Enteignung des Menschen von seiner Geschichte. Dem Furor durch den städtischen Raum der Straßenschilder müßten doch nächstens Denkmäler und Namenstitel auf öffentlichen Gebäuden folgen – von Prominenten der Vergangenheit, ,die nicht so gedacht haben, wie sie nach Meinung der Recht … gesinnten von heute hätten denken sollen‘. Und die Kehrseite dieser Großtaten wird zur zweiten Enteignung – der Lebenden: ,Dass diejenigen, die in Zukunft in der Anna-Magunda-Allee oder der Maji-Maji-Allee wohnen werden (zu wohnen haben!), sich aus ihrem eigenen Lande ausgebürgert fühlen, ist zu erwarten … und Absicht … deutsch soll es nicht mehr sein.‘

Immerhin, Karl-Marx-Straße und sowas gibt's ja noch – Edith meinte 89 schon, laß bloß die Mauer stehen! Die Kontamination der Stadt ist stabil. Mit einer gut inszenierten Kampagne könnten gut 25 % der Wahlberechtigten die ‚Fortsetzung der DDR mit anderen Mitteln‘ durchsetzen, meint JAN KEHRBERG. Dann käme die pKV dran, die Lebensversicherungen, später die Banken. – So geht's mit dem ‚hauchdünnen Gewebe‘ zivilisatorischer Errungenschaften, das jederzeit zur Disposition steht, so MERAB MAMARDASCHWILI, aus dem härteren Beritt Georgiens kommend, wo er wie's Väterchen STALIN geboren und geprägt wurde.

Priorität hat hier, nach dem Stuttgarter Erdmulch, die Biene – Volksbegehren erfolgreich, trommelt es im ZDF an erster Stelle – Interviews, Berichte Stellungnahmen – quasi die Biene Maya im Interview – kein Wort zum EU-forcierten Kolchosensystem mit streng monokultureller Optimierung für Biogas & Sprit, warum nicht? Ei, weil alles milliardenweise subventionsbefeuert. – Und was dieses Subventionssystem nicht ruiniert an Pflanzen & Tieren, das besorgt die Staats-Energiewende. Ein Viertel der 30.000 Geflügelfarmen liege in Schutzgebieten – und es geht erst noch richtig ab, denn Windräder sollen von 35 auf 80 Prozent (von was auch immer) gezogen werden, womit schließlich dieser leidige Rotmilan endgültig und gezielt vergrämt wäre.

Parteichefin AKK begrüßte ihre ‚Sozialdemokratinnen und Sozialdemokraten‘ zum Werkstattgespräch. – Wir kommen aus unserer Haut nicht raus oder: sie sagt's, wie es ist.

Die Kanzlerin unterstützt ausdrücklich: das Öko-Flechtwerk schickt Kinder auf die Straße, während des Unterrichts – es sei ja für die gute Sache. Vielleicht kamen die Felle etwas ins Rutschen, denn die Diesel-Grenzwertspiele brachten das eine oder andere Faß zum Überlaufen. So kommen die Eingangshypothesen wieder zur Sprache: der anthropogene Anteil an der aktuellen Erwärmung. Schließlich hält sich der Aufklärungsanteil der öffentlich-rechtlichen Apparate bei Null.

Der überschießende Aufwand, also der effektfreie Anteil, läßt sich darstellen, als Verschleuderung gesellschaftlicher Ressourcen, vielleicht als Staatsschutz – oder als planetarer Comic: ,*World's Dumbest Energy Policy*', titelte das Wall Street Journal am 29. Januar. – Oder – als Einsicht: was alles eine frei gewählte – also nicht Putin, nicht Erdogan, nicht Xi – Regierung dem Volk vorsetzen und durchsetzen kann, befeuert und gestützt von einer Öffentlichkeit, welche in affirmativem Gleichklang einen weitgehend geschlossenen Echoraum herstellt. Es gibt keinen substanziellen und standhaften Widerspruch, *jaschweiss, mei Zeidung*. Der hätte inzwischen fast Verfassungswidriges, säße jedenfalls auf einer Bank mit der AfD. – Nach dem Migrationsprojekt ist das ebenfalls exekutiv losgetretene ökologische der zweite Fall staats- und verfassungsrechtlichen Leerlaufs. – Aufbegehrende Stimmen gibt es, so DANIEL HACKENJO (CDU), der ein Plätzchen für den Ba-Wü-grünen Verkehrsminister freigehalten wissen möchte – oder JOACHIM PFEIFFER (CDU BT), der von Öko-Stalinismus sprach.

Bei alledem zu bedenken: nicht nur das Volk wird so formatiert, auch die Vertreter des Souveräns gehen in diesen Fokus, womit offen oder brach liegende Aufgaben vernachlässigt werden. – Und Täter & Treiber des Öko-Wahns? – Gerne jene Vielflieger und Nutzer aller Bequemlichkeit in Haus & Hof & Garage – PHILIP PLICKERT, wie sag ich's, dreht gepflegt am Rad, zitiert Umfragen, das Umweltbundesamt und Andere. Die ,kritisch-kreativen Milieus' finden es ,nicht gut, daß sich so viele Menschen heute leisten können zu fliegen' – Sie möchten's spartanisch – für die am Boden, möchten unter sich bleiben, wie in München Mitte, wo sie mit 42 % schon fast die Mehrheit sind, das Zeh-Oh!-Zwei-Sparen ist ihnen lästig – es folgen Namen ... den Kinderkreuzzug ,*fff*' jedenfalls befeuert ,Klimaaktivistin' Luisa Neubauer (22), leidenschaftliche Vielfliegerin.

,Das achte Leben' der NINO HARATISCHWILI zieht mich durch die 1000 Seiten wie durch jene des PAUL AUSTER. Eine georgische Familie im Drei-Generationen-Gang durch Krieg und Kommunismus, wie Austers amerikanische Familie in drei Generationen durch das ,amerikanische Jahrhundert'.

16.2. Nachmittags machen wir Garten, Marion Ebene 1, Loki überwacht von Ebene 3 das Viertel, in Sonderheit den Katzenverlauf, ich säge an der kleinen Eiche, mache Maulwurfsberge platt und repariere den Zaun. Dann reichts.

OSWALD SPENGLERS ‚Untergang des Abendlandes' dient bis zur Stunde als Schirmstütze gegen unpäßlichen Sonneneinfall am Schreibtisch.

Abends wandern wir ins ‚Hotel zur Post', diesem feinen Platz im Dorf, um nach langer Zeit Urte und Michael bei gutem Essen zu treffen. Am Nachbartisch tobt die Kohlfahrt-Orgie, jedoch mit so guter Musik, daß wir später mittanzen.

17.2. Es ist Lesung und ich marschiere zur Kirche, die zu ist – jage zum Gemeindehaus, zum ‚Bibliolog' – auf die Minute – die Pastorin in ihrer Stärke – Kollekte zählen und zurück – bis nachher denn, um 6 kommt das Doppelkopf-Trio.

Die Zeitung im Gespräch mit CHRISTIAN MEIER zum 90. Geburtstag. Er spricht von der ‚frappierenden Gescheitheit der Unterschicht, der die großen Tragödien nicht unbekannt gewesen seien. Die ‚Übermacht des Zweifels und die Einsicht, daß man im Wesentlichen nichts weiß, eine Einsicht, die nicht müde machte und der ein triumphales Könnenbewußtsein korrespondiert.' – Hat sich dann das Verhältnis von Wissen und Können einfach nur umgedreht? Das wäre ja ganz neue Produktivität.

BRUNO GANZ ging, 77 – GERHARD STADELMAIER, wer sonst!, macht den Nachruf, gespickt mit sprühendem und funkelndem Besatz von Sternen für den Gegangenen, den Größten deutschsprachiger Zunge, meint ein Kollege abends.

Und wieder CLAUDIO PIZARRO (40) – in der 96. Minute – mit dreimal umgelenkter Flanke ins 1 zu 1 gegen die Hertha!

Die ‚Rote Kapelle' gegen die Nazidiktatur – soweit nicht in Plötzensee zur Strecke gebracht, kämpfen die Überlebenden um Anerkennung und Renten wie jene aus den KZ – ein Oberstkriegsgerichtsrat wie MANFRED ROEDER, der 45 von ihnen an den Strang brachte, übersteht kurze Ermittlungen schadlos, verläßt sein Gut, zieht in den Taunus – und wird zum stellvertretenden Bürgermeister gewählt. – 2009 werden die Todesurteile gegen die Rote Kapelle aufgehoben, 41 Jahre nach der Aufhebung der Urteile gegen den militärischen Widerstand. Eine konkrete Nachkriegsgeschichte steht aus, wie ‚Verräterkinder' von GÜNTHER WEISENBORN. Und die zahlreichen Lagerberichte von Überlebenden wurden hier eher nicht übersetzt, nach 70 Jahren nun doch – und gelesen, wie in der ‚Pasinger Fabrik' in München (MARTA KIJOWSKA 25.1.19).

18.2. Als eine Horde linker Antisemiten in gelber Weste den ALAIN FIENKELKRAUT (69) im Taxi erkennt, ergießt sie ihren Haß, ‚dreckiger Zionist – Drecksrasse – Drecksjude'.

19.2. Die Europahymne hat keinen Text, ‚denn niemand soll sich benachteiligt fühlen', so die Zeitung. Das war bestimmt nicht BEETHOVENS Problem – es demonstriert eher, welch amorphes Konstrukt auf dem Fundus von Nationalstaaten errichtet wurde, an dessen Bindekraft stupend montiert wird.

Und dann geht KARL LAGERFELD, 85, er meinte 83 – ‚es fängt mit mir an und hört mit mir auf' – wieder schließt sich ein riesiger Raum – Eitelkeit ist das Gesündeste im Leben, nie blasiert sein und: das Wichtigste noch vor mir – ein frisch gedrucktes Buch ist das schönste Parfüm der Welt – ich habe Schwein gehabt im Leben, gemacht, was ich wollte, Mode, Fotographie, Verlag – der ANDY WARHOL der Mode, hart, *trashig*, sagt BARBARA LINKEN, der letzte Dandy des 21. Jahrhunderts – macht aus seinem Leben ein Gesamtkunstwerk, er hing sehr an seiner Mutter, ich glaube nicht, daß er ein Frauenbild hatte.

20.2. PayPal schießt seine neuen AGBs rüber, einschließlich Käufer- und Verkäuferschutz ist das so ein Metervierzig Länge, Seitenzahlen werden vermieden. Natürlich mit der Aufforderung zu akzeptieren.

SUSANNE K. SCHMIDT betrachtet das <u>System EU</u> unter der Hypothese der ‚Überkonstitutionalisierung‘, darin DIETER GRIMM folgend, dazu unter dem schönen Gesichtspunkt einer ‚Politikverflechtungsfalle‘, wie ihn ein FRITZ SCHARPF formulierte. Dazu muß der Aspekt einer ‚Totalbürokratisierung‘ gepackt werden, denn die Regulierungsdichte dieses sklerotischen Geflechts von Staatenverbund übertrifft den Bundesstaat USA wie auch Kanada um Potenzen. – Um dabei ungestört zu bleiben, hat ein hochpolitisierter Oijoijoi-GeHah die beteiligten Staaten von Anbeginn entrechtet, ihrer Einfluß- und Korrekturmöglichkeiten entsetzt. Deutsche Europa-Fröhlichkeit hingegen setzt ja gerne noch einen drauf, guxdu etwa ‚Habitat-Richtlinie‘. Die Parole hieß: raus aus der Subsidiarität, der EWG-Vertrag ist unmittelbar geltendes Recht in alleiniger Auslegung durch den Hohen Hof. Seither setzt sich das System dicht, befeuert von der Kommission und Straßburg. – Raum für Veränderung sehen die Autoren kaum, eine Reform nahezu undenkbar, ein Austritt mit alpinen Hürden versehen. – Die europäische Errungenschaft der ‚Volkssouveränität‘ von solch imperialer Definitionsmacht weitgehend ausgehöhlt – die Allüren zur Vertiefung der Integration seitens der politischen Wortführer sind geeignet, Abwendung und Frust schärferen Formen des Widerstands näher zu bringen – das geschieht bekanntlich überall, wo die Weigerung Oberhand hat, wahrzunehmen, was ist. – Ihr Auftritt, ALAIN FIENKELKRAUT.

22.2. Das <u>ARD</u>-Regime ist sich seiner Sache sicher. Deshalb sucht es Aufputschmittel nach innen und Influencer-Werkzeug nach außen – Sprachregulatorik. Die Linguistin ELISABETH WEHLING liefert auf 89 Seiten ein Sprach-Framing für Wahres, Schönes und Gutes – und die bessere Verteidigung des Milliarden-Deals öffentlich-rechtlichen Auftritts.

Darin heißen etwa die Wettbewerber, die Privatsender, jetzt ‚medienkapitalistische Heuschrecken‘ – ‚Denkanstöße für interne

Workshops für die Mitarbeitenden (!) der ARD' nennt das Ganze SUSANNE PFAB, die ARD-Generalsekretärin in spe. – Die mit kaiserlichen Privilegien ausgestattete Meinungsindustrie möchte den öffentlichen Raum weiter einhegen, natürlich auf dem Boden des Gender-Regimes, welches sich längst durch den vorbehaltlos freien Raum der Universitäten frißt, durch die Verwaltungen in Stadt und Land, grade setzt sich die Stadt Hannover über das amtliche Regelwerk der deutschen Rechtschreibung hinweg.

> ‚Die wichtigste Grundregel ist, überall da, wo es möglich ist, geschlechtsumfassende Formulierungen zu verwenden. ... Beim Vorlesen wird der Gender Star durch eine kurze Atempause gekennzeichnet.'

So erläutert die Website der Stadt. HELMUT GLÜCK faßt aus gegebenem Anlaß erneut das Drama des ‚generischen Maskulins' zusammen.

Im Handbuch ist die Rede von ‚Profitzensur' der Privaten, von ‚Feinden des Volkes', welche das Beitragssystem kritisieren, von ‚kontrollierter Demokratie' – PHILIP PLICKERT nennt es einen ‚skandalösen Sprachmanipulationsleitfaden' mit Propaganda wie aus einem ORWELL–Roman. – Kontrolle und Unterwerfung der Sprache ist Diktaturen eigen, wovon auf deutschem Boden der Politbüro-Sprech und LTI des VICTOR KLEMPERER Anschauung satt liefert. – Mit dieser Gehirnwäsche werde dem öffentlich-rechtlichen Rundfunk die Grundlage entzogen, ‚aus Bürgern Volksempfänger' gemacht, so MICHAEL HANFELD. – Seltene Anschauung, wie ‚Fürsorge', so nennen sie es tatsächlich auch, die Enteignung des Menschen befördert. Da es publik wurde, werden sie zukünftig vorsichtiger sein – offensichtlich sind sie ja schon.

Es ist der Stich ins Wespennest, also politisches Eigentor mit Format! Erstmal zur Mittelverwendung: die Masse der acht Milliarden gehe neben Fußball in eine ‚Unmenge seichter Unterhaltungssendungen, Koch-, Talk- und andere Shows, in einen aufgeblähten Verwaltungsapparat (Beitragserhöhung wird nicht zuletzt wegen gigantischer Pensionsansprüche gefordert!) mit neun Rundfunkanstalten plus ZDF, in fürstliche Saläre, gerade auch im ‚Rote-Laterne'-Bezirk Bremen, kurz, so recht öffentlich-rechtlich.

Nächstens OLIVER WEBER, der zum WEHLING-Framing sammelt: gesetzt werde auf Dummheit des Publikums, der Einsatz des auch im politischen Diskurs weithin gebräuchlichen Gehirns unterschätzt – von ‚enormer Unterschätzung der Denkfähigkeit des Publikums' spricht JÖRG MATTHES (Uni Wien). – Welche Panik muß bei den Auftraggebern des Framing-Einkaufs herrschen, die interessierte Berichterstattung ist doch etabliert, gerade im Nachrichten- und politischen Feld.

Und die aktuelle Allensbach-Umfrage des THOMAS PETERSEN paßt wie Faust auf Auge! – Der Grünen-Hype hat danach zwei Anker: den Wimmel-Aktivismus der ‚Volksparteien' als Verliererkoalition – und die Medienberichterstattung: diese Partei wird nachgerade hofiert, vom öffentlich-rechtlichen Nachrichtenkanon bis in die Talk Shows. Distanzlose Parteilichkeit prägt solche Grundversorgung des Volkes, wie sie im Massenauftritt der Grünen-Spitze ihre Ausprägung findet.

‚Die Wahrheit eines Menschen sind seine Irrtümer', sagt PICABIA, feiner noch: ‚Denen, die heute ein Ideal haben, verursacht ihr Ideal oft Gewissensbisse, denn das Ideal ist eine Tugend aus einer anderen Zeit als die Redlichkeit' – ich habe Schüttelfrost – der Arzt hält mich für gesund – soll ich eine zweite Meinung einholen – unser aller Rundfunk hatte immer eine Katze im Sack – jetzt ist sie raus – man kann ihn jetzt (schon immer) einfach abschalten – das einzige Argument sind die Arbeitsplätze, ‚die daran hängen' – schließlich ist es ein Massengeschäft – von Gottes Gnaden.

Es knirscht vernehmlich – Loki frißt ein Bonbon, mit Verpackung, schließlich muß es schnell gehen – ich komme nicht mehr dran.

24.2. – Der Samba-Umzug durch Bremens Innenstadt, Institution – JANINE JAEGGI immer noch Chefin – vor 17 Jahren zogen sie bei uns in den Wintergarten …

Als ich mit der Futterbox auf die Terrasse komme, kachelt Loki grade mit dem Laubsack querab, der ist dreimal so groß wie der Hund – der Nachbar klopft ans Küchenfenster, von seiner Frau begleitet.

25.2. Die Berliner Nicht-Regierung tanzt. Frau SCHULZE diktiert den CDU-Ressorts die 25. StickOxy-Stichtagsregelung – der Kassier mit dem größten Haushaltsüberschuß seit 1990 kündigt ein riesiges Haushaltsloch an. Gekürzt wird in den Zukunftsthemen … und wo? Ei, in KI und Digital, das Dutzend Rentenpakete ist ja gesetzt. – Vorm Manöver fahren die Soldaten ‚noch immer zum Kiosk, um sich Waffen und Munition auszuleihen, damit sie nicht wie beim Kindergeburtstag peng peng machen müssen‘, bemerkt HOLGER STELTZNER.

Es gelingt dem größeren Verlierer, die Kanzlerpartei vor sich herzutreiben, so die Zeitung, ‚scheinbar einem unbekannten Drehbuch folgend‘. – Das Drehbuch bietet eine orientierungslose CDU, welche die gleiche Angst vor Neuwahlen hat und im Verwalten eines Zustands verharrt. Das nutzt die SPD-Ministerriege, deren Sozialstaatsprogramm der Kanzlerin ohnehin sympathisch ist. Paralyse ist sichtbar.

Sowas denkt sich kein Böswilliger aus, Leute! Das Würstchen verläßt das Sandwich, wenn ihr ahnt. Da kommt den Götterflunkern die Klimasteuer grade recht, die in den USA gefordert wird. In deren Kurschatten läßt sich das doch durchziehen.

Frühling pur! – Ich hole Jonas aus seiner Wohnung – keine Neue, das läuft also auf Zwischenstopp in Ritterhude hinaus. Man kann ja Beruf (selbständig) und Privat trennen … ‚Selbständig' wollen Vermieter aber nicht. – Kurz drauf fährt Jonas den Laster mit der Laderampe vor die Haustür und kippt den Wohnungsinhalt in den Vorflur und den Garten, soweit das Auge reicht. Bis zum Abend hat er ‚sein' Zimmer komplett umgebaut, er schleppt und keult.

Als Kitty im März 1953 vom Tod des Großen Führers erfuhr, am Telefon in London, aus dem Munde ihres osteuropäischen Betreuers seit ihrer Ausreise aus Georgien, rannte sie auf die Straße und begann lauthals zu singen, hüpfte über den Bürgersteig, tanzte, drehte Pirouetten, lachte die Leute an und klatschte Beifall. – Sie begann, die Namen der Opfer aufzuzählen … all der Familien, denen ein oder mehrere Teile fehlten, schließlich nannte sie auch Mariam, die ihr das Kind abtrieb – dem Auftrag der Partei folgend. – Aus NINO HARATISCHWILIS Achtem Leben.

27.2. Hat das Framing-Manipulat die Verkommenheit des staatsgewaltigen öffentlichen Medienraumes offenbart, so resümiert CHRISTOPH SCHÖNBERGER fröhliches Abwirtschaften im parlamentarischen System durch Auflisten der dreistesten Zugriffe der dritten Merkel-Koalitionäre. Das begann mit der ‚Beseitigung der ‚seit dem Reichstag des Kaiserreiches geltenden Regelung' über den Alterspräsidenten – als die AfD diesen zu stellen im Begriff war – setzte sich fort in der Aufsattelung der Parteienfinanzierung, um die Wahlverluste der Verliererparteien zu kompensieren – bei gleichzeitiger Aufschüttung der Stiftungszuweisungen, das verlief quasi synchron, Motto: ein Aufwasch – das Strippen der Ministerbefragungen im Bundestag war die nächste Maßnahme unter dem Bogen Komfortzonenausbau – und schließlich die erneute Weigerung der Reform des Wahlrechts, sodaß die Überhangmandate den Mandateschwund der Ex-Volksparteien überkompensieren und das Parlament dem Volkskongreßformat entgegenwächst.

Solch groben Machterhalt und -ausbau mit der Aufforderung nach Respekt vor den politischen Akteuren zu verbinden, demonstriert eine ignorante Elitenfestigkeit, der ein gesellschaftlicher, vulgo Wählerauftrag, und sei's nur die Einhaltung der Regeln, jenseits eitler Selbstpflege fremd wird.

Streitkultur: die ‚Studienstiftung des deutschen Volkes' setzt eine Podiumsdiskussion ab, nachdem eine Abgeordnete der Linkspartei protestiert hat – die möchte dort nicht auf JÖRG KUBITSCHEK treffen. Stipendiaten unterstützen das Ansinnen mittels eines Proteststurms auf Twitter – ... ‚einer Stiftung, die nach ihrem Selbstverständnis die geistige Elite des Landes repräsentiert', bemerkt THOMAS THIEL. – Auseinandersetzung mit Differenz, der politische Kern unserer gesellschaftlichen Vereinbarung, wird vermieden. – Ebenso wird mit DIETER SCHÖNECKER an der Uni Siegen abgerechnet, dem die Leitung Gelder gestrichen hatte wegen mangelhafter Abgrenzung gegens Politisieren, sprich gegen die Einladung u. a. von THILO SARRAZIN und MARC JONGEN, was nicht nur ein peinliches Anschlußpodium sondern obendrauf noch der Chef der Hochschulrektorenkonferenz rechtfertigte, so THOMAS THIEL (22.2.19). – So geht das Prinzip: wer die Auseinandersetzung sucht, es ging um ein Kommunikationsseminar!, wird abgestraft. Es gilt das Kontaktverbot, sagen die Reinen – wie bei der Pest, wie bei den Priestern im Tempel.

1.3. Daimler und BMW legen zusammen. Sie brauchen keine Industriepolitik, die sich im Airbus-Milliardengrab grade das Kreuz gesetzt hat – woran die Gemeinde der Steuerzahler ordentlich beteiligt ist, denn von einer Billion wurden grade mal 30 % zurückgezahlt.

Aus dem Uralt-Titel ‚Staatsleistungen' gabs seit 1949 18,5 Milliarden und seither jährlich was! – Dieses Jahr 320 Millionen für die evangelische, 228 für die katholische Seite. Warum das? Ei, Ausgleich für Enteignungen – wann waren die denn? Ei, 1803! Gemäß Reichsdeputationshauptschluß. – Ich hab doch gesagt, ihr sollt euch setzen! Da ein Ende vermieden wird, wächst die Leistungsverpflichtung kontinuierlich an, verstehe es, wer will. Ähnliches mit der Kirchensteuer – zuletzt 5,6 und 6,4 Milliarden – über die, wie es rein technisch heißt, Verbreiterung der Steuerbasis.

‚Greta Thunberg kommt', tönt es um 20 Uhr – rette sich, wer kann, geht der Satz an sich weiter – hier nicht, denn die Klima-Panik-Beauftragte paßt in den Echoraum, der das Land ‚unter das Kommando des moralischen Brandmeisters' stellen will, so VON ALTENBOCKUM. Wieviel Infantilismus kann sich ein Land leisten.

Ist es der 3., der 4. oder der 5. Ausfall eines Regierungsflugzeugs – jedenfalls mußten sie HEIKO MAAS mit der Nothilfe aus Mali rausholen. Da hatten selbst die lokalen Taliban ein Einsehen.

Die Deutsche Bank macht mit 270 Millionen gut ein Dreißigstel des Gewinns der Banco Santander. Die höchsten Gewinne hier weisen die Staatsbanken KfW und Bundesbank aus, das ist das deutsche Geschäftsmodell. Weltweit werde das ‚Lachen über die tumben Deutschen nur mit Mühe unterdrückt', notiert GERALD BRAUNBERGER. – Saniert wird nicht über Produktstrategie und Kosten, sondern über den Steuerzahler, kleines Beispiel Grundsteuer, Offenbach auf akut 995 %, einige andere donnern so 40 bis 60 % drauf. Es gibt eben nichts Schöneres als Privateigentum – für den Kassier, seis Bund, Land oder Kommune.

Das wahre Leben der COCO CHANEL, von 1883 bis 1971 – ‚ich war kurz davor zu glauben, die Deutschen hätten den Krieg nur angezettelt, damit ich meine Hüte nicht verkaufen konnte' – dem Krieg verdankt sie ihren ersten Sieg, den der Emanzipation – 1919 Rolls Royce, eine Villa in Biarritz – Mäzenin, Herzensbrecherin – PICASSO, STRAWINSKY, DIAGHILEV, WINSTON CHURCHILL – Rue de Faubourg, St. Honoré …

4.3. ARNULF BARING starb, 86 – neulich noch, 2006, auf 3sat in ‚100 Sekunden zur Nation': mit der Nation kann nur etwas anfangen, wer mit sich selbst etwas anfangen kann. Versteht bestimmt kaum einer, ich sage mal, einfach fünf Seiten EVA-MARIA ZURHORST überfliegen.

AKK karnevalisiert über ‚divers' und das Toilettenarrangement, das wird umgehend zur Staatsaffaire. Wir seien, geht es da, ja wohl das verkrampfteste Volk, ‚das überhaupt auf der Welt rumläuft' – dem würde ich leicht korrigierend zur Seite treten: wir haben ja wohl den verkrampftesten Elitenstadl, der das Land mit seinen flockigen Queer-Gender-Öko-Oil of Olas-Attitüden schwindelig textet.

A propos – NIKLAS ZABOJI zerlegt das nächste Klimaprogramm, den Kohleausstieg. Von allen, aber wirklich von allen bejubelt, werde nicht nur jede ökonomische Logik ‚systematisch mißachtet', sprich: der EU-weite Emissionshandel – auch die steigenden Kohle-CO^2-Mengen der sechs Großverbraucher bleiben unvereinbar mit dem fixierten deutschen 2 %-Anteil – ein weiteres Milliardengrab ohne Effekt, welches nirgends als Vorbild taugt, worauf ja die Missions-Koalition dauernd Wert legt. Wer legt solch politischem Absinth, solchem gMv-freien Unwesen das Handwerk! – Läuft!

Derweil kommt Vattenfall seiner 4,4-Milliarden-Forderung näher, nachdem die Befangenheitsstrategie der Regierung gescheitert ist. Aber Geld spielt keine Rolle, für die gute Sache. Was bleibt denn im Fossilen? Gas! Und da rechnet JOSEF EDELMANN den Null-Effekt vor – selbstverständlich bei ebenfalls exorbitanten Kosten. Macht ja nix, zahlt der Steuer-Arsch. Echt deprimierender Ressourcenverbrauch. Macht einzig Deutschland. Echter Nationalismus, Leute.

Ach ja, es starb auch dieser WERNER SCHNEYDER in Wien, 82, der nach München kam zur ‚Lach- und Schießgesellschaft' des DIETER HILDEBRANDT. Wie aus einer anderen Welt kommt das.

Organisiertes Verbrechen: die Carabinieri heben aus, was nachwächst – jetzt hats MARCO DI LAURO (38) erwischt, beim Mittagessen mit seinem Täubchen, nach vierzehn Jahren Flucht – alle zehn Söhne von Clan-Chefe Camorra Neapel seien jetzt sicher, im Knast oder darunter – das ist wie üblich eine Momentaufnahme – aus Nigeria weht es da schon härter herüber, wie der Bericht von DAVID KLAUBERT (4.3.19) offenbart. Die nigerianische Bruderschaft, anfangs auf Palermo orientiert in Sachen Kokain, Heroin, Crack und Frauendeportation, verfügt heute über weltweite Stützpunkte, Deutschland eingeschlossen. Nach dem Migrantenappell der Kanzlerin kamen in 2016 ‚mehr als 11000 Nigerianerinnen … übers Mittelmeer nach Italien'. Ihr Weg führte über die Tomatenfelder (guxdu Band 9/2017, Seite 205 f.) in die Prostitution zu den ‚Madames', das sind Jene im Rang von Zuhälterinnen. Die Männer sind streng hierarchisch organisiert, in jedem Land als ‚Zone' unter Führung eines

‚Heads', eines ‚Spirituals', der sorgt für die Einhaltung des nigerianischen Juju-Zaubers, weiter eines Ältestenrates und eines Verteidigungsministers, dessen ‚Bucha' (Schläger) für die unvermeidliche Kriegsführung bereitstehen. Die Führer der ‚Foren', städtischen Organisationen eines Landes, treffen sich monatlich, die ‚Zone-Heads' etwa von Holland, Frankreich und Deutschland unter einem ‚Regional Head' monatlich zur geschäftlichen Besprechung.

Auch im Übrigen denken laut ‚Afrikabarometer' (28.3. ppl) an die 40 Prozent der Afrikaner ans Auswandern, zehn Prozent davon mit konkreten Plänen. Das seien zwar nur 3 % der Bevölkerung, aber doch 40 Millionen, wovon 27 % nach Europa möchten. – Bestärkung durch OECD (14.6.19 ppl), wonach Zielland Nr. 1 die USA, Nr. 2 Deutschland mit den Herkunftsländern Marokko, Algerien, Nigeria neben dem Nahen Osten.

Verdis Scheuern sind voll, 13,4 % Aufschlag für ungelernte Hilfskräfte, knappe acht im Schnitt. Auf Arbeitgeberseite verhandelte Verdi-Mitglied MATTHIAS KOLLWITZ aus dem gottlosen Berlin, sie nennen ihn freundschaftlich ‚Moneten-Matze', über 40 Jahre Mann des öffentlichen Dienstes. Einer muß es ja machen.

In Athen machen JOCHEN STARBATTY und Ex-BDI-Chefe OLAF HENKEL eine Grexit-Veranstaltung, Obs hilft, wird bezweifelt. Die Grundlagen der Marktwirtschaft seien ‚vollkommen ausgehöhlt' und das werde sich mit der europäischen Einlagensicherung (EDIS) fortsetzen, getreu dem ‚französischen Vergemeinschaftungswahn'.

5.3.   **Museum Removes a Statue of Michael Jackson** – A sculpture of the controversial pop star commissioned by his friend Mohamed Al Fayed, the former millionaire owner of an English soccer club, has been removed from Manchester's National Football Museum. The museum said it made the decision to remove the sculpture before the release of documentary about Jackson's alleged child abuse and that the move is „part of our new plans for transforming the museum over the coming months to tell relevant stories about football." (_Sun_) March 5, 2019.

Also auch woanders schwurbeln sie sich um Kopf & Kragen. – Zurück in die vertrauten Gefilde des organisierten Verbrechens; ‚Troika Waschmaschine' – dieser aus der Geldwäsche vertraute Begriff erlebte seine Hohe Schule in der litauischen Ukio-Bank. Russische vier Milliarden wurden zwischen Netzwerkgesellschaften und Bankkonten bis zur Un(er)kenntlichkeit geschleudert, macht OCCRP jetzt öffentlich. ‚Troika Dialog', Teil der Sberbank, sei Initiator dieser Reinwaschung von Verbrechensgeld. Für dessen Aufdeckung starb SERGEI LEONIDOWITSCH MAGNITSKI (guxdu Band 7.1, 2012, Seite 147). – Und beim Plündern der russischen Versicherung ‚Rosgosstrakh' ging es wie folgt: ‚ein Großteil des Geldes soll über fingierte Rückversicherungsgeschäfte mit Schweizer Mittelsmännern an zyprische Niederlassungen baltischer Pseudo-Broker geflossen sein. Da verliert sich die Spur'. – Der muß man erstmal folgen können, hatten Sie Anschluß?

Die Spuren des Amoklaufs von Winnenden (11.3.2009) – alle Angehörigen der Opfer leiden bis heute unter den Folgen – Ehen zerbrachen – Lehrer in den Ruhestand – Polizisten dienstunfähig – Väter alkoholsüchtig – Mütter in psychiatrischer Behandlung – Schüler traumatisiert.

Wieder Frankreich, mit ‚Gemma Bovery' in der Regie einer Frau und einer GEMMA ARTERTON, die meinen schamlosen Voyeurismus ins Sofa drückt, stellvertreten durch FABRICE LUCHINI als Bäcker, der ihr Treiben, ihre Anwesenheit hingebungsvoll, besorgt und ängstlich verfolgt – für mich sprechend. Welches Profil von Erotik hat das Programmheft, das es bei einem Punkt beläßt.
– Dabei hatte schon ‚Harold & Maude' von 1971 zuvor viel Apartes – den Song von CAT STEVENS begleitet Marions leise Stimme, ‚If You Wanna Sing Out'. Diese provozierende Leichtigkeit des Seins, der mit Behauptungen gespickte

Text, eingeflochten in die Liebesbeziehung des 20- mit der 80-Jährigen – flirrende Entwürfe aus Woodstock, der *racial riots* und Straßenkämpfe – wie mußte deren *sound* wirken, frei vom Dreck des Tages, aus dem sie kamen – in schrillem Kontrast zu den verdrucksten Parteigesängen, die wir sangen – welch ein Glück, diese Ambivalenz, diese Wahl gehabt zu haben, Parole und Rebellion und Sehnsucht – zu spielen. Die letzte lebt immer noch, sich an das Ereignis des Tages klammernd.

6.3. Den Zustand der <u>Bildungsrepublik</u> kennzeichnet, daß HEIKE SCHMOLL wiederkehrend den Leitartikel der Seite 1 macht – du brauchst ihn gar nicht mehr lesen! Was also ist Phase, das Bundesland Hessen macht für die 150 betroffenen Schulen, was bereits 1000 Mal eingeführt – in die Hose ging – wieder abgeführt wurde: die Zensurenfreiheit in der Grundschule, also Klasse 1 bis 4, dazu ein weiteres halbes Dutzend Auflösungserscheinungen. Wer die Feder führt, ist klar, wer mitläuft, ist diese orientierungslose und ex-konservative Partei – ‚gegen alle empirische Evidenz auf dem Holzweg‘ – ‚aus ideologischen Gründen über alle Forschungserkenntnisse hinweg‘ – was ‚in der Medizin als schwere Kunstfehler bewertet würde‘ – das werde ‚mit ganzen Schülergenerationen in der Schulpolitik toleriert‘. – Solch himmelstürmende Verantwortungslosigkeit wird hierzulande straffrei als Kümmerlich-Politik verkauft. Da so etwas aber schließlich gewählt wird, bleibt die Entgegennahme der Quittung reine Formsache, wie die Entgegennahme des Sachverständigen-Gutachtens durch die Kanzlerin. Die Gewählten sind da ganz beschwerdefrei.

PS.: und, so katastrophal dieser Beschluß, so asozial sein *Procedere*: der Staat, der das Bildungsmonopol beansprucht und strenge Aufsicht führt, stellt es jeder dieser 150 Schulen anheim, ob sie von der Notenbefreiung nun Gebrauch machen oder es lassen, so eine Allüre aus dem basisdemokratischen Eintopf – das bedeutet, der Disput mit seiner Eignung zum weltanschaulichen Grabenkrieg wird in jedes Kollegium, in die Elternschaft, vielleicht in die Kommunalräte getragen, vielleicht gar mit Rechtswegaussicht – diesen Scheinrespekt verkaufen sie eventuell noch als Achtung vor der Schulautonomie. – In der Verfolgung solcher Beschlüsse bis in die Umsetzung zeigt sich der destruktive, Streit und Zwietracht säende Kern solch grünen Gebarens – infam verantwortungslos. Darüber bzw. darunter verschwindet die Sache selbst: Bildung, Ausbildung von Kindern. – Mein Haupthaar verschwindet, sonst stände es an im 90-Grad-Winkel.

Gerade hatte ich mich von 3sat erholt, wo die berüchtigte Lady die Schwerenöterfrage durch die Sendung trieb: kann, nein darf man noch MICHAEL JACKSON hören oder gar gucken, nach den Kinderübergriffigkeiten.

KLAUS KINKEL ging. – GÜNTER KUNERT wird 90, einer der 12, die gegen die Ausweisung WOLF BIERMANNS petitionierten und 1979 die Ostprovinz verließen – immerhin Kulturminister JOHANNES R. BECHER sorgte für den Druck des ersten Gedichtbandes. Und zuvor mit BERT BRECHT war es lustig, der eine sprach von Arschlöchern, der andere von Verbrechern, ‚kolossal erfrischend‘, zitiert TILMANN KRAUSE vom ‚Welt‘-Feuilleton aus dem Interview – und wenn BRECHT den KUNERT morgens im offenen Steyr nach Berlin fuhr – ‚ich bin ein entheimateter Mensch‘, sagt der noch, ohne deutsches Drama.

Edeltraud macht vereinbarungsgemäß auch im Flur sauber. Das ist Loki unpäßlich. Als sie ihre Hütte verschiebt, knabbert der Hund sie an und schießt zurück in die Hütte. Das wiederholt sich bei erneutem Verschieben – und wirft ein Problem auf. – Bei Anruf macht Loki auf der Hinterachse kehrt, wirft das Stöckchen hoch und düst ab – beim Gassigang schießt sie auf die Enten los, daß ich hinterher fliege. – WIEBKE HÜSTER macht einen wunderbaren Text über die Jagd, den romantischen, den sachlichen und den verächtlichen Jäger und die besten Bücher zur Jagd.

7.3.   Unterhaltsam beim Chor, das Lied ist schön, aber zu schwer für euch, sagt der Leiter – im Alter gehen die Frequenzen zurück – wie Vieles sonst, von brillanter Exposition zur dämmrigen Mitte – später unterhalten wir uns ausführlich über

ELVIS, bei deftig gutem Roten. – Zu Hause ‚Die Entdeckung der Unendlichkeit', über STEPHEN HAWKING – es ist das Äußerste, so einen Weg zu gehen.

Indien verfüge über 140, Pakistan über 150 atomare Sprengköpfe, Vorsicht sei also geboten, meint der Pakistani.

8.3. ‚In einem dunklen Raum bewegt man sich mit kleinen Schritten', erklärt Sr. DRAGHI die Situation. Der Zins weiter unter Normal Null, weitere Milliarden an die Banken, die heißen übrigens TLTROs, wenn Sie sich erinnern – oder selbst was brauchen, das ist so ähnlich wie bei LSBTTIQ. Spanien und Italien griffen da 2016 und 2017 bereits dreistellig zu, wenn Sie ahnen, was das vulgär bedeutet. Der Rat sei einstimmig zuversichtlich, verlautet Chefe noch. – Zuarbeit für die nächste Finanzkrise, meint HANS MICHELBACH. Die Hand hat der Dragonaut bereits vom Steuer genommen, autonomes Fahren liegt im Trend. Für sein 10-Jahres-Programm ‚Euro retten', besser Zeit kaufen, wird alles auf den Kopf gestellt.

Neben der Enteignung des Menschen gibt es eine der Verfassung – hier von zwei Seiten: die Frankfurt-Brüssel-Connection zieht seit Jahren Substanz, hingenommen oder bejubelt – und im Land werden einstige Eckpfeiler bereitwilligst eingerissen: hier der <u>Föderalismus,</u> dessen Bedeutung als Machtbalance und Demokratieelement, eben jene permanent aufgerufene Teilhabe und Einflußnahme über regionale Wahlen, LARS FELD und YANNICK BURY entwickeln – und anläßlich des ‚Digitalpaktes' in Abwicklung sehen.

Föderalismus ist ‚dezentraler Wettbewerb um die beste Politik', ist ‚Beschränkung zentraler Macht', ‚Korrektur der Gewaltenteilung'. Er soll über Kompetenzen, Finanzen und Verantwortung für die Folgen politischer Entscheidungen sichtbar und über Wahlen beeinflußbar machen. Diese Länderkompetenz hat Verfassungsrang: was nicht ausdrücklich Bundesaufgabe ist, bleibt bei den Ländern.

Aber diese Verantwortung wird von den Verantwortlichen ge-
scheut – Landeschefs treffen sich in Berlin zur Konferenz und
agieren dort als Lobbyisten und Geldbeschaffer. – In der Neure-
gelung der Finanzbeziehungen, in der Schulpolitik und weiterer
Themen wird die Einheit von politischer Gestaltung – Finanzie-
rung und Haftung für die Folgen höchst willig aufgegeben, von
beiden Seiten – die ‚Lethargie der Landesparlamente' befördert
den Abgang der Länder in ‚Verwaltungsprovinzen' des Bundes.
Alles schön parlamentarisch.

Eine Blaupause der Brüsselprozesse! Am Scheinföderalismus
wollen sie jedoch festhalten – warum? – Ei, wegen PEP©! – Aber
große Texte gegen die Politikverdrossenheit fahren – selten zeigt
sich das hohle Fundament des moralischen Großsprechs so materiell.

Wo wir grade bei der Demontage sind – im Berliner Hohen Hause geht Ähnliches vor sich. MARCO BUSCHMANN führt das
permanente Unterlaufen des ‚parlamentarischen Auskunftsan-
spruchs' durch die Exekutive aus (14.3.). Daß dem Informations-
anspruch des Parlaments eine Antwortpflicht der Regierung ent-
spricht, sieht diese *partout* nicht ein – und übt sich in ‚faktischer
Auskunftsverweigerung' (qua Schwurbel), ‚untauglicher Antworten', schlichter Verweigerung – weil es an effektiver Sanktion
fehlt. Mit dem Untersuchungsausschuß macht sie es auch mal
so, ‚pathologisch', meint MB, Kalkulationen der Macht, würde
ich sagen, welcher die parlamentarische Mehrheit süffisant folgt.

9.3.   Wenn in Venezuela der Strom ausfällt, macht ‚der amerikanische Imperialismus ... Stromkrieg gegen unser Volk', erläutert
Chefe MADURO. Echte Überforderung, beidseitig!

In Worms tötet ein wegen Abschiebung untergetauchter Mann
aus Tunesien, vielfach vorbestraft und an sich in Haft, eine
21-Jährige in ihrem Elternhaus.

10.3.   Um 12 in den Zug nach Münster zum jährlichen Treffen zu
dritt – bei Wind & Wetter etwas orientierungslos durch die

Stadt – wir finden uns, nach zwei Cafés ins Hotel. – Um 6 schlagen die Glocken des Münsters gegen die Scheiben, anhaltend. Nur eine Kirche wurde ‚aufgehoben‘, darin GERHARD RICHTERS Pendel von FAUCAULT. Dessen Schwünge löst die Erddrehung aus, im Boden der Impulsgeber. – Danach ins feinbürgerliche Restaurant zum ‚Kleinen Kiepenkerl‘ oder so, wo Beide mein schon berüchtigtes kleines Geschenk bekommen, 2017. So baue ich meine ausgesuchte Leserschaft aus. Sehr unterhaltsam danach, wenngleich nicht immer rotem Faden folgend. Wir sind ja nicht die ‚Vier Staatsräte‘, aber auch nicht blöd, so. Hartmuts konstante Arbeit an der Mischung Sambuca & Espresso beeindruckt mich, das sei angemerkt. Zum Absacken suchen und finden wir eine Bar mit singular schräger Besatzung, mäßiger Belichtung und Sambista-Begleitung, später setzt sich eine Hübsche in meinen Rücken, dazu Bescherung der Lady vor der Alkoholfront, kurz, weiterhin sehr unterhaltsam. Gegen Mitternacht zurück, Hartmut stöbert dermaßen durch den Text, daß es mich antörnt – und moniert die Unvollständigkeit des Namensregisters – ich habs befürchtet, da gibt man mal so einen Text raus und der gerät an den Richtigen!

11.3. Fortsetzung beim Frühstück und in konzentrischen Kreisen zum Bahnhof, Linien von A nach B fallen mir schwer. Es läuft die Verspätungsrallye – Zug 1 grade weg – Zug 2 wegen Überfüllung geschlossen – Zug 3 gelingt, zum Glück, denn Zug 4 wird ausfallen. Ich stehe vorm Clo und mache Tür, das kommt gut an. – In Bremen fällt schnell noch Schnee, bevors zu warm wird.

12.3. Der Brite JACOB REES-MOGG im Gespräch mit JOCHEN BUCHSTEINER: ‚es ist eitel zu glauben, die EU hätte den Frieden erhalten, und nicht Amerika und die NATO … die EU ist undemokratisch … es wird gegen den Willen der Wähler zusammengebaut … wenn sie dagegen stimmen, wird hinter ihrem Rücken getrickst‘. – So auch VÁCLAV KLAUS in der Uni Frankfurt (14.3. ppl), eingeladen von OTMAR ISSING – … wie im Spätkommunismus … diese EU hat keine Zukunft.

Ich fahre den Nachbarn zum Arzt, der geht den brieflichen Status durch, versorgt die Wunde nach dem Ausbau des Ports, empfiehlt … gut, daß da die Kinder sind – im ‚Spiegel' erzählt eine Lehrerin, daß und warum sie keine Kinder will, ich verstehe nicht … fast kommt der Sinn des Lebens ins Spiel – nebenan der Mann mit 19, der an Krücken geht, weil ein Melanom falsch gedeutet, schließlich in die Knochen strahlte … er sprach von Familie, wird impotent bleiben, wenn er überlebt. – Wann immer es aufhört, so war es eben, das Leben, wir fahren zurück … das Denken hastet hinterher – Marion kommt um 4 aus der Schule, heute hätte sie bald den Computer aus dem Fenster geschmissen.

Wer sich selbst verleugnet, kühlt von innen aus, sagt CARLOS SPOERHASE, FRANZ GRILLPARZERS ‚Esther'-Aufführung besprechend. ‚Keim des Verderbens' ist der Zwang, Glauben und Herkunft verbergen zu müssen.

Das Telefon klingelt – BARBARA BILABEL lädt mich ein zur Feier ihres Geburtstags, des 80. Ich schlucke kurz, sie war doch so jung, dann fällt mir ein, ich ja auch – und freue mich, daß sie sich erinnert – an den komischsten Schauspieler, der bei ELFRIEDE JELINEKS ‚Krankheit' und bei den ‚Bacchien' auf der Bühne stand, guxdu Band 1. Ich war ja mehr Reporter. Es war Aufbruch, Knüppeldamm ins Leben. Ich suche Geschenk, gehe durch meine Protokollierungen, ein paar Seiten auf DIN A 1-Format!

Dann kommt der Engländer BRENDAN SIMMS mit einem Bild von Deutschland um die Ecke – ich bin schockgefrostet! Es sollte endlich seinen EU-zerstörerischen Widerstand aufgeben und ein ‚Ja' zur ‚vollständigen politischen Union auf dem europäischen Festland' geben – wahrscheinlich bedürfe es dazu einer Katastrophe – niemand habe mehr zum Begräbnis dieses Projektes beigetragen als ANGELA MERKEL.

England habe das schließlich mit seiner Union Großbritannien auch hinbekommen – die wesentlichen Eigenschaften der Eigenstaatlichkeit seien doch längst weg, etwa die Kontrolle der eigenen Grenzen, die Verteidigungsfähigkeit und Kontrolle der eigenen Währung. – Mit dem letzten Satz hat der Mann recht, der Text gleichwohl etwas Hinterhältiges. – Vieles deutet in die Gegenrichtung.

Drei Wochen lang ‚sichteten' sie die Bestände der Wernadskyi-Bibliothek in Kiew, die gebildeten Plünderer des SS Sonderkommandos unter Führung des Eberhard von Künsberg und transportierten Hunderte Karten- und Bücherkartons ab. – Eine Zarenurkunde von 1708 wurde jetzt zurückgegeben.

Der Schul-Kinder-Klima-Kreuzzug von GRETA THUNBERG beeindruckt das Europaparlamentum tief. Jubelnd beschließt es, die grade gesetzten KO-, sorry, CO-Prozente nochmal zu liften, von minus 40 auf minus 55, dazu die Erderwärmung gefälligst auf 1,5 zu begrenzen – basta! – Die nationale Umsetzung wird schon das nächste Husarenstück. Die Scheiß-Industrie muß sich eben was einfallen lassen. – Zollgespräche mit dem Trump-Imperium lehnt das holde Haus hingegen ab. *Brauchemerned, schon garned* mit dem Sausack!

Die Milliarden-Kompensationen an die AKW-Industrie sind noch nicht bezahlt, da fliegt die erste Hochrechnung von RWE rein, weil ja bereits das Hohelied des Kohleausstiegs intoniert ist, danach kommts Gas. Hauptsache, die Erde kühlt darüber nicht vorzeitig aus. Hat sich ja keiner ausgemalt, was die Stammeskultur in Zentraleuropa eines Tages hervorbringt!

Nach Jahren machen wir wieder Kochgruppe – ich ziehe die Flaschen auf – von Tapas war die Rede, am Ende sind wir erschlagen vom vielgängigen Menü – aber es ist wieder sehr unterhaltsam, nun, bis auf die leichtsinnig losgetretene Küchendebatte, da hätte eine noch mit 85 noch eine neue Küche bekommen, ich bleibe hinhaltend distanziert, von mittlerem Befremden gezeichnet – da ist das Thema mit der ‚Fleischlast' beim Brückenbau im Bahnbereich doch kulinarischer: die wurde neulich glatt vergessen, so daß nur Leerzüge die

Brücke passieren können, das denkst du dir nicht aus! – was so das alternde Publikum umtreibt – der Abend hat keine Ausfälle zu beklagen, von kleineren Kalamitäten bei der Heimfahrt abgesehen.

17.3. Mittags Kohl & Pinkel – die Nachbarin zum Tee, der Arzt offenbarte, der Umschlag in den letzten Zustand stehe an – ihr Mann erschüttert, sie gefaßt – welche Zeit noch ist, entscheidet sich, sie ist kurz, schlimmstenfalls sehr kurz. – Abends in die Staffel ‚Die Brücke‘, großes Kino in Dialog und Themen.

18.3. Die Skier stehen bereits im Vorflur, Hut ab. Zum Tee LOU REED aus dem Revox (*Anm.*: Marion ist augenscheinlich nicht da). – Hartmut liest ‚2017‘, ruft an mit Ansage unter der Hypothese: wenn das wirklich mal jemand liest – ich verteile das Zeug ja schon! Er bleibt interessiert. – Loki kann die Uhr! Zum wiederholten Mal steht sie um 5 nachmittags, also Punkt 5, im Arbeitszimmer und legt den Vorderlauf rechts aufs Bein: Meister – fressen, aber zack, zack!

ERICH WEEDE resümiert DANIEL STELTERS ‚Märchen vom reichen Land‘ – wer in Abständen liest, nicht zu langen, weiß davon – wer Nachrichten guckt, weiß nichts. Zur anhaltenden Staatsverschuldung, explizit, kommt die ‚dynamisch wachsende implizite Verschuldung‘, einer gerne gemiedenen Kategorie, die dem Berliner Schaulustigen nur miese Stimmung macht – sodann die Billionenspiele der Akut-Kanzlerschaft mit ihren Aussichten: Zuwanderung 0,9 bis 1,5, Euro-Haltung 1 bis 2 und die große Rentenschwemme mit 1.000.000.000.000, jährlicher Haushaltszuschuß demnächst bei 100.000.000.000, bis 2023 bei 114. – Wobei die vierte Permanent-Olympiade fehlt, das Klima-Dogma, dieses satte Billionenspiel *sans effet,* ausgenommen die gesetzten Profiteure, die sich das vom König Verbraucher vergolden lassen.

Da im deutschen Primat der Politik Wirtschaft nicht vorkommt, so DAVID FOLKERTS-LANDAU, ist ein ‚verheerendes Verhältnis von Kosten und Nutzen (die) Folge, extremes Beispiel die Milliarden-Versorgung der Zugewanderten hierzulande. – Die Puderung des eurozentristischen Wohlbefindens, des moralischen Wohlfühls ist hier jede Verschwendung wert. – Ach ja, hier noch STELTERS Sanierungsvorschläge:

- Euro verlassen
- Asylrecht ändern
- Steuerreform, damit die Guten im Land bleiben
- Abiturientenschwemme auf Studierfähige reduzieren.

Kannst du in der Pfeife rauchen! Denn es ziehen die von Amts wegen Weitsichtigen mit ihrer kurzsichtigen Kundenorientierung ihrer Wege. STELTERS-Perlenkette liest kaum einer, verstehen tuts eh keiner, schon weil die Lesedauer nicht angegeben ist. Und die aus dem Bildungssystem Entlassenen sind von Instagram und der App absorbiert. – Gleichwohl, die *Loid'* haben eine tiefe Ahnung – und wenden sich ab, die Ewig-Getreuen!

SCHILLERS, nein, nicht KARL, ,Räuber' am Kölner Schauspiel – die männlichen Rollen in Frauenkleidern, darin Frauen –,hat es der Regisseur auf die Entgiftung von Handlungskonzepten toxischer Männlichkeit abgesehen?', so Patrick Bahners – bei Frauen ist das Agieren zuvörderst ein Reagieren, weil sie in ein Ohnmachtsgefälle nicht hineingeboren, aber hineingestellt werden – und: Identität beruht auf Reduktion, Innigkeit ist Übungssache.

Schon wieder der Löwenmensch von Ulm in der Zeitung.

20.3. Geht Marion aus dem Haus, ist Loki verzweifelt, streicheln hilft nicht, erklären gar nicht, sie kommt ja aus Ungarn – sie kommt mit einer Nagelfeile und steht – neulich stand sie auch neben mir, hmm, was ist? Bis ich die Packung Paracetamol in ihrem Maul entdeckte – Dinge haben für sie eine andere Bedeutung.

Dann werden die Leviten gelesen: Motto ‚Was macht die Europäische Union einzigartig?‘
Den Text haben sich ein Belgier, ein Holländer und ein ‚Staatsminister für Europa‘ im Auswärtigen Amt ausgedacht. Ob sie sich oder mir etwas einreden wollen, ist nicht von Belang. Jedenfalls kostet es Lebenszeit!

Was macht die Europäische Union einzigartig? Der Binnenmarkt hat Europa zu einem der attraktivsten und wohlhabendsten Orte zum Leben gemacht. Die Gemeinsame Außen- und Sicherheitspolitik gibt uns eine starke Stimme in der Welt. Aber was unsere Union wirklich einzigartig macht, ist unsere Wertegemeinschaft. Dank ihr sind wir Europäer uns in den letzten Jahrzehnten näher gekommen als je zuvor und genießen die längste Friedensperiode in unserer Geschichte. Es sind sogar so etwas wie ein europäischer Way of Life und Ansätze einer europäischen Identität entstanden. Im Zentrum unserer europäischer

Der 1000-fache Kindesmißbrauch bekommt im zuständigen Behördenapparat würdige Komplementarität. Der verantwortliche Landrat retiriert in dem Maße, wie Dokumente gesichtet und ausgewertet werden. Zwischen zahlreich und zahllos oszillieren die Hinweise, die Kenntnis, Hinnahme, Ignoranz, im Grenz- und Einzelfall vielleicht Sympathie belegen. – Wie im NSU-Flechtwerk, wie bei den hessischen Rechtsradikalen im Beamtenstatus wurden zwecks Verschleierung Unterlagen manipuliert oder beseitigt – trotz Mißbrauchswarnung durch den Kinderschutzbund und Andere teilte das Jugendamt ein Mädchen dem zu, gegen 1000 monatlich – das Mädchen ekelte sich vor dem Geruch verschwitzter Männer – das Mädchen mache ihn ‚heiß‘ und für Süßigkeiten ‚alles‘, so der Täter – das Genogramm ‚wie abgeschrieben aus einem Lehrbuch‘ – und löste nichts aus – jetzt hat die Verfasserin im Zuge der Aufdeckung darin Passagen gelöscht und Dokumente manipuliert, in denen eine ‚chronische Kindeswohlgefährdung‘ vermerkt war – als einer warnte, wurde er aus der Position genommen, mit der Folge fünfmonatiger ‚Betreuungsvakanz‘.

69

Solche Begünstigung im Amt, solch führungsloser öffentlicher Dienst – ‚Behördenversagen' trifft die Form, nicht Inhalt. Der Begriff verharmlost und verschleiert die Substanz, ebenso wie jener der Beziehungstat, der im Migrationskontext zur Blüte gelangte. Damals nutzte die ARD diesen Begriff, um über Mord & Totschlag von Migranten nicht zu berichten (5.12.18 miha).

‚Hätten wir uns hier um 1918 getroffen, im Café Louvre in Prag, wo FRANZ KAFKA seinen Freund MAX BROD traf, wären hier nur Menschen, ‚die mühelos zwischen Deutsch und Tschechisch wechselten', so JAROSLAV RUDIŠ aus dem Gastland der Leipziger Buchmesse. – ‚Die Deutschen. Geographie eines Verlustes', so der Titel von JAKUBA KATALPA, aus den geografischen Überschneidungen der Ränder formuliert, die zur Abgrenzung, zur Grenze, zur Front bis zum Überrennen wurden. Der Titel gehört in die Mitte, denn dort gärt er. Um die Ecke erhebt sich eine elf Meter hohe ‚rotierende Version Franz Kafkas', so Tilman Spreckelsen, aus 42 beweglichen Edelmetallscheiben, die dem Profil zeitlos Bestimmendes geben.

21.3. Im Haushaltsansatz des Sozialdemokraten und Finanzministers SCHOLZ ist die Kürzung für Bildung und Forschung, allein 2,99 % für 2020, der höchste Satz – das ist programmatisch wie die Kehrseite und Ursache, die Sozialpolitik – Klientelpolitik macht den Unterschied, bis 2023 auf 200.000.000.000 projektiert, 53 % des Budgets. – Das erscheint als Konstante deutscher Budgetpolitik: die Umschichtung aus den Zukunfts- in die Lebensabendressorts – oder: was du an Bildungsinvestition sparst (oder vermasselst), legst du an Sozialpolitik drauf!

Eine geplante Ausweitung des Promotionsrechts auf Fachhochschulen in NRW ohne forschungsaffine Ausstattung (personell und materiell) legt zeitgleich die nächste Axt an Qualität. Nach dem ‚Hochschulfreiheitsgesetz' des JÜRGEN RÜTTGERS und dem ‚Hochschulzukunftsgesetz' der SVENJA SCHULZE als NRW-Wissenschaftsministerin legt die parteilose ISABEL PFEIFFER-POENSGEN einen Überall-Promotionsvorschlag auf den Tisch – der Trend der Zeit untergräbt jeglichen politischen Instinkt. ENZENSBERGER glaubte an einen *joke*, als er den

Doktor für Jeden mit dem 18. Geburtstag ausrief. Die Zeitung tritt dagegen mit zehn Spalten an.

Der Nachbar im Krankenhaus spricht – die Metastasen wachsen – Druck auf den Bauch, der hart wird – Chemo ab morgen – es sind noch Monate – die Tabelle mit den Blutwerten – er kennt die Bandbreiten, einige sind ok, andere nicht – er weiß das Ende – und spricht – ich spreche – bis alles gesagt ist – darüber hinaus geht es nicht – er weiß jetzt, daß er demnächst tot sein wird – und sagt es Anderen – ich sitze daneben.

Marion kommt aus der Schule – Schüler fragen ‚Frau Seegert, war das wirklich so?' – Kannst Du das Buch vom Markt nehmen, für ein Jahr – ich rufe den Verlag an, Band 1 herauszunehmen.

22.3.   Um 10 zur Hundeschule – dort gibt's wieder ein Füllhorn klarer Ansagen, nach dem Motto: erkenne dich selbst – also eher Menschenschule.

THOMAS THIEL ruft auf zur Regulierung des Netzes – die Erosion des Politischen begann, als man für Dienstleistungen nicht mehr mit Geld, sondern mit seinem Privatleben bezahlen sollte. – Geld bleibt der Mediator, der jedem Angebot seinen, einen Preis zuweist. Dafür steht wohl die Urheberrechtsreform. Die Regelfreiheit läßt das Feld den Mächtigen – mit ihren Regeln. Das ist wohl wahr. Nach deren Regeln sind Gefühle bares Geld, großes Geld. – Die Offenbarung des persönlichen Wertehaushalts und seine Erfassung, die Aufhebung des Privaten ist der eigentliche Zivilisationsschritt, der zum Spiel mit dem Feuer werden kann. Soweit ist es hier – noch nicht.

FANNY ARDANT wird 70, wunderbar, die Zeilen ‚Said'.

SANDRA KEGEL vom Start der Buchmesse mit ‚dem Blick nach Osten' – dort stellt GERD KOENEN die preisbedachte MASHA GESSEN aus Rußland vor. Das Land habe sein ‚schlimmstes Jahrhundert' nicht verarbeitet, nicht physisch, nicht psychisch, nicht kulturell – seine Geschichte in ihrer Ungeheuerlichkeit ein Abgrund, der Schwindel erzeugt, so KOENEN – den Russen sei

,die Fähigkeit genommen worden, sich Geschichten zu erzählen', so GESSEN – kollektive Deprivation, gegen die auch die Georgierin NINO HARATISCHWILI anschreibt. – Den Buchpreis erhält sie für ihren ,luziden, thesenstarken Text' ,Die Zukunft ist Geschichte', so KERSTIN HOLM.

Nach ihrem PUTIN-Portrait ein zweites Mal in die USA übergesiedelt, zeichnet MASHA GESSEN anhand von vier Protagonisten das Bild eines ,postkommunistischen Mafia-Staates' mit dem ,Meister des politisch Bösen' an der Spitze. Der schafft es, ,mit nur wenigen politischen Gefangenen, die Gesellschaft weitgehend zu lähmen.' – Der Typ des wiederauferstandenen ,aggressiv-unterwürfigen *homo sovieticus*' in staatlicher Versorgung gibt den Boden für solche ,Seilschaft aus den alten Eliten und Geheimdiensten', welche die Macht und Eigentumsrechte wie eine Familie mit einem Paten an der Spitze unter sich aufgeteilt hat.

Unter den ,wissenschaftlichen Deutern ... dieses historischen Dramas' nennt KERSTIN HOLM einen ALEXANDER G. DUGIN, der CARL SCHMITT und MARTIN HEIDEGGER zu den Lieferanten seines ,eurasisch-imperialen Weltbildes' zählt.

Auch aus dem Politbüro Chinas war schon von starker Nachfrage nach der Deutschen Philosophie des 20. Jahrhunderts zu hören, deren Einfluß auf deutschem Boden ja kaum überschätzt werden kann. Der für die großräumigen Diktaturen des 21. Jahrhundert weiterhin Unterhaltungs-, ja Nährwert hat. Als sei der Export des CARL SCHMITT'SCHEN Ausnahmezustands weiterhin die *ultima ratio*. Deutschland bleibt sowohl Lieferant von schwerer Technik wie WERNHER VON BRAUNS V 2, wenn Sie erinnern, nach Westen und von Atomtechnologie nach Osten, MANFRED VON ARDENNE & Team. Dazu von schwerer Theorie, nachdem es niedergerungen ist. Das prägt seinen Ruf als Exporteur gefahrengeneigten Gutes – und ein Goethe-Institut hats da schwer, für etwas Ausgleich zu sorgen. Das gilt ja fürs Inland ebenso, Sie Liebhaber euphorischen Frohsinns. – Ach ja, da paßt noch die Jahrestagung der ,Gesellschaft für Osteuropakunde' in Berlin zu, denn hinter Dialogaufrufen und Propagandakäfigen wurde die Feuerschrift eines ,höllischen Endes' an die Wand gemalt, so KERSTIN HOLMS Bericht.

CDU-Chefin AKK schlug vor, einen deutsch-französischen Flugzeugträger zu bauen – ein schöner Anschlußauftrag für die Gorch Fock-Werft, oder wie. Was treibt bloß das Spitzenpersonal um – wir bauen einen Flugzeugträger – Planungszeitraum acht Jahre Minimum! – und die Wartung? – und die Flugzeuge? – und der Antrieb?

JIMMY CARTER wurde 94.

Das vergangene Jahrhundert produziert Gedenktage *en bloc*, heute das Massaker in den Ardeatinischen Höhlen vor den Mauern Roms unter dem Kommando des HERBERT KAPPLER, SD, und ERICH PRIEBKE (21), SS-Hauptsturm – 334 mal Tod durch Genickschuß an Italienern zwischen 15 und 74 Jahren. Auf dem Rückzug vor den US-Streitkräften zog der SS-Massenmord seine Spur nach Norden – Sant' Anna di Stazzema 560 – Marzabotto bei Bologna mehr als 770, davon 213 Kinder. Das stellt Matthias Rüb zusammen. Die Anführer wurden verurteilt, PRIEBKE in Rom – nach 43 Jahren unbeschwerten Lebens ,im idyllischen Bariloche' in Argentinien, wo Kollege EICHMANN 1960 unvermittelt abgezogen wurde, PRIEBKE hingegen hundertjährig verstarb.

Die Universität Cambridge schützt ihr akutes Weltbild – und widerruft eine vereinbarte Gastdozentur für JORDAN PETERSON. Der Mann sei nicht inklusiv, daher gebe es ,keinen Platz' – die Studentengewerkschaft ist ,erleichtert', denn Ansichten des JP seien ,nicht repräsentativ für die Studentenschaft'. Ja dann geht's einfach *garned, gell* – an einer Universität, die ,als eine weltführende Forschungs- und Lehrinstitution uneingeschränkt eintritt für den Grundsatz von ... und die Förderung von freier Rede' ... und so fort. Da ist wohl Abstimmungsbedarf.

Die einst gut gemeinten (obacht!) Inklusionsparolen verschärften sich bereits zu Zeiten der Präsidentschaft OBAMAS – und offenbar befördert zu Exklusionsformeln, wie AXEL MAYER berichtet

(1.4.19). Ein prozessierender Absolutismus von Westküsteneliten, mit der Stakkatokennzeichnung liberal – wirtschaftsstark – akademisch, wölbt sich im Dreistundenflug über ‚Fly over-Land‘ zum Ostküstenkonvent – und feiert sich in voraufklärerischer Attitüde.

Mit dem Diversity-Idiom ging es den gleichen Weg: vom Plädoyer für Respekt und gleiche Berechtigung zu identitärer Reduktion und Ausschluß. Das hat sich im universitären System durchgesetzt, wofür der Autor den amerikanischen Politologen SAMUEL J. ABRAMS aufruft. Die Verwaltungen glänzten durch ‚ausufernde Verhaltens- und Denkvorschriften‘, in deren Befolgung Studenten des Sarah Lawrence Colleges nun ABRAMS Entlassung fordern, der erfolgreichen Vertreibung des BRET WEINSTEIN nacheifernd. Es ist nun die Regierung des DONALD TRUMP, die dagegen vorgeht, sie kürzt Mittel, wo der Schutz der Meinungsfreiheit gefährdet ist – Bildungsministerin DE VOS hat Verordnungen OBAMAS aufgehoben. So gerät die Universität in den politischen Mahlstrom, ob das Pendel eine Mitte findet, ist offen – es neigt ja zum Ausschlag, was seine Bestimmung ist.

Es ist wie Perlenkette: eine kleine Volksumfrage bestätigt, was diese Inklusionsspiele sind, jedenfalls werden: eitle und autoimmune Elitenselbstgefälligkeit, die sich im öffentlichen Raum ausstellt und gefällt. HEIKE SCHMOLL referiert Ergebnisse von INSA Consulere: ‚belästigt‘ fühlt sich eine große Mehrheit, als ‚störend‘ empfindet sie Sprechanweisungen im Betrieb und bei Behörden. – Denn deren peinliche Willfährigkeit nimmt ebenso zu wie in den Uni-Verwaltungen. So sucht etwa die Stadt Gießen neuestens eine ‚Müllader*in‘, wenn Sie ahnen, um was es sich handelt – Berlin, immer zwei Schritte weiter am Abgrund, führt in der StVO längst den ‚Radfahrenden‘ und ‚Fahrzeugführenden‘, da fehlt nur noch der Wohnwagende und Schubkarrende – manchen Betrieb verschlägts zu ‚Arbeitnehmende‘, den Duden hats eh erwischt, an der Spitze der Bewegung. Auch der Wissenschaftsrat sieht nur noch Gutachtende, er sollte sich in Wissenschaftsratende umnennen, jedes Wochenende in die Rätselecke der Zeitung.

Wortbedeutung, gar Grammatik schert die Wohllaunigen der Teufel, ein Regime von Missionierenden mißbraucht Funktionen und den öffentlichen Raum und diktiert einer genervten großen Mehrheit – worauf es nicht ankommt! – neue Weltbilder. – MONIKA MARON ruft mit drei Weiteren zum Widerstand auf.

DALIA MARIN sagt: ‚Deutschland verliert seine Einsteins‘ – Ursachen sind: die unversöhnliche Haltung gegenüber dem Scheitern – die niedrigste soziale Mobilität in der OECD – die Ungleichheit der Möglichkeiten – dann RAY CHETTY/Harvard, der sagt: ein hochqualitatives Umfeld füttert! Da bleibt die Frage, wer bringt die Guten von unten dahin? Also, wer ist der Adressat nach der Klage! Das politische Klima hier steht eher auf Anfüttern & Durchfüttern – mobil sind wir ja schon im Urlaub.

Hebammen fehlen auch zuhauf, nicht zuletzt wegen des staatlich gehebelten Haftungsrisikos – jetzt sollen sie studieren, denn sie müssen ‚ihr eigenes Handeln kritisch … hinterfragen und … reflektieren‘, es spricht JENS SPAHN – bei soviel kritisch krieg ich Schluckauf, wieder ein Text, der an der Kontrolle vorbei ins Mikro geblasen wurde.

Wir bleiben klinisch: zu den 25 Gremien, Gesetzen und Handreichungen kommt jetzt das ‚Kabinett im Kabinett‘, also wie ‚Team in Team‘ bei LODDAR MATTHÄUS – kurz: das Klimakabinett, wo SVENJA SCHULZE die Kanzlerin vertritt und das Ruder von Null auf 100 % rumreißen soll, wenn Ihre Phantasie

Hambi-Marsch!

das mitmacht. Derweil sorgt Greta vom Schulkreuzzug für hektische Flecken: Atom ginge ja notfalls auch! Hat die Kanzlerin doch grade stillgelegt, *sollemer die Brutöfe wieder hochfahrn, oder was!* Nix da!

Als sei es die amtsdeutsche Antwort auf JOACHIM WEIMANN, Volkswirt, der dem deutschen Wesen, hier seiner heiligen Staatswirtschaft, den Emissionshandel der EU seit 2005 vor- und gegenrechnet. Dazu gehören zwei Dinge, Ihr Skontoflöten: die Festlegung einer Höchstmenge an Zeh-Oh!-Zwei-Auswurf, via Berechtigungsschein – und dann den Verbrauch oder den Handel damit, vulgo Kauf und Verkauf, könnt ihr folgen? – die einzig kosteneffiziente Vermarktung mit 25 % Reduktion dieses Teufelszeugs in acht Jahren – bei ‚Effizienz‘ steht dem Staatshasi ja auch gleich der Pelz im Raum – dagegen Weimann: das sei eine ‚zutiefst ökologische Forderung‘, weil's das Stöffchen maximal vermeidet! – is aber nix *‚for the stupid Germans‘*, weil ohne die Moralschwänzige.

Zwar macht sich im Hochamts-Berlinat (also es gibt auch das ganz normale Berlin, wenn du zwei Etagen tiefer steigst!) das Groß-Europäertum breit und breiter – doch kommts zum *immediate shut-down*, wenn der elitäre Schmuck fehlt, also die Wesens-Staffage, das moralische *outfit* – dann ist den Maßgeblichen, die den Anti-Europäer jagen, ausschließen oder freistellen, der ganze Europazirkus nur ein Tort, Motto *Offe'bach*! Dann werden Horden von Leuten in die Regulatorik geschickt, ein Pfründen-EEG hochgezogen, Kosten an die Stromrechnung geheftet, der Apparatebau Berlin in explosive Ausdehnung getrieben, naja und der Atomstrom abgestellt, Fukushima-Laune, Kohle abgetäuft – das Umland staunt. – Jetzt geht's wieder.

‚Bei einer bindenden Mengenrestriktion (die vorliegt) ist jede nationale Klimapolitik vollständig überflüssig, weil wirkungslos …‘, so der Autor – das wird ja hier seit Jahren nachgewiesen. Unsere Prima-Klima-Republik steht bereits unter fortlaufender Bewertung, nur unter anderem Namen: ‚Desaster‘, etwa beim Weltwirtschaftsforum: Platz 17 wird nur gehalten, weil großflächiger Netzkollaps bisher ausblieb – in puncto Nachhaltigkeit wird glatt Platz 57 vergeben – für die ‚verheerende Kosten-Nutzen-Bilanz geht's auf Nummer 90 – Platz 113 von 115 möglichen erreicht unsere Vorbild-Republik fürs gigantische Abkassieren der Leute, 35 Cent pro kwh, ihr Verbraucherfreunde, hinter uns nur noch die sozialistischen Einöden Nicaragua und Venezuela – das kann doch kein Zufall sein! – Aber ‚Wahrnehmen und reagieren' sind fremde Gestade im System der Berliner Festungsbauten, wo das Hohelied fixer Weltbilder gesummt wird, Wohlsein!

PS.: derweil springts globale ZehOh^2 in 2018 auf 33.000.000.000 Rekordtonnen – davon 85 % in China, Indien (Kohle) und USA (Öl) – die deutschen 869.000.000 Tönnchen betragen so ein Achtunddreißigstel dieser Menge, prozenttechnisch sollen das um die drei Prozent sein. Da aber zehn Tonnen pro Kopf errechnet sind, spricht MARIA KRAUTZBERGER vom Umluftamt für mehr Windkraft, für kürzere Abstände zum Wohnzimmer, so Armlänge – *die Loid könne ja lauder redde.*

Ich muß an die frische Luft, also mit Jonas nach OhaZet, für ein Blue Ray-Gerät – er montiert die *connection* – endlich finden meine DVDs einen Weg, er holt eine davon – und es ist JAMES BROWN, *the hardest working man in music,* erklärt die Lady (weiß) inmitten von Schwarzen – ‚*listen James – your audience is negro – they don't buy albums – they don't have the ressources –* drei Weiße sitzen ihm gegenüber, er *purple brocat, I want (1962) Mr Dynamite – are you ready fort the night scream …* (dann geht's ab … sprungfix keine Pusteln mehr!).

1,9 Milliarden Boni an die Leute in der Deutschen Bank.

25.3. ‚Europäerinnen und Europäer <erinnert an die Ansprache von HEINRICH LÜBCKE neulich in ‚Okasa' > mit Herzblut' würden gebracht und ‚lassen uns Europa nicht kaputtreden', wettert ANDREA NAHLES. – Also doch so einen Flugzeugträger, vielleicht als Reserve-Regierungssitz, wenn in Brüssel das Wasser steigt. – Diese Unterstützung der deutsch-französischen Projekte hat jedenfalls mehr zentrifugales denn integratives Potenzial – da fliegen selbst die Kritiker aus der Kurve!

Und die Donnerwetter-Sozialistin steht der systemischen Ignoranz oder gar Arroganz den Tatsachen gegenüber in nichts nach – den Euro-Stadel-Hymnen werden zum 500. Mal Fakten von desaströsem Kaliber beigestellt, heute von GUNTHER SCHNABL, Leipzig, dazu mit der völlig unsozialdemokratischen Pointe, wie die EZB-Druckerei, größerer Not folgend ‚reiche und ältere Menschen reicher gemacht hat‘ – also gerecht *is des ned*. – Und die andere Mitte-Partei? Will zur anstehenden ‚Mehr-*Eurohba*-Wahl‘ im 22-seitigen Wahlprogramm von ihren Taten schnell mal nichts wissen – daher jetzt ‚kein europäisches Finanzministerium‘, keinen EU-Sozial- und Arbeitsmarkt, Haftung und Verantwortung ‚in einer Hand‘, d. h. in der Hand jedes Mitgliedstaates – kurz, plötzlich ganz dezentral. ‚So schlecht kann das Gedächtnis der Wähler aber nicht sein, daß sie diese Sätze ernst nehmen‘, kommentiert HEIKE GÖBEL – Da ist die SPD klarer, bei ihr weiß man, wo's endet.

Dann geht's zack-zack – Mittag – clean up – gassi – Schläfchen – Sparkasse – Uwe ans Steuer nach Berlin – keine besonderen Vorkommnisse, bis der Verkehrsfunk, nicht der NABU, mit der Information konfrontiert, auf der Autobahn habe sich ein Greifvogel niedergelassen, kurz drauf noch einmal – was ist passiert! Baut er ein Nest? Gar auf der Überholspur! Hat er bereits etliche Fahrzeugführer aus ihren Wagen gerissen, die nun führerlos die Spuren wechseln – oder hat der Naturschutz den Verkehrsfunk übernommen? Fragen über Fragen.

Wir erreichen die Hauptstadt um 20 Uhr und machen uns auf den Weg zu den ‚12 Aposteln‘. Dort ist Qualität und Wohlsein – ein Kollege von der Bremer Bürgschaftsbank kommt dazu, das wird ein schönes *batteln*, so von Geschäftsführer zu Geschäftsführer – Abschluß mit Kaipis hundert Meter weiter, wie üblich.

Die Riesenstadt zeigt sich hier in einem gewaltigen Ensemble architektonischer Institutionen, die Denken und Handeln der täglich Flanierenden und Passierenden unbedingt beeinflussen, ja einen Hang zur Selbstüberschätzung befördern können.

26.3. Ins ‚Rent 24‘, randvoll mit *start up people* – ein Raum ist für den Tag gemietet – abends mit einer Rolle Flips ins Hotel und weiter zur ‚Letzten Instanz‘, einer uralten Juristenkneipe mit Berliner Deutschküche, es schmeckt! Hoteldrink und ab. – Auf dem Zimmer große Melancholie – wann fängt der Ausstieg an, hören Wünsche auf, ohne Erfüllung, bleiben Teile liegen – die Fototapete ist es, die mich fertig macht, wie neulich, zu Zeiten von Kraft Foods, dieses Filmhotel. Starke Brücken.

Für acht Monate ließ Anführer HITLER das Hohenzollernschloß Sigmaringen zur ‚Hauptstadt Frankreichs‘ erklären, so ab August 1944, bis zum Einmarsch der Amerikaner. Den Sitz der PÉTAIN / DORIOT-Regierung in Vichy ließ er von der SS räumen und die Entourage ins neue Domizil verfrachten. – Die dort seit 400 Jahren wohnenden Adeligen hatten zwei Tage Zeit für die Räumung des Gemäuers – denn seit dem Attentat des Adligen VON STAUFFENBERG war der Diktator mit dem einst gehätschelten Adel auch durch. Die Katholiken standen bereits als Nächste auf seiner Agenda der Liquidationen. Der Enkel der Familie erklärt auf Befragen, Opfer seien Andere gewesen, nicht sie. – Das sichere Ende vor Augen, behaupteten sie den Endsieg, verschlissen die letzten Ressourcen, Mensch und Material, organisierten die kühnsten Transfers, auf dem Weg an den Punkt, wo sie in den Tod flüchteten.

27.3. Wir machen Berlin, heute alt West, KaDeWe, Curry und zurück – läuft auch, bis in den Einzugsbereich Bremen, wo das
Bakenfeld beginnt, 30 Kilometer mit nichts – bei Uwe noch
einen Stehkaffee, die Jungs dabei (Abi und Genetik) – zurück,
das Navi spinnt, jaja, immer der davor – über Bremen zurück
– auspacken, Küßchen, essen und nach Bremen zur ‚Offenen
Bühne', Thema Frauen, was sonst, aber die könnens.

Mißbrauch der Frauen und der Kinder: beim Klerus geht Beides,
daher treten LUCETTA SCARAFFIA plus Redaktion (10) zurück
– beim vatikanischen Frauenmagazin ‚Donne Chiesa Monde'
kehre man ‚zu den veralteten, vertrockneten Sitten zurück …,
unter der direkten Kontrolle von Männern Frauen auszuwählen,
die als vertrauenswürdig gelten' (27.3.19).

29.3. Aufruf des Islam-Geschäftsmodells Barein – mit Sultan Monarch
Hassanal (72) an der Arbeit – einst Harems-Eigner, mithin Frau-
enliebhaber, heute Multi-Amtswart als Chefe von Staat, Regierung, Finanz, Außen & Innen, Verteidigung, was gibt's noch
… und eben Islam – für 420.000 – Todesstrafe für Homo-Sex
– Amputation für Klauen – Prügelstrafe für Allerlei, etliches
davon allerdings aus dem kolonialistischen Zivilisationsschub
übernommen – also voll synchron. Ach so, Kontostand bei
20.000.000.000.000 – obs Entwicklungshilfe gibt, hat TILL FÄHN-
DERS nicht recherchiert.

TERENCE HILL wird 80, Schlag ins Kontor – der war doch grade
noch im Film – einst MARIO GIROTTI, 1967 bereits erste Prü-
gelei mit CARLO PEDERSOLI, spricht fließend deutsch, seit 50
Jahren mit einer bayrischen Amerikanerin verheiratet – gran-
dios, facts von MARIA WIESNER.

31.3. Um 12 fahren wir zum Bremer Weinfest, Halle 7. Zwei Wein-
güter versorgten uns mit Eintrittskarten – also Probierglas
gegriffen und los geht's – sind das nun 100 oder 200 Stände
– wo anfangen, wann aufhören, bevor du Kontrolle verlierst –
wir schlagen uns durch zu ‚unserem Einlader' – und machen
nach etlichen Proben ein Paket fest – mit voller Sackkarre

zum Auto, alsdann Stand für Stand weiter – kostet schnell Kopf & Kragen – bei fröhlicher Unterhaltung erreichen wir den Grenznutzen, wenn Sie verstehen, weiteres Verkosten (schon der Begriff!) wirkt direkt komatös – mit kurzem Abschied raus aus der Halle und zur Music Hall, *they call it Musical Theater* – dort haben wir gute Plätze mittschiffs (von Leon und Jonas zu Weihnachten) für MICHAEL JACKSON (*den derffmerja auch nemmer hörn*) – und es kesselt – kleine biografische Einlagen zu anständigem Bums von *sound & performance* – gute Arbeit der Protagonisten – großer Abschluß und zurück über Bahnhof (Curry & Pizza) aufs Land.

Ein Vierteljahr rum und kein Wort zu <u>China</u> – das ist fahrlässig, denn dort geht's drunter & drüber, guxdu! – am 3. Januar wird das ‚Chinesische Geschichtsforschungsinstitut' eröffnet, SABINE DABRINGHAUS (23.1.) spricht von identitärer Wende – alles paßt zusammen, was früher war, noch schlimmer als die bisherige Lehre von der Marxismus-Gesetzmäßigkeit, das Land ist zur Hegemonie bestimmt, wie schon vor 3000 Jahren, so auch in Zukunft. – Solchem Wahn verfallen ja viele Despoten, guxdu PUTIN, ERDOGAN; Iran, Indien fängt grade an – doch keiner mit dem China-Potenzial.

Und XI mitten in der Umsetzung, daß es nur so nervt – sein Kampf gegen die Dollartendenzen in der Partei, vulgo Korruption, ist im Kern ideologische Straffung, die Ermächtigung der Parteizelle quer durchs Land, also in Staats- und anderen Unternehmen, Schulen, Universitäten und Krankenhäusern bis aufs Clo, das ist nur noch witzig gemeint. Für die Parteiraison wie die Überwachung des Volkes sind Horden von IS-Ingenieuren mit der Entwicklung von Algorithmen und Apps beschäftigt. HENDRIK ANKENBRAND (19.1.) stellt die Großen des Netzes vor: Baidu – Alibaba – Tencent (Marktkapitalisierung 57, 381, 398 Milld. Dollar), die jede Entwicklung, jede Neuerung sofort integrieren, die Kommunikation über Wechat und Weibo überwachen und sanktionieren. – Da hats Deutschland schwer, mit 500 Millionen bis 2023 ‚führender Standort für KI' zu werden (27.3. Ankenbrand). In China sinds bis 2020 13 Milliarden.

FRIEDERIKE BÖGE (15.1.) stellt das Ergebnis mit dem Namen ‚Xue Xi (!) Qiang Guo' vor – über die App sind die Worte des Vorsitzenden, seine Anweisungen und Videos erreichbar – die verpflichtende Registrierung mit Namen und Telefonnummer ist im Prozeß – die ‚Schmiedung' der Registrierten erfolgt über Punktesystem – Parteizellen geben Mindestpunkte vor, drohen bei Nichterreichen mit Gehaltsabzug und Schmählisten – Auftraggeber ist Chefideologe Wang Huning – Auftragnehmer ist … Alibaba! XI möchte damit, wie er sagt, ‚eine öffentliche Mainstream-Meinung produzieren'. Und der Zensierung von Google folgt die von Microsoft, der Dienst Bing wird gesperrt (25.1.). – Verglichen mit dem Framing ist das handfest, so der kleine Trost. – Sodann greift VICTOR GEVERS von der GDI- <Graphics Device Interface> Stiftung einen Packen ungesicherter Datensätze von der *website* des Gesichtserkennungsladens SenseNets ab. Sie zeigen den Millioneneintrag eines Tages aus den Überwachungskameras, Namen, Geburtsdatum, Foto und Arbeitgeber eingeschlossen (BÖGE 20.2.).

Die straffe Parteidiktatur kennt ihre Feinde gut – neben unterjochten Minderheiten sind es die zu Wohlstand Gekommenen, wohl an die zehn Prozent der 1,4 Milliarden. Die könnten nach Demokratie verlangen, zitiert ANKENBRAND (26.1.) – Und die Angst zieht die Paranoia nach sich, BÖGE (1.4.) zitiert den Sohn eines Politbüro-Mitglieds über die Genossen-Überwachung mit dem Instrumentarium aus dem STALIN-MAO-Konvolut über die ‚Massenlinie', die Sippenhaft, das Denunziantentum und die ‚analoge Überwachung' in den Straßen.

Das ‚Sozialkreditsystem' auf Hochtouren vor dem Volxkongreß – in 2018 17,5 Millionen Strafmandate – Flugticketsperren wegen ausstehender Schulden, Nichtanleinen von Hunden oder ‚Verbreiten von Gerüchten' – 5,5 Millionen Bahnticketsperren – Kreditsperren folgen demnächst, analysiert das Merics-Institut, Berlin (5.3. hena).

Zur XI-Mainstream-Meinung im Inneren paßt die Ambition einer ‚neuen Weltmedienordnung' (27.3. BÖGE). Die Propaganda kommt in Afrika schlecht an, daher gibt's ein ‚üppig ausgestattetes Journalistenprogramm' in Peking mit 650 Euro, Kost & Logis, bißchen Peking-Ente eben – in Mexiko wird ein Radiosender gekauft, werden Büros in London (90 Mitarbeiter), Washington, Nairobi eröffnet – XI beklagt die Dominanz westlicher Medien, so *isses* im Westen!, und verriegelt seinen Laden komplett, nix reziprozi!

Unter den inneren Feinden muß noch die Hydra der Verschuldung von Staat und seinen vier Großbanken genannt werden, wovon ANKENBRAND (31.5.19) Eindruck vermittelt. Da wird Milliardär XIAO JIANHUA aus Hongkong verschleppt, als er grade die Münchener Rück kielholen will, das Kreditgeld muß aus den Kellerfenstern drücken – Staatsverschuldensstand bei 270 % gegen BIP, also reichlich Steilwände in Abgründe.

Und wie nach innen, strebt das Regime auch nach außen eine ‚internationale Diskursmacht' an, indem ‚die Regeln und Normen der KP … im Rahmen des strategischen Andockens zunehmend internationalisiert werden', so NADINE GODEHARDT und PAUL J. KOHLENBERG in der Vorstellung der ‚Welt des Xi Jinping' von KERRY BROWN (29.1.). – Mit jenen Kadern auf Augenhöhe zu bleiben erfordert Brillanz im Kopf. Das Pochen auf Menschenrechte könnte eher Unterwerfung signalisieren.

Und was so außerhalb des Reiches sich zuträgt, sei hier aus den Notaten des ersten Vierteljahres angedeutet. – Auf die Festnahme von Meng Wanz(!)hou in Kanada, Töchterchen von REN ZHENGFEI und Chefin Finanz bei Huawei mit sieben Pässen plus abgelaufenem Sonderpass, so BÖGE (25.1.), folgt das Verschwinden zweier Kanadier in China. Hohn und Spott über alle Beteiligten, solche Brachial-Kommunikation ist REN eher unpäßlich.

Spionagekompatibilität schreckt auf, doch hindert sie nicht: XI und ALBERT (61! von Monaco) kannten sich schon 1985 als Erbprinz und Bürgermeister, seit 2012 klöppelt REN dort am 5G-Netz. Auch in <u>Italien</u> hat er drei Forschungszentren in Arbeit –

das Land springt mal auf, mal ab im Europazirkus, sucht in China nach Investoren für seine Staatsschulden, möchte gar Staatsanleihen in Renminbi platzieren nach dem Motto: Faxen dicke mit den EZB-Daumenschräubchen. Auch sonst ist es bekannt sonnig daselbst, Cosco mit Beteiligung am Containerhafen Savona, Genua und Triest sind im Visier (21.3. Böge u. a.), State Grid China mit 35 % am Cassa Depositi-Ableger, der über Snam und Terna die Strom- und Gasnetze kontrolliert, über weitere Aquise sind's so 15 Milliarden seit 2000 (22.3.-tp), Palermo ist schon ganz heiß auf XI! MATTEO SALVINI sieht ‚Kolonisierung' des Landes (14.3. tp). – Willst du Gleiches in China machen, wirst du in eine Beteiligungsgesellschaft genötigt, mit Parteizelle im Nacken. Jeden Abend zum Masseur!

Und als XI mit 300 Unternehmern in Rom aufschlägt, werden sogar ANDREA BOCELLI mit ‚Ave Maria' und die Pferde aus dem Stall geholt, selbst ‚O sole mio' kommt zum Vortrag – denn das G7-Land tritt als 14. EU-Staat der Seidenstraße bei – das Memorandum ein kunstvoller Schwurbel über fünf Seiten – XI erinnert an MARCO POLO (Matthias Rüb 23.3.). Nutzt aber wenig, denn die Politfreaks blockieren wechselseitig: Verkehrschefe DANIELO TONINELLI blockiert den Tunnel ‚Terzo Valicio' zum Gotthard ‚aus ideologischen Gründen' (tp 14.3.), die 5-Sterne-Hopper blockieren den Ost-West-Tunnel ‚Tav', System Trillerpfeife! – Im Norden ist es kühler. Die offen mahnenden Worte des Trios MACRON-MERKEL-JUNCKER beim Paris-Gipfel perlen an XI aber ab wie Wasser an der Ente. – Und sein Volumenrückgang etwa in Deutschland ist einfach der Konzentration auf schmackhafte Weltmarktführer geschuldet, wie Georg Giersberg aufzählt (6.2.) – Dazu die *Audos,* mit mehr als 5 Mio deutscher Absatzrekord in Prima China (23.1. magr)!

Zurück zu Huawei: das Abwägen von Bedenken hat kein Ende, doch der finanzielle Leidensdruck vieler Kommunen bringt Auftrag – die ‚finanzschwächsten Städte' der Republik (27.3.-sass), Gelsenkirchen und Duisburg, werden vernetzt, von Gewerbegebieten über Schulen, Krankenhäuser und Haushalte bis zur Mülltonne – Duisburg-Chefe fuhr nach Shenzen, wo alles komplett vernetzt und überwacht ist, jede Laterne mit Kamera – das Trio Huawei-Armee-XI sorgt zwar für Spannung, Siemens und Panasonic sind aber teurer.

Dabei sind Berichte über RENS Dreiecksladen (Huawei–Partei–Volksarmee, seit 2017 gesetzlich auch Geheimdienst) beeindruckend, sofern zutreffend: 2003 Diebstahl von Quellcode-Software von Cisco – 2012 Diebstahl von Technologie für einen Smartphone-Testroboter von T-Mobile – seit 2013 Boni an Mitarbeiter für Informationsbeschaffung von Wettbewerbern – 2013 80 % der Diebstahlsfälle aus China, 300 Milld. Schaden, 2017 schon 600 – ‚Lernen die nie?‘, fragt Claude Barfield vom American Enterprise Institute, weil Arne Schönbohm vom BSI sich auf Nicht-Spionage-Zusagen verlassen will (11.3. wvp). Drastische Warnung vor Huawei auch seitens KLIMAN / LEE (24.6.19) vom Institut CNAS – Nun ja, Hradschin-Chefe Zeman will nach drastischer Meinungsänderung mit G5 von REN Tschechien zu ‚Chinas Flugzeugträger in Europa‘ machen, die Kommunisten-Fraktion auch, auf deren Stimmen ANDREJ BABIŠ mit seinen 210 Unternehmen angewiesen ist – kurz, kriegstn Föhn! Dessen Entourage mit Milliardenvermögen als ‚Postkommunistische Meister der Marktwirtschaft‘ wird in einem EU-Bericht näher vorgestellt (27.6.19 itz).

Trotz manchen Haders ist Europa bevorzugt in chinesischer Anlage & Aquise, der ‚China Global Investment Tracker‘ (alles über 100 Mio) zählt an die 300.000.000.000 in elf Jahren, vor USA (223‘) und der restlichen Landmasse (500‘), schnell ist die Billion zusammen – in elf Jahren (18.1. che)! – Pakistan, schon halb im Sack, betreibt grade Gegenfinanzierung, um seine acht chinesischen U-Boote über Wasser zu halten.

Als Hanjin mit seiner Riesenwerft in Subic Bay absäuft, ist XIS seegehende Fraktion mit Cosco und CMG aber fix zur Stelle. Das würde die Perlenkette Antwerpen, Rotterdam, Savona, Piräus, Abu Dhabi und Hambantota so recht ergänzen, als 43. Hafen in 34 Ländern. Revolverheld Duterte ist nicht abgeneigt, fast hätte XI dem Land 12.000 Kameras in Küche & Keller genagelt (5.2. che).

– Und um die Ecke hat Indonesien-Chefe Joko Widodo grade 91 Milliarden mit XI verhandelt, alles Seidenstraße, die geht auch quer durch den Pazifik (25.3. che). – Dort sind nur Australien und Neuseeland abweisend. – Das staatlich kontrollierte Potenzial des Reiches wird in unüberbietbarem Umfang für imperiale Expansion eingesetzt und ‚spaltet Koalitionen' (23.3. che).

28.3. Die Karte Berlins als Stasi-Netz zeigt Hohenschönhausen – 3300 konspirative Wohnungen – 330 ‚Dienstsitze' – Verhörkeller im Magnus-Haus am Kupfergraben – neben 40.000 Hauptamtlichen allein in West-Berlin 388 IMs, einschließlich ‚Jeanette', die das Hotel Luftbrücke perfekt führte – die Organisation hatte ‚sich der Stadt bemächtigt', so MARKUS WEHNER (20.3.19). – Im Ranking soll diese Überwachungsmaschine vor dem KGB gestanden haben, dafür lebt jener länger, wie der dokumentarische Film ‚Schild und Schwert' des JAMIE DORAN zeigt (Arte 9.4.). Denn der nachfolgende FSB wurde unter seinem Geburtshelfer und Geheimdienstbarden WLADIMIR PUTIN zum Staat im Staate mit reichlich Beziehung zu Oligarchen und Mafia, so HEIKE HUPERTZ.

1.4. Nichts schöner als auf dem Rost vorm Wintergarten zu sitzen – und die Natur zu lassen bei ihrer blättrigen Entfaltung, das frische Gras, sein zartes Grün, den kleinen Stamm von gerade drei Metern (*Stämmsche*), mit kleinen Abzweigen, dran pralle Knospen, so feucht und klebrig, genannt Kastanie. Und dazu das enervierende Gleichmaß eines Vogels, nicht nachzumachen. Loki schleppt den Ball an, läßt ihn fallen und guckt. – Was provoziert so an der Natur?
Diese Wiederholung, stupend, immer jung, frisch, wie neu, jedes Jahr, um die gleiche Zeit das gleiche Spiel – wunderbar. Nur ich, jedes Jahr, um die gleiche Zeit, älter.
Der Orthopäde machte Foto, tastete und sprach, Knochen intakt, wenig Verschleiß, also noch MRT, Pillen und fertig? Zur Apotheke, Verwarnung am Tatort Parkplatz (die steh'n hinterm Baum). Jammere nicht, immer noch kein Grund – nimm PHILIP ROTH ‚Das sterbende Tier', das hilft. – Loki orgelt um die Ecke, einen Ast im Maul.

Wir sollten ans Deutsche Theater vor den ,Menschenfeind‘ der ANNA LENK. – SIMON STRAUSS mit schönen Bildern in Richtung GERHARD STADELMAIER, der das Kanzleramt, die Chefin im Parkett, in die Nähe von Versailles rückt, mit inzwischen 1000 Dienenden, allseitigen Zuständigkeiten, alles an den ebenso fernen BISMARCK erinnernd, mit seiner exekutiven Dominanz des Reichstags, des hübsch neuen. – Möchte gar nicht runter vom Rost!

MILAN KUNDERA wird 90. – Wo ist das.

Der Außenminister, für einen Monat Vorsitzender des UNO-Sicherheitsrates, kommt zu spät – der Regierungsflieder hat Panne, das wird deutscher Standard.

Fujitsu zeigt in Hannover einen Chip, der zwei Stunden Bearbeitungszeit eines herkömmlichen Chips auf eine halbe Sekunde verkürzt. Das ist nicht zu erfassen, wird sich aber so fortsetzen, so GEORG GIERSBERG. – In der Elektroauto-Wunderwelt wird jede Entwicklungsstufe, werden alle Beteiligten subventioniert, so JOHANNES PENNEKAMP. Ob solche Staatswirtschaft im Markt Erfolg hat, werden die Folgekosten, die verlorenen Kosten bilanzieren. Dazu VDI-Chefe VOLKER KEFER, der sich ohnehin die Haare rauft: ,Nur politischem Druck ist zuzuschreiben, daß sich alle nur noch mit E-Auto beschäftigen. Technische Gründe gibt es keine‘. Deutschland laufe bergab, andere von VDE, ZVEI, VDMA und BDI sehen es heller, also mehr grau als schwarz – KI-Förderung eher ,Lachnummer‘, die staatlichen Batteriefreunde haben den Schuß nicht gehört (Zusammenfassung der Kritik) – das Land im KI-Wettbewerb verloren, weil im Nebel – ,zigtausende IT-Stellen im Land unbesetzt‘, so ALEXANDER ARMBRUSTER – die Sandwich-Kollegen weit vorne – beim 4G-Mobilfunkvergleich auf Platz 32 von 36, also vor Georgien, Polen und Rußland (GEORG GIERSBERG) – es gibt 5G %-Inseln wie ACIA, bis alles montiert ist, hängst du schon hinterm Schlußlicht von Blockchain, ,oder vor den neuromorphen Chips‘, die MANFRED LINDINGER hervorkramt – aber weit vorne ist das Land in Industriepolitik 4.0, erklärt MARTIN RUSKOWSKI, nur fehlt der Nachwuchs.

Wie geil ist das denn, Frau Merkel! Und Peter erst! – Erwähnt sei noch TOM ENDERS im Abgang von Airbus, der spricht von der ‚Unfähigkeit Deutschlands, verteidigungspolitisch in internationalen Zusammenhängen zu denken' – verständlich vom Chef eines Rüstungsgiganten, dem eine Politik der Hauptstadt-SPD, Marke Krähwinkel, die Hände bindet. – BERND LUCKE annonciert ‚Systemausfall'.

Zusammenhänge sind dort Wenigen geläufig. Gesinnung wie Identitäres verschließt sich solcher Anforderung – weshalb sie sich für Politisches disqualifiziert, das Zusammenhang als Grundlage und Aufgabe hat.

2.4. Saudi Aramco mit einem Bruttogewinn von 224.000.000.000, Perle Apple bei einem Drittel. – Was läßt sich bewegen in der Welt! – <u>Italien</u> dagegen macht Kehrseite: reale Wirtschaftsleistung 2018 bei 95 % von 2007 – Pro-Kopf-Einkommen -2,6 % gegen 2000 – Produktivität stagniert seit 20 Jahren – Staatsschuld bei 132 % gegen BIP.

3.4. In Bayern gibt es keine kriminellen Clans, München die sicherste Millionenstadt Deutschlands, so der Polizeichef. Das sah ich vor zwei Jahren dort.

MICK JAGGER (75) kriegt Herzklappe – EL CHAPO GUZMÁN (Knast) macht Modelabel, schreibt seine Anweisungen jetzt auf Textil. – Nachts ging mir der neue Ford Mustang durch den Kopf, Cabriolet, kein muß, aber kann sein.

4.4. 70. Jahrestag der NATO-Gründung in Washington, mit der Zielsetzung ‚*to keep the Russians out, the Americans in, and the Germans down*', so der erste Generalsekretär, ein Brite, wie BERTHOLD KOHLER zitiert. Hat doch geklappt, erstere sind noch nicht drin, letztere längst *down*, freiwillig – eben immer extrem.

Das Krankenhaus, Freund der Menschheit, sei Logenplatz der resistenten Bakterie, beginnt JULIETTE IRMER ihren Abwasser-Skandal. Denn solch multipel-resistentes Pack siedelt an

Abflüssen jeder Art – und werde ‚bislang als Infektionsquelle vollständig übersehen (jetzt kommts), da diese Bereiche bislang nicht desinfizierend gereinigt werden'. Man halte sich mithin fern davon, wie auch von Kläranlagen, dem nächsten *hot spot* der Resistenten und Verteilzentrum fürs Umland, so THOMAS SCHWARTZ weiter – wovon der Humangenetiker träumt, das ist beim Resi-Bakterium Alltag: das transportable Erbgutsegment, worüber die *best of* in regem Austausch stehen. Eile sei geboten, sonst gewinnen die Bakterien, betont der Mann.

Hingegen der Herpetologe auf Madagaskar – springt im Dreieck! Denn zu den 350 Kleinstfröschen kam schon wieder ein halbes Dutzend hinzu, von wegen Artenschwund. Was hier *die Grätsch macht*, feiert anderswo fröhlichen Ausbau! – So geht's mit dem Öko-Gleichgewicht – als die Bahn im Garten drei mächtige Buchen flachlegte, damit der Bagger Strecke machen konnte, verwies man uns auf irgendeinen Platz draußen, wo zeitgleich drei neue gepflanzt würden. Das hatte mir Naturfreund zu reichen.

Jetzt wieder Verschärftes von der FAZ-Hertie-Konferenz zu Neuro-Robotern: ‚rehabilitative Hirnschnittstellen (schon hier brauche ich eine Auszeit) sollen mit KI ausgerüstete Exoskelette steuern. Kommt mir nicht ins Haus!

Auf den EU-Schwurbel des BRENDAN SIMMS folgt HANS JÖRG HENNECKES Durchgang durchs Wunschkonzert des EMMANUEL MACRON, dem einen Pol der EU, welchem in Berlin eher Undefinierbares gegenübersteht:
Primat der Politik – Zentralisierung – Dirigismus – Bevorzugung, Bestrafung, Verbot von Unternehmen – EU-Klimabank – EU-Energiemarkt mit CO_2-Einheitspreis – einheitliche EU-Besteuerung – Agentur für digitale Innovation – EU-Mindestlohn – EU-Haushalt für die Eurozone – EU-Unis, also Steuern, Verbote, Eingriffe, Umverteilung aus paternalistischem Politikmodus, dem Geist der Bevormundung, dem Steuerungsglauben eines SAINT SIMON (1760–1825!) nachhängend, gegen Wettbewerb, gegen Subsidiarität, gegen Dezentralität, gegen Tragfähigkeit der Staatsfinanzen und Sozialsysteme, gegen Entflechtung und

transparente EU-Strukturen – ‚das eigentliche Demokratiedefizit liegt in der organisierten Verantwortungslosigkeit‘, so die Zusammenfassung des HJH mit steilem Schlußakt.

Keinem in der Spitzen-Entourage des ADOLF HITLER gelang es wie ALBERT SPEER, einem ‚hochbegabten, skrupellosen Manipulator‘, so REINER BURGER, die ‚Selbstumdeutung zum guten Nazi durch das Nürnberger Tribunal zu bringen‘, von der späteren ‚Neukonstruktion des eigenen Lebens‘ in den Memoiren noch abgesehen. – Der Organisator des strategisch längst verlorenen Durchhaltekrieges, Finanzier des Gaskammerbaus, Organisator der Zwangsarbeit erfand einen Attentatsplan (vgl. MARKUS PRECHTKEN), wozu ein weiteres Dokument Informationen liefert (vgl. JÜRGEN BRAUTMEIER, VfZ). Mangels Aussicht auf Erfolg vor dem Tribunal habe er diesen Plan in weitere Gespinste eingewoben.

4.4. PATRICK MUSHATSI-KARBA, Eltern aus Italien und Burundi, Kindheit in Frankfurt / Sozialbau, aktuell Chefe Sony Deutschland, im ‚Tresen Talk‘. Geht doch. – OLIVIA JONES (49) eröffnet ‚The Bunny Burlesque St. Pauli‘, Leitung EVE CHAMPAGNE, Helfer EDDY KANTE, Idee UDO LINDENBERG, läuft! Falls Sie da vorbeikommen. – Noch einer: LORI LIGHTFOOT, 56 und lesbisch, macht Bürgermeisterin von Chicago, unregierbar wegen organisierten Verbrechens, Polizeiterror & Seilschaft. Sie soll hurtig durchgreifen, heißt es. Also da bleiben Sie man eher wech. – Ach ja, hier noch: im Prozeß gegen den syrischen Flüchtling Alaa S. wegen Totschlags beantragt die Verteidigung, die Einstellung der Richter gegenüber Flüchtlingen ‚zu überprüfen‘, da schließlich in deren Heimatstadt die AfD 24 % der Stimmen erhalten habe. Einem Leserbrief zufolge gab die Anklagevertretung dazu ihr Einverständnis. Das ist Abgrund anlaßfreier, also abstrakter Gesinnungserforschung.

Derweil gefällt sich parlamentarisches Personal in der Hauptstadt in Besitzstandswahrung und hohepriesterlicher Selbstreferenz:
zu eins: wiederholte Kommissionsgespräche zu einer wahlrechts-

korrigierenden Parlamentsbestuhlung wurden wiederholt ohne Ergebnis eingestellt. – CHRISTOPH SCHÖNBERGER (9.5.) stellt die ‚Lebenslügen des deutschen Wahlrechts‘ zusammen, die Schäuble-Kommission zwischen Scheindebatten, jeweils inakzeptablen oder auch offen verfassungswidrigen Vorschlägen – man hat's eben nicht nötig, nicht eilig, könnte wohl auch mit einem 1000-Mann+Frau-Laden vegetieren.

Zu zwei: die AfD-Fraktion beschließt Obstruktion, sollte die Wahl der Abgeordneten MARIANA HARDER-KÜHNEL zur Vizepräsidentin des Hohen Hauses ein drittes Mal scheitern. Gespreizte Erklärungen wie die des FDP-Chefs über Märtyrerei sind da durchaus irritierend, von der Erklärung zwölf SPD-Abgeordneter abgesehen, wonach ‚nicht wählbar ist, wenn eine Fraktion systematisch unsere demokratische Kultur missachtet‘ – wer formuliert so! Daß einige Gedanken zu Legalität, zu Wahlentscheidungen oder schlicht zum Akzept parlamentarischen Reglements geradezu massiv hilfreicher wären, kommt niemandem in den Sinn. Oder will man wie neulich in Sachen Alterspräsidium, aus Opportunitätsgründen kurzfristig daran herumschnibbeln? Wo eigentlich sitzen dann Gefährder dieses vorzüglichen Parlamentsaufbaus, drängt sich mir auf.

Das Amt kommt der Fraktion zu, doch ist es ein Wahlamt. Das gibt dem politischen Reflex seine Fläche – und immerhin, sowohl CHRISTIAN LINDNER als auch RALPH BRINKHAUS machen Erklärung, die Kandidatin zu wählen. Die Wahl scheitert, wie im Landtag Hessens. Selbstzerstörerisch nennt die Zeitung solche parlamentarische Abstrafung. – Wie wär's mal mit einem offensiven Dialog statt nur großer Erklärungen und Vermeidung von dialogischer Konfrontation.

Haben Sie auch Reflexe? Kennen Sie Ihre Reflexe überhaupt? Wissen Sie, was das Problem des Reflexes ist? Der war vor 5000 Jahren hilfreich, ganz ohne Kanzlerin – fürs Überleben. Das hat sich im Zivilisationsprozeß, diesem Wechselbalg, verändert – der Reflex wurde nämlich mitzivilisiert, das heißt aufgeladen. Er ist heute nicht mehr Schutzschild für Leib & Leben, sondern gerne auch Begleiter im Tagesgeschäft, was ja fordert: bewerten, einschätzen, urteilen, abwägen und son Zeug, am laufenden Meter (wirst verrückt!). Hier bietet der gut eingerichtete Reflex Hilfe: er verkürzt solch lästige Prozesse auf die Formel des eingängigen Spielfilms: gut = plus, böse ist minus! Das erleichtert, schafft Freiraum, kann die Wahrnehmung aber schnell dichtsetzen. Die kann sogar überflüssig werden, gibt ab an den Reflex: der kennt nur noch Zeichen und Impulse, zum Beispiel ‚SARRAZIN' oder ‚Berlin', gerne ‚TRUMP' und so weiter, 1000 Sachen, Ideen, Personen – schreiben Sie 5 auf und dann Reflex, Sie sind voll davon, ich auch – und es macht Spaß, das ist das Gefährliche – im Workshop predigen wir ‚erkennen – verstehen – anwenden', ‚EVA', kannst Du vergessen! Für Reflex brauchst du max. 30 Gramm Gehirn, kannst den Rest anbieten.

Immerhin, noch ein immerhin: Fraktionschef MATTHIAS HEY in Thüringen strebt den Parteiausschluß des Abgeordneten OSKAR HELMERICH nicht an. Der lud nämlich THILO SARRAZIN zur Buchlesung. Woraufhin die Reflexe losbrachen.

> Beim Gassigang findet Loki ein Holz, so fünfzig lang, schleppt das zum Auto, ins Haus, auf den Hundeplatz und geht an die Arbeit – wenn Vaddi Schläfchen macht, unterbricht sie und geht auf Platz 2, auf ihrer Hütte – steht Vaddi auf, kehrt sie zurück zum Platz 1, schleppt das Teil in den Wintergarten (Tee!) und setzt dort fort. Normal.

Ach ja, ein PS zu 1 noch, zur parlamentarischen Besitzstandswahrung. Die ist ja dynamisch, also Sprengsatz! Und die Parlamentsverwaltung hat mal hochgerechnet, wie eng & teuer das wird. Darüber berichtet ECKART LOHSE im November (16.11.). – Von den gesetzlichen 598 gings ja schon auf saturierte 709 Mandate neulich, wegen Panaschieren, Subtrahieren und Kollabieren und so. Beim nächsten Wahlgang könnten es schon 750, gerne auch 800 werden, auf Nummer sicher hat die Bundesverwaltung 850 zugrunde gelegt – und kommt auf zusätzlichen ‚jährlichen Mindestbedarf' von 111.000.000, also knapp unter Volxkongreß und knapp unter einer halben Milliarde für den

Zyklus. Wegen des CSU-Spezial hat die CDU am meisten davon, die Arbeitsfähigkeit sinkt kontinuierlich – reines PEP©-System. – Man müßte ins nahe Umland ausweichen, doch auch dort ist Wohnraum knapp – in 50 Jahren wäre ganz Berlin ein Parlament, einzigartig auf dem Planeten! Das wäre mal was Anderes als Sonderweg: Sondersitzung.

MARTIN HALTER über die ‚Topographie des Widerstands‘ am Beispiel des HERMANN HESSE und seinem ‚Glasperlenspiel‘ – ein Lehrstück in Sachen Reflexe. – Ein Kunststück hat HERBERT KAPFER geschaffen, betitelt ‚1919‘, so ANDREAS PLATTHAUS, aus der Kompilation von tausend literarischen Quellen jener Zeit. Die hat er in einen spannungsreichen Bogen montiert, kaum fünfzig Worte sind seine eigenen – das Thema: die Versenkung der deutschen Seekriegsflotte am 21. Juni 1919 in Scapa Flow.

> Wenn ich mich nicht mehr streite, mich nicht mehr stemme gegen das, dann kann ich meine Sachen packen. Wenn ich nur noch meiner Stimme folge, die Sehnsucht, das Unerreichbare artikuliert, dann beginnt das Sterben, das Absterben. Ich habe so einen Berg davon in mir, dem ich Paroli bieten muß. Wenn das keinen Ausdruck mehr findet, ist Schluß.

Der nächste *battle* ist die ‚Entfremdung‘ von PETERSDORF / MUSSLER, ein wunderbar diskursiver Text zum Umgang mit dem imperialen TRUMP und seinem Kettenhund in Berlin, RICHARD GRENELL.

5.4. Dazu direkt: es schmerzt die Verteidigungsministerin, daß die Verbündeten ‚Zweifel an der Verläßlichkeit Deutschlands‘ haben, Zweifel daran, daß es eingegangene Verpflichtungen erfüllt. Die größte Volkswirtschaft Europas profitiere seit Generationen vom Schutz der Vereinigten Staaten, so die Worte des MIKE PENCE und gebe nicht die zugesagten 2, nicht einmal 1,5 % in die Verteidigung. Er war vielen unangenehm, so MAJID SATTAR im großen Bericht. Die CDU-Parteichefin bestätigt.

Zieh die sechs Überschriften der Seiten 1 bis 3 zusammen und du hast ein Desasterbild! – … der Gesellschaft und ihrer Führung – ‚Eichwald', ein ‚gesellschaftlicher Abgrund', so Reinhard Bingener, ‚Symbol einer Gesellschaft, die ‚nach zehn Jahren ihre Lektion noch nicht gelernt hat' – bis hinunter zu jenem berüchtigten Datenschutz, womit Vorratsdatenspeicherung blockiert und Tausende von Hinweisen ignoriert wurden. – Dazu der Film ‚Das weiße Band', wie jetzt Lügde, wo ein Jugendamt einen ‚alleinstehenden … in prekären Verhältnissen lebenden Hartz-IV-Empfänger' und Dauercamper als Pflegevater anerkennt (28.2. BURGER) – kofferweise Beweisstücke verschwunden – Hinweise und Beweise übersehen, beim Abriß entdeckt (29.4.19 reb), dann ignoriert – Strafvereitelung – Verdacht seit 2002 – 2008 sexueller Mißbrauch bekannt, keine Weitergabe an StA – 2016 konkrete Hinweise – Ermittlungskommission 2, ‚Rad', die dreht an demselben.

Nach dem Bericht des RAINER BURGER über Vergangenheit und aktuelle Aufräumarbeiten am Jesuitenkolleg ‚Aloisius' (25.4.19) gibt eine Frau, 1972 im Referendariat daselbst, einige Facetten der ‚Schreckensherrschaft' (11.5.19) an diesem mittelalterlichen Institut. Ihr Aufstand gegen die ‚Züchtigung' eines Schülers im Unterricht mit nachfolgender Operation des durchgeschlagenen Trommelfells im Krankenhaus endete mit fristloser Kündigung. ‚Im Keller', wurde ihr geantwortet, als sie wissen wollte, wo denn sonst Züchtigung stattfinde. Der weitere Mißbrauch wohl in den Privatgemächern.

Die lange Tradition dieser Mißbrauchswirtschaft seit Kriegsende zeigen KERSTING/SCHMUHL am Beispiel des St. Johannes-Stift Marsberg – das ‚Konzept der totalen Institution' gewährleistete Zugriff und ‚störungsfreien Betrieb', so Reinhard Bingener in der Besprechung – Abtopfen in engstem Zeitfenster mit 5 Blatt Papier – den ‚übelriechenden Pamp' aufessen, Gekotztes erneut verzehren, sonst wurde das Zeug ‚reingeprügelt' – Züchtigung durch Personal, Gruppen oder ‚Hausburschen' – Elektroschocks – Zwangsjacke – medikamentöse Ruhigstellung – alle Anzeigen und Verfahren ohne Urteil – aber jährliche Unterschrift der Täter, Vinzentinerinnen, keine Verletzung der Menschenwürde!

Dann noch der Bericht aus der ‚Bin-Laden-Baumschule' (Bender / Wyssuwa), womit das diskussionswürdige ‚Linke Lehrer'-Portal der AfD Hamburg dichtgesetzt wird. Dort geht's um die ‚Antifa-Area' der Ida-Ehre-Schule, gesponsert von ‚Antifa Altona-Ost', um Aufkleber dieses Milieus, welches die Schulleitung zum Kunstprojekt erklärte und um den ‚Stolz der Schulleitung, Teil einer politischen, antifaschistischen Schulgemeinschaft zu sein', was im Gendersprech des Näheren erläutert wird. – Das ist Amts- und Funktionsmißbrauch, der dem honorigen politischen ‚Mittelstand' nicht auffällt.

Nichts wie weg! Marc kommt, räumt meinen Laptop etwas auf – wir essen bei Anna, packen und um 9 Uhr abends zum Reisebus nach <u>Saas Fee</u>, meine Skier lasse ich zurück. –

6.4. durch die neblige Schweiz ins Gebirge hoch – Bus von oben, zehn Minuten rangiert – schöner Empfang durchs Wetter – überschwängliche Freude bis an den Tresen, bis etwas Blut spritzt – blitzschnelle Reanimation – die Rettung transportiert in die Notaufnahme –

7.4. morgens ist die Stimme ganz die alte – wir fahren runter und holen ab – es war ein ‚Notaus des Gehirns wegen Überlast', klärt der Arzt auf – der Abend im guten Standard wie gehabt – mein Einsatz zum Thema ‚Lügen' – die Tribute des Alterns sind noch zu handhaben – der Anteil der Jungen ist wieder größer.

Ach ja, Targetstand Ende März bei 941, viel Fluchtgeld, den Rest reguliert MARIO DRAGHI, er spricht von ‚Verlagerungen von Einlagen und Portfoliopositionen', ein echter Null-Satz mit gutem Klang, das mache ich jede Nacht! Was sagt das phylogenetische Wörterbuch!

Tar|get [bei engl. Ausspr.: *ta'git;* engl.; „Zielscheibe"] *das;* -s, -s: Substanz, auf die energiereiche Strahlung (z. B. aus Teilchenbeschleunigern) gelenkt wird, um in ihr Kernreaktionen zu erzielen (Kernphys.)

Da ließe sich Marios Erklärung gut unterbringen!

8.4.   Alle packen die Skier auf zum Bus nach Saas Fee und zur Bergbahn – Beate bleibt neugierig, woher ich denn sei – ich zähle die Wegstrecken auf, dann kennst du möglicherweise, nein, die war in London – Krebs – nein! Janina, die Hübsche, entfährt es mir, fünf oder sieben Jahre Kollegen auf einer Etage voller HR – Beate ist die Schwester, das ist schlimmer als Dorfgemeinschaftshaus! – Ich trage die Karte an die Nachbarn zur Post, da steht die Kirche, ich neige zur Visite, stehe, stehe – die Bilder von acht Kindern, Kreuze daneben am Maschengitter – tot oder lebendig, durchfährt es mich, typische Alterserscheinung – Kommunion! zeigen die Gebinde an den Bänken links und rechts vorne – Blick zurück in den Raum, zurück in die Entschiedenheit, nimm das Leben – verdammt – es ist wie ein Durchtauchen, ohne Atemnot – weiter zur COOP und an den Tisch, für den zweiten Abend – mittags in die Gondel zum Kreuzboden, später nach Hoh Saas – gleißende Freude vor den Gletschern, 3200 Meter – gegenüber zieht Gewölk unter den Gipfeln durch.

Abends ist viel Schwäche, es fehlte Kraft, Konzentration, die ewige Leichtigkeit – meine Worte sind viel und weit, es fehlt die Knappheit des roten Fadens, 15 angesagt und 30 genommen, geht gar nicht – großer Tisch Talk, dann wird gespielt. Ein Hauch von Demut liegt über meiner Alterskohorte, über der dahinter auch.

9.4.   Sitze früh an der Vorbereitung, also unter Zeitdruck, der Bus fährt um halb elf – das hilft, den roten Faden ohne Schleifen zu weben – die Kohorte 70 plus meldet sich prozessierend vom Ski ab – wir fahren hoch nach Saas Fee – nach drei Bergbahnen einschließlich Felskinn steigen wir auf 3500 Meter in das Restaurant Mittelallalin für einmal 360 Grad – als die Treppe wieder vorbei kommt, steigen wir hinab (also alles unter Zuhilfenahme ‚schwerer Technik‘) – auf 2500 Meter sitzen 1000 Leute zur Mittagszeit im gleißenden Licht, wir setzen uns mit Gulaschsuppe in die Truppe, früher war mehr Gulasch! – zurück im Moonlight, kommt meine liebe Frau humpelnd aus dem Berg – Ibu, Krücken und Geduld sind gefordert – sie schlug in voller Fahrt hin, passierte früher nicht – Heike gibt mir die MRT-Adresse …

10.4. Mittags soll es zuziehen, also morgens hoch zum Kreuzboden – auf Hoh Saas ziehts dann auch zu, also wieder runter, und Stunden am Tresen im Rundbau – abends Großaufzug als Behinderten-Skiabends mit Gesang, Ansprache, Diskussion – schließlich die Seite 1275 des ‚Achten Lebens‘ erreicht: ein Jahrhundert in Georgien, durch das die NINO HARATISCHWILI drei Generationen ihrer Familie folgt, verfolgt, in der sich das Grauen der Zeit spiegelt, en gros und en detail.

11.4. Es schneit sich ein auf dem Kreuzboden – wir ziehen uns erneut in die überdachte Rundtheke zurück und begrüßen die einkommenden Skifahrer – zurück in den Abendlauf – da ich dem Tresen mit edler Bestückung fernbleibe, setzt sich eine Schöne zu mir und erkundigt sich, wie es denn mit dem Altern so geht – ein norddeutsches ‚läuft‘ genügt nicht, dieser *wörst case* an Kommunikation.

12.4. Alles in weiß, aber Nebel, alles, was fit ist, bricht auf, die Eingeschränkten verziehen sich in ihre Ecken – wir gehen auf Arztsuche, die gute Frau Kalvermatten ruft an, holt das Auto raus und fährt uns – dort geht es zügig auf die Liegen – Paket Medikamente – Kreditkarte und weg, beeindruckend, einfach ‚zz‘. – Später zur Gondel, um auf dem Kreuzboden ein letztes Mal mit Vertrauten den Tresen zu konsultieren. Dahinter steht ein Kölner, der es hier im Süden amüsanter findet – mit Eric aus dem Sonnenuntergang zum kurzen Training für den Abend – der läuft struktruriert ab, mit abgestimmtem Liedgut, großer Danksagung und meinen zwei *Songs* zu Erics Gitarre – letztmals rüber an den großen Tresen und großem Wiedersehen, Madeleine ist zurück, der Hausherr ist spendabel, großer Abschied – mittendrin erscheinen drei unserer Jungen und holen mich ab zum Platzhirsch, du hast keine Chance, ich füge mich – Lärm und wenig reizvolle Akkorde erleichtern den Abgang, schweren Schritts.

Aber dieser Woyzeck, wie ihn SIMON STRAUSS in Worte faßt, wie aktuell ist das, was da am Wiener Akademietheater gegeben wird, natürlich nicht

‚als ‚müd gewordener Gaukler', mehr schon als ‚Zwischenständiger, der keinen Halt kennt und keine Ruhe, dem die Gedanken das Hirn zerschießen, mit enger Mütze, abgetragenen Zweireiher und weiter Trainingshose' Und: ‚mit den Dingen ist er besser befreundet als mit den Menschen. Die lügen, stehlen, morden ihm zu sehr …'

Das ist viel vom Heute, wo es anders ‚moralisch verwildert', bis zum ‚ganz und gar entseelt'.

Ach ja, THEO WAIGEL findet alles gut, was hier euro-mäßig abgeht. Das hat er auch noch aufgeschrieben: den Euro würde er auch ein zweites Mal einführen.

OECD: Steuerlast hier konstanter Spitzenwert, Durchschnitt bei 49,5 Prozent für alleinstehend.

13.4.   (Jochen wäre 99)
Der Wecker nach sechseinhalb Stunden, zur Unzeit also – um 9 sitzen die 44 im Bus. – Viele Schöne, seltsam schön, spröder Charme, feine Zeichnung, getragen von großen Körpern – *Les Jardins des Fleurs*, wenn auch ‚ohne kurzen roten Rock und weißseidene Strümpfe, Schuhe von rotem Leder, mit feuerroten Bändern zugebunden'. Doch hier und da die Schultern frei, jedoch ohne Akazienstrauß, vorne im Hemd zu zeigen – So schritt sie dahin, ‚wie ein Füllen in den Koppeln von Cordova', PROSPER MÉRIMÉE in ‚Carmen' – Verstehen Sie irgendwas? Aber Sie ahnen … auf dem Tresen die Packung Sehnsucht – wie die schwarzen Ochsen, die über den Gorge voll Wasser jährlich zum Stechfest geführt werden.

Quer durch das Land bis ein Uhr, Jonas steht schon da, randvoll rollen wir nach Hause, beim Nachbarn brennen die Lichter, zwei Tage noch, heißt es unvermittelt, jetzt nicht, kommt die Antwort – Loki springt zwei Meter hoch.

15.4.   Notre Dame brennt, das ist archaisch – was sagt HOUELLE-
BECQ – der Nachbar ist tot, er starb um 21 Uhr.

Das Stück entbindet … die Kräfte, die auftreten, wenn die
Bindekraft der Rituale nachlässt und das legitime Macht-
wort wirkungslos wird. In den Propheten, den Fanatikern,
den Sektierern, den Gewaltmenschen, den Bürokraten, den
Charismatikern, den Revolutionären … verkörpern und ver-
ausgaben sich die richtungslosen Gewalten einer auf Dauer
gestellten Zwischenzeit, aus der kein neues Gesetz mehr her-
vorgeht und keine Zukunft mehr ‚hervorleuchtet‘ – JULIA-
NE VOGEL über den ‚Turm‘ des HUGO VON HOFMANNS-
THAL. – Und bevor nun die Ausstellung ‚Kassel … verliebt in
Saskia‘ beginnt, steht ein Bildschirm, der das Gemälde zeigt
und animiert: nach einer Weile dreht Saskia den Kopf, sieht
uns an, lächelt verhalten, dreht den Kopf wieder ins Profil,
holt noch einmal Luft und erstarrt, so TILMAN SPRECKEL-
SEN. – Die Sterblichkeit ist unumkehrbar, irreparabel, in einem Ausmaß endgültig, das überfordert.

SVEN AFHÜPPE über das Geschäftsmodell ‚Europa AG‘, es funktioniert nicht, es war auch nie AG, nur Katalysator für Sonnen-
scheinklima, Verbraucherschutz, Besitzstandswahrung und Be-

stechungsgeld. Und für PEP©! Deutschland ist noch PiP, *primum inter pares,* Der Untertitel ‚Sanierungsfall Europa' könnte die Richtung weisen, fragt sich nur welche. Immerhin, EU-Haushaltsmeister ÖTTI flucht wie Rohrspatz: das sei ja mehr Abbruch als Aufbruch in Berlin, diese Debatten über Baukindergeld, Mütterrente, Grundrente und Mindestrente seien fern jeder Verantwortung für Europa.

‚Inzwischen könne weder Bevölkerung noch Politik oder Wissenschaft abschätzen, wo die Grenzen regelkonformer Haushaltspolitik liegen', zitiert die Zeitung (15.4.) die Betrachtung der EU-Fiskalkunststücke seitens der Bundesbank: ‚extrem kompliziert – kaum noch nachvollziehbar – wenig wirkungsvoll' sei das beständig aufgeladene, meint erweiterte Regulat, dessen Anwendung, in Sonderheit die Haushaltskontrolle ‚wie auf dem Basar verhandelt' werde. – Auge um Auge werde zugedrückt, das ist Umschreibung für Blindflug, notorisch bei FRA und ITA. Angesichts solch blinden Wahns von JUNCKER'SCHEM Format empfiehlt die Bundesbank, die ‚*Rainy Day Funds*' aufzustocken – mit Dauerregen aus kataraktischer Schlechtwetterfront ist wohl zu rechnen – *undes sollmer wähle*!

> Nach einer Stunde Gartenwirtschaft fehlt ein Schuh, ich finde ihn am Hochsitz, einen Arbeitshandschuh kurz drauf in der hintersten Ecke – Loki beobachtet.

17.4. Schon wieder so ein Leichtsinn, die Flugbereitschaft ließ ein Flugwerk aufsteigen, das schleunigst umkehrte und, um die

Längsachse taumelnd, auf den Flügeln landete. – PETER CARS-
TENS erläutert aus dem Gutachten (27.11.19): falscher Einbau
eines Teils durch den Aviation Service, wenn Sie verstehen, ver-
kehrte die Effekte – links blinken, aber rechtsrum fliegen – mit
roher Gewalt der Piloten gelang das Aufsetzen und Überleben.

Der Hochzeitskonvoi mit Tanz auf der Kreuzung erfreut sich
großer Beliebtheit, zumal in NRW. Aber die Innenstadt sei ‚kein
privater Festsaal', beharrt der Innenminister. Er muß es wissen.
Bei 32 derartigen Straßenfesten sammelte die Polizei Schreck-
schußpistolen und Führerscheine ein, die aber bisweilen fehlten,
legte Autos still, unterbrach Tanzfiguren. Auf der Wache wurde
sodann gegen solchen Einsatz protestiert und Brauchtumspflege
reklamiert – die allerdings überwiegend zum Vorderen Orient
ressortiert – hier hingegen eher in den straßenverkehrsrechtli-
chen Exzeß gehört, Freunde. Dazu gehört übrigens insbesondere
das Pendeln, der Spurwechsel ohne Lichtzeichen über alle Spuren mit schwerem Gerät, vulgo Luxusschlitten – mit anschlie-
ßendem ‚Driften' und qualmenden Reifen, ausgerechnet auf der
A 3 bei Ratingen – nein so nicht, Herrschaften!

Dabei wäre es weitere Recherche wert, ob Gesellschaftstanz
auf lebhaft befahrener Kreuzung tatsächlich zum orientali-
schen Brauchtum zählt, da empfiehlt sich ein Ortstermin! Vielmehr kann es gleichen hypothetischen Rang beanspruchen,
daß der Orientale dem zentraleuropäischen Spießer mit seiner
60-Kmh-Abriegelung mal so recht zeigen möchte, wo Bartel den
Most holt. Gezieltes Einzelinterview könnte da Überraschendes
zutage fördern. – Denn es geht verschärft weiter – 40 Einsätze
in einer Woche (25.6.), davon sieben auf der Autobahn, wo in
die Luft geschossen, Feuerwerk abgebrannt wird, Rauchbom-
ben fliegen, 21 Korsos – ja der Verkehr gesperrt wird! Warum?
Wegen Korsofoto! – Das Straßenverkehrsamt will jetzt an die
‚charakterliche Eignung' einiger Protagonisten ran, also ob die
im Morgenland-Modus überhaupt Kfz-tauglich sind.

Noch die Notiz zur Preisentwicklung beim Öko-Regime: Strompreis 2018 bei 27,8 Cent/kwh, 2019 bei 29,2 Cent – Anstieg Um-
satzsteueranteil um 0,23 Cent, macht 300.000.000 zusätzliche

Nasse beim berüchtigten Verbraucher, die beim Kassier im Trockenen sind.

IWF: das Institut hat sich dem seichten und staatsfrommen Zeitgeist angepaßt, recherchiert PETERSDORFF aus den Papieren – häufigstes Thema ist Frauengleichstellung, dann progressive Einkommenssteuer, Klima & Korruption, Steuerwettbewerb eher nicht, alles ‚ein bißchen sozialdemokratischer, grüner, weiblicher‘, Einreihung in die ‚globale Polonaise der Weltgesinntheit‘ und den ‚anti-marktwirtschaftlichen‘ Trend. Daß gerade Regierungen ‚ihr Kerngeschäft … nicht zu bewältigen vermögen‘ ergibt sich direkt aus der großen Orientierungs- und Ordnungslosigkeit.

Daher ein bißchen Obszönes zum Frischmachen: JP Morgan-Profit in Q 1: 9,2 Milliarden brutto, 148.000 pro Tag! – Zinsüberschuß 14,6 Milliarden – also Q1 plus Q 2 = mehr als Deutsche Bank – wäre die ein Schnäppchen, wär' sie weg – nur, wer will sowas, diesen Laden mit Prozeßfahne – in Übersee kommts noch fetter, Markus Frühauf (29.4.): *profit jump out* über alle Institute auf 138.000.000.000 – nach Steuern, die wurden ja auch noch gesenkt, hätte auch so gereicht, Johnny – da springt Kevin (who the fuck is …?) im Fünfeck: EU-Banken bei 52 – ist einfach der Unterschied zwischen 2,5 %-Habenzins (auf 40.000.000.000 FED-Einlagen) und Strafzins von 7.500.000.000 an die EZB – capito ihr Zinshasenfüße?

Abschließend noch: der Aufwand pro verdientem Euro: US 0,59 versus EU 0,65, das ist Durchschnitt, Deutsche Bank mit *ci*-Krönungswert 0,93, Platz 1, Santander bei 0,50 – entsprechend siehts beim Profit 2018 aus: DB 0,27, Santander 7,8 Milliarden – ach ja, noch die Quote aus Obligo und Wirtschaftsleistung: Griechenland fünf Punkte hoch auf 181 %, so ist das, wenn's dauernd Geld gibt, Italien instabil bei 131.

Hier noch zum Aufstoßen der Status der ‚Big Five‘, in Millionen, ihr Piefkes:

MICROSOFT-1000   APPLE-975   AMAZON-941   ALPHABET-874   FACEBOOK-561

Olle Warren zwar auf 518 nur Nr. 6, aber noch vor den Chinas (26.4. maf., letzter Aufruf Band 11, Seite 236).

Bei alledem, dieser politischen Führung und der doch irgendwie abgekoppelten Finanzblasenwirtschaft, bei alledem zeichnet die ‚Realwirtschaft‘ im internationalen Innovationsranking doch mit kräftigem Strich ein kleines und feines Bild in diese penetrante Stars & Stripes-Abfolge: JONAS JANSEN zitiert eine Umfrage von Boston Consulting und wer erzielt den 10. Platz weltweit? Ei die Schuhfabrik in Herzogenaurach, ihr Schlappekicker! Unter den besten 50 sind neun aus unserer Blumenwiese der Weltmarktführer.

Tesla und Panasonic reduzieren die Batteriekapazitäten in Nevada – ALTMAIER bleibt ‚Befürworter einer staatlich geförderten Champion-Zucht‘, so Sven Astheimer, und stellt eine Milliarde ins Schaufenster. – ‚Klimastaat‘ heißt diese extreme Ausprägung des deutschen Sonderwegs bei J. v. ALTENBOCKUM (10.4.). Das Europa-Jodeln erweist sich insbesondere auf diesem Feld als Hohlform, der ‚Klimastaat‘ als Ideal eignet sich jedoch als Vollregulat und Ordnungsmodell, ‚weil er keine Nische unserer Existenz in Ruhe läßt‘. Das ‚Klimaschutzgesetz‘ der Sozialdemokratie und das ‚Klimakabinett‘ der Kanzlerin setzen den planwirtschaftlichen Unterwerfungsmodus dicht. So vollendet sich im 30. Jahr des sozialistischen Abgangs ein Formwandel deutschen Politbüros. – Und eine seiner Blüten, olle RESCHS Umwelt-Abmahn-Laden liegt mit Aktenzeichen 1 ZR 149/18 beim BGH, also voll im Trend. – Jetzt geht's wieder.

Physiker BUCHAL und HANS-WERNER SINN prüfen den Diesel-Abschaum: Elektro sei dreckiger als Diesel (18.4. magr.). Das geht nun gar nicht, schäumt der Aufstand und sie antworten: geht doch (26.4.19).

18.4. ,Geschichten aus dem Archiv der weiblichen Angst', rezensiert ELENA WITZECK. CARMEN MARIA MACHADO (32) hat acht davon gemacht und betitelt: ,Ihr Körper und andere Teilhaber' – die sollen auch noch rollenverteilt vorgelesen werden, mit Fenster zur Straße, zum Aufreißen und rausschreien – zu prioritären Teilhabern gehört der Mann, der liebend gerne die Kontrolle übernimmt, die Körperkontrolle – was in ihrem Kopf ist, ahnt er ja nur – den verliert die Frau, ,wegen ihrer Unersättlichkeit kippt er ihnen vom Hals' – ,im Restaurant werden Models von den Körpern gegessen' – ,der Fehler der Frauen liegt in ihrer Hingabe, ihrer Bereitschaft zur Selbstauflösung', sagt EW, der Weg dorthin eine Kette von Selbstverwandlung, Frauen mit Robbenhaar, Füße wie Falltüren, als seien sie nicht von dieser Welt (wie EMILI BRONTÉ, wie Erla 1987) – als verhindere nur der fürsorgend-strenge Mann das Schlimmste – was täte er ohne sie! Reparieren – schöner ist die Arbeit am lebenden Material – dabei will er nur die Welt besser machen – und: ,Je mehr Frauen wissen <wolle CMM beweisen>, auf desto mehr Abgründe, die sie zum Verschwinden bringen, stoßen sie in dieser Welt', so EW. – Ein hinterlistiges Projekt von Männerhirnen, so kommts mir vor. Schließlich ist auch der Mann ein exorbitanter Sonderfall – und quält sich: ,Ich liebe dich doch schon', sagt Heidcliff vor dem Gynäkologenstuhl, nach links zwinkernd.

Die Schwarzen in den USA, besser: im Gebiet der Weißen, befänden sich in lebenslangem Streß, ob sie sich anpaßten, dem dominanten Profil unterwürfen oder opponierten, sagte neulich jemand – könnte es ,den Frauen' ähnlich gehen, mit etwas epi-genetischer Grundierung? Kommt daher diese Funktionshäufung von Gleichstellungs-, Frauen- und weiteren Beauftragten? Und was sollen die machen?! – All solche Befunde, wenn von allgemeiner Aussagekraft, wären ja Argumente für getrennte Jungen- und Mädchenklassen – um das Eigene zu erkennen, zu verstehen und zu entwickeln – das ist unter dem Dogma der Gleichheit und Inklusion ohne Aussicht – man sei schon weiter, höre ich die Selbstgewissen.

Schon der Titel fordert Resilienz: ‚Europas Weg zum Bürger – Die Politik der Europäischen Kommission zur Beteiligung der Zivilgesellschaft‘, an was bloß, an den Brüsseler Spielen? – Nun findet sich aber auf 76 Seiten Einkopiertes, das sind 37 Prozent, davon 119 Voll- sowie 5 ‚Übersetzungsplagiate‘ und schließlich 48 ‚Übernahmen‘ ohne Quellenverweis. Doller geht's ab Klasse 5 auch nicht. Welche Not!

Aber FRANZISKA GIFFEY kämpft gegen den Abgang des Titels, beauftragt Gutachten, und erklärt die Klöppelei mit einer ‚amerikanischen Zitierweise‘ – bei mir wars der Russ', falls jemand nachguckt. – Dagegen versammelt JOCHEN ZENTHÖFER (24.6.) alle bekannten Zitierweisen und schließt, Amerika sei zu groß ‚für kleine Träume‘. Ein Titelerwerb ohne adäquate Anstrengung sei ‚unwissenschaftlich und unamerikanisch‘. – Wieder dieser ENZENSBERGER mit dem Vorschlag, mit dem 18. den Titel einfach zuzuweisen, das spart Arbeit und solche doch häufigen Peinlichkeiten.

Und der Skandal zieht das ‚PS‘ hinter sich her: auf fünf Anfragen eines Berliner Abgeordneten der AfD hin muß die Landesregierung erklären, daß ‚vorsätzlich abgeschrieben‘ wurde – auch das eigens eingesetzte Gremium hat Vorsatz ‚zum Teil bejaht‘ – an dessen Bestellung war die Doktormutter gar beteiligt – der Abschlußbericht bleibt jedoch weiterhin im Dunkeln, Verschwiegenheitspflicht macht die Landesregierung geltend – das Verhältnis von Vorsatz und Fahrlässigkeit (also aus Versehen oder so) in den 119 Stellen von ‚copy and paste‘ ebenfalls abgedunkelt – die erteilte Rüge weder in Bibliothekskatalogen noch bei der Deutschen Nationalbibliothek vermerkt.

JOCHEN ZENTHÖFER (18.3.2020) bleibt am Ball und macht bei der Gelegenheit ein noch größeres Faß auf, welches sich die Berliner Hochschule in den Keller gestellt hat, stinkend – in einer Arbeit zur Rolle von Religion und Umweltethik im Klimaschutz (*ich habs jetz' ned verstanne*, gleiches Kaliber wie bei FG) seien ‚über neunzig Prozent der Textseiten‘ kontaminiert, zwei Drittel des Haupttextes ‚fast wortwörtlich aus Online-Quellen übernommen‘, fiel niemandem auf …

‚… die größte Plagiatsarbeit, die, abgesehen von der Charité, jemals an einer Berliner Hochschule mit einem Doktortitel belohnt wurde.'

Vom ‚systemischem Versagen der Berliner Hochschulen spricht der Autor abschließend.

Raubkunst war für Behörden nach dem Ende der Kampfhandlungen häufig kein Problem, die ‚Rückerstattung an die Täter', so CHRISTOPH SCHMÄLZLE (18.4.19) häufig auch nicht – im Falle der Familie VON SCHIERACH gings etwa so: ADOLF HITLERS Leibfotograf HEINRICH HOFFMANN, wie sag ich's, erlangte ein ‚Holländisches Platzbild' 1942, das kurz drauf die Besatzungsorgane beschlagnahmten und bayrischen Behörden zur Verwahrung übergaben – die Erbin des HH, HENRIETTE HOFFMANN VON SCHIERACH, legt dort wohl Erbschein vor und beansprucht Herausgabe – dem folgt die Behörde gegen Erlegung von 300 DM – daraus macht die Erbin im Jahr drauf 16.000 per Auktion – Zuschlag, gutgläubigen, an den Dombau-Verein von Xanten, der es jetzt dem Erben, aus den USA zugereist, zurückgibt, der es in der Stadt beläßt.

Viele solcher ‚vermeintlich herrenlosen Stücke erhielten vor allem Täterfamilien' zurück, so auch ‚in zähem Ringen' HENRIETTE VON SCHIERACH, mehr als 90 % des konfiszierten Guts. Solche Akribie treibt den Enkel FERDINAND um, der recherchiert, wie zahlreiche weitere Kunstwerke wieder in Familienbesitz gelangten, zum Teil unter dem Codewort ‚Doktor Faust' versteckt. Die eher monetär orientierte Großmutter verkaufte die Stücke, kaum dass sie wieder Zugriff hatte.

In welchem Ausmaß Kunst & Literatur vom Tross der Besatzungstruppen in Ost & West ausgeräumt wurde, annonciert RICHARD HÜTTEL (24. und 26.1.19) – ‚ganze Schloßinventare verschwanden auf Nimmerwiedersehen, ohne daß die Verluste auch nur dokumentiert wurden.

21.4.   Um sechs Uhr abends mache ich mich auf nach Hamburg, der Einladung der BARBARA BILABEL folgend (guxdu Band 1, 1985 ff.), sechs Blätter aus dem ersten Band im Gepäck, auf

DIN A 1 gezogen. Ankunft zu spät, denn auf dem Highway ist zwar nicht die Hölle los, aber Vollsperrung wegen ‚Unfallaufnahme' über zwei Anschlüsse, also Schleichfahrt über Land, wo sich selbstverständlich auch noch zwei Vierräder verkeilen.

Das Haus ‚Randel', ein altes Hotel, wurde noch einmal aufgemacht, mit langer Eingangshalle – ein durchchoreographierter Abend – an einem gleichlangen Tisch, informationsverklebt, daran zu beiden Seiten die Weggefährten der Regisseurin, Schauspieler, Intendanten, wer weiß, Freunde darüber hinaus – ich erkenne meine Kollegen, Frauen von 1987 und 1988.

Den Anfang macht eine Lesung von der Bühne, Barbara achtet auf zeitigen Anschluß, denn Jeder machts gern länger, was den gemeinen Zuhörer bekanntlich quält, auch ihre Vorstellung der Erschienenen habe ich in der Heide verpaßt – jetzt spricht sie vom Brandgeruch, dieser biografischen Spur, die bei Gelegenheit anschlägt – irgendwann hebt der Sohn Jacob zu Einsichten, Erkenntnissen und einer Laudatio an, ein sicherer Gang durchs sprachliche Dickicht – später zeige ich die Blätter – das Buffet lädt ein nach Miriams drastischem Gang um die Tische – Abschluß im Kaminzimmer – Erla erkennt mich zu später Stunde – zwischendurch der Lauf der ‚Krankheit' über die Leinwand, ich bin sistiert vom hohen Grad dieses Surrealismus, der da auf die Bühne gestellt wurde, fünf Jahre nach FASSBINDERS Tod – die Szene mit Hendrik als Arzt, lebt der noch?, und Erla als verzauberter Vampirene – höchster Ausdruck, der Groteske weit hinter sich läßt, der Ernst der Geschichte bestimmt die Szene, die Benno Hundekoffer kaum retten kann, wie sollte er auf seinem fröhlichen Ritt ins Desaster. – Vor 32 Jahren sah ich das nicht. – Spät mit dem großbändigen Geschenk ‚Shakespeare träumen Ich war' der Gastgeberin raus und Dutzende Kilometer durch Hamburgs Nacht, wieder ganz vertraut, um zwei Uhr auf dem Hof – ein Geschenk dieser Abend. Um 2 Uhr zurück im Land

Um acht Uhr klingelt der Wecker – der Hund, Loki, will kacken, setze mich in den Sportanzug, diese Übertreibung, raus an den Deich, alles läuft nach Plan, zwei Brandbrote und ins Auto zum Gottesdienst, vier Pfarrer am Start, es ist eng, die Predigt anstrengend, am Tisch danach ein Bauer aus Stendorf, mit Hang zu starker Übertreibung. Das macht er gut. – Zu Hause klingelt es, Wulf aus Hamburg ist dran, eine der zwei Familien in der Neubertstraße ist tot, nach dem Krebs, der Monika anfiel, jetzt Werner, der sich übernahm. Wulf kam darüber hinweg, aufmerksam war er, als es passierte, so war Anpassung möglich. – Das Thema ist all überall, in Zeiten des Verfalls, reichlich Arbeit für den Blick auf die verbleibende Zukunft. Nur der hilft.

Barbaras Band mißt 30 mal 43 cm, *hard cover*, und zeichnet den Gang zum Theater nach, die begleitenden Defizite, aus dem sich vieles speist. Regie bleibt erstmal im Versuch stecken, so ein Hirni von Fahrstuhlführer bietet sich an, kann kein ‚th' sprechen, das Gewehr des Vaters liegt jedoch unter der Bodenklappe, 79 Seiten, Quatsch, Platten, jede Seite textiles Gewebe, dieses sich Herumschlagen mit den Äußerlichkeiten. Vorher ist alles sinnlos, nur Gedanke. – Denken und gehen, so hätten sie es gern, für gefälliges Bruttogehalt – Arschloch, sagt sie – ich glaube, da hat sie recht.

Nach EINSTEIN krümmen Massen die Raumzeit, das ist konkret. Und jetzt gibt's ein Bild, ein erstes, vom Schwarzen Loch, das in jeder Ecke haust, natürlich nachbearbeitet. Beim Schwarzen Loch sind Sie immer Zuschauer, sonst sind Sie nicht. Dafür gibt's extra den Ereignishorizont, wo Sie, wie im Stadion, Platz nehmen können, ein Kissen machts erträglich.

DIETER FORTE ging, 84, TILMAN SPRECKELSEN macht Nachruf – darin ist Krieg, der alles besetzt hielt, ja, Krieg ist Besetzung, Besatzung, unter der er schrieb, in wohl so vollendeter Form die DNS der Schicksale verwebend, daß es dennoch ins Strahlen gebracht ist. – Ich kenne meinen Titel von ihm, Rotbuch war das, in Marburg, danach war er aus dem Blick. Und finde zwei weitere in der siebten Regalreihe. Ich mache Buchhaltung, lege ihn also ein in seine ‚Einführung in die Buchhaltung‘ – und habe eine Ahnung. Ich bin voller abgelegter Ahnungen, ahnungsvoll wie das Ende.

Die AfD sei ‚respektlos – demokratieverachtend‘, weshalb es lieber ohne sie gehe im Präsidium des Bundestages – die Regel gewährt ihr den Sitz – der Mann nimmt den Mund voll und schnell ist die 10-Punkte-Liste geschrieben, demokratieverachtender Maßnahmen seiner geschätzten Partei / Fraktion.

<u>Hochschulen</u>: wissenschaftliche Standards mittels bibliometrischer Verfahren haben einen Lauf – Differenz und Streit: Boykott, Belastung, Mobbing oder Gewalt haben einen Lauf – Frauen: sexuelle Belästigung & Mobbing, Frauen- und Gleichstellungsbeauftragte, Ombudsleute, Konfliktberater, Personalrat, psychosoziale Beratung, Hilfetelefone haben einen Lauf – HEIKE SCHMOLL sucht Orientierung.

Der Flughafen Tirana trägt den Namen ‚Mutter Teresa‘ – dort donnert ein Lieferwagen mit der Aufschrift ‚Steuerfahndung‘ an einen Airbus heran, erzwingt die Umladung etlicher Säcke Bargeld und rast davon mit geschätzt 2 bis 10 Millionen. Bevor er außer Sicht kommt, fliegt noch ein erschossener Komplize aufs Rollfeld. – Solche Geldtransporte in großem Stil von Tirana nach Wien sind üblich, es ist schlicht Teil des Systems Albanien (gux-du Bd. 11, 2018.2, Seiten 172, 230). Australian Airlines hat allerdings die Faxen dicke und macht nicht mehr mit.

Nach fünf verlorenen Verfahren wegen Kuhglockenlärms wird die Einlegung einer Nichtzulassungsbeschwerde beim BGH erwogen.

23.4.   Endlich raus aus diesem Ostern, dabei soll es Hoffnung geben – die zwei Beerdigungen vor mir, das ist mehr als der Lauf der Dinge, das nimmt den Blick ins Visier, als kehre er sich gegen dich, trifft auf diese abgründige Hilflosigkeit, die du dir nicht leisten willst. Bevor das Vorneraus-Sortieren beginnt, sehnst du dich nach dem Makel, der Halt gibt. Die flotte Geschäftigkeit geht auf Abstand. Nein, mir fehlen die Worte für das, worüber ich hinwegschreibe.

24.4. 6 Uhr Loki Gassi (ich etwa?), 7 Uhr zur Fähre, endlich Arbeit, Uwe steigt zu nach Nutzhorn – in das neu konzipierte L.earn-Format mit 12 Leuten, vielen jungen – Aufgeschlossenheit für die neue Organisation wächst – um 7 abends streunen wir durch den Wald – um 8 ins Tagesschauregime, Start mit Böckler-Gutachten zur Ungerechtigkeit, danach in die Zeh-Oh!²-Abgabe und Verwandtes – welche Liga? Vorsicht, der FC Bayern steht im Weser Stadion!

‚Verschlafen‘, titelt HARALD MAHRER vom Unternehmerverband Österreich, investitionssparsam, Osteuropa ignorierend – unsere Großeuropäer – paßt zur Bestandsaufnahme von Carsten Knop (16.4.): ‚kein digitales Geschäftsmodell, so gut wie keine Ahnung von KI, von Blockchain oder Quantencomputing‘, das Land beim Dieseln und in der Windpark-Party – Und das paßt so recht zu Volkes Meinung, der Allensbach ja regelmäßig nachsteigt: der Glaube an Fortschritt, Digitalisierung und Aussichten schwindet auf ein Drittel Zustimmung. Gegen alle Erfahrung sieht ein großer Block Arbeitsplätze gefährdet, was Digitalisierung ist, entzieht sich den meisten, aber ‚muß ja‘, weil nicht aufzuhalten – beim Emotionstest bekommt der substanzlose Zwischenruf 50 % Zustimmung, gegen 27 %, Junge wie Alte – und der Heiße-Luft-Ballon des KEVIN KÜHNERT driftet ja über gut gedüngtes Terrain – schon 2016 fanden 45 % Sozialismus gut, nur 45 % mies und 47 % Kapitalismus auch mies (YouGovernment), die Armen immer ärmer hier, die Ausbeutung der Schwächeren sehr doll – aus USA kommt auch ein 50 %-Plus für Sozialismus, je nun, aus dem Land der Ahnungslosen.

Da rufe ich zur Erklärung mein ‚BIP‘-Spezial© auf (guxdu Band 7.1 (2013), 21.3., erscheint bald): das Pleitensystem Bildung (guxdu KLAUS SCHRÖDER Band 10, 2018.1, Seite 188), worauf der Antikapitalismus des dominanten Informationssystems aufsetzt und die sozial-ökologische Fügsamkeit des linksverschobenen Parlaments – solch meinungsbildender Verbund überzeugt. Überzeugen macht unfruchtbar, sagte mal einer.

EU: und zur ‚Acht-Länder-,Hanse'-Gruppe' gegen den französischen und Kommissionszentralismus, für nationale Verantwortung & Haftung im Fiskalischen gehört Deutschland auch nicht mehr. Die Achse mit Frankreich erzeugt eher Mißtrauen. Ansonsten habe Deutschland ‚in der Europapolitik … eher innenpolitische Überlegungen', meint ADRIAAN SCHOUT.

HANNELORE ELSNER ging, 76.

26.4. Grade hat JÜRGEN KAUBE (20.4.) die Wege der Gesinnungsdiktatur aus den angloamerikanischen in die deutschen Hallen der Wissenschaft skizziert: ‚die Meßgeräte für Dämonie werden immer feiner eingestellt' – und sie haben hier nach GERMAINE GREER den HERFRIED MÜNKLER, JÖRG BABEROWSKI, DIETER SCHÖNECKER, THILO SARRAZIN und MARC JONGEN aus dem öffentlichen Diskurs gejagt – alles unter einem Konzept von ‚Schutzräumen', in denen Studenten sicher vor Kommunikation sein wollen, die sie womöglich belasten würde.

Solche phantastischen Zustände sind erratische Blüten eines langlaufenden Trends, der den öffentlichen Raum zunehmend besetzt mit Anspruch auf Definitionsmacht, unter linksfröhlicher Obhut – so geht's kaum eine Woche drauf gegen SUSANNE SCHRÖTER, Direktorin des Frankfurter ‚Forschungszentrums Globaler Islam', der ein *hashtag* nicht nur eine Konferenz verbieten sondern sie gleich auch aus ihrer Stellung jagen will. HEIKE SCHMOLL verfolgt die tumben Parolen solch politischer Jagd, der sich neben der Uni-Leitung und anderen dieses Mal immerhin auch der ASTA entgegenstellt.

Wie solch politisches Scheuklappen-Regime zur Manipulation des öffentlichen Raumes wird, zeigt die ‚Mitte-Studie' der Friedrich-Ebert-Stiftung, Titel ‚Verlorene Mitte'. Befangen im Paradigma-Framing, sei es von Antifa oder sonst linker Fortschrittsfrömmelei, wird der harte rechte Rand an die traditionelle Mitte herangezogen, die daraufhin als ‚verloren' gilt. Erfrischend deutlich JASPER VON ALTENBOCKUM auf Seite 1, er spricht vom Übereifer, von Mißbrauch und eher dem Verlust der Mitte bei den Produzenten solcher gefahrengeneigten Zustände. – Unter dem löcherigen Mantel wissenschaftlichen Auftritts wird dem Volk übers Maul gefahren – das von solchem Schwindel eher die Schnauze voll hat, wie Umfragen zum Gendergetöse und dem dritten Clo belegen. Auch so geht Herrschaftswissen – hier als das interesse- und ergebnisleitende Konstrukt einer ‚gruppenbezogenen Menschenfeindlichkeit‘, GMF also, die den Marsch der Befragung definiere und gesellschaftlichen Abschaum selbst aus der Mitte einfahre, so JF im Leserbrief (23.5.).

PS.: zu den grotesken Fußnoten dieser Achsenverschiebung des politischen Raumes gehört da der Beschluß der Museumsleitung des Schottischen Seefahrtmuseums bei Glasgow: man möchte Schiffe nur noch neutral, also mit Neutrum benennen, darin der seit 270 Jahren erscheinenden Fachzeitschrift ‚Lloyd's List‘ folgend. Anlaß waren vandalisierende Genderpolizisten, die weibliche Bezeichnungen zerkratzten.

Das ist interessierte Manipulation vom Feinsten, diese Vorab-Formatierung des Ergebnisses, schönen Gruß aus dem öffentlich-rechtlichen Echoraum. – Und da donnert so recht der 70. Jahrestag des Verfassungsstarts ins Kontor, mit seinen Verbürgungen, für die sich jeder Aufstand lohnt – und warum passt es? Ei, weil neben dem Friedrich-Ebert-Klüngel taggenau RENATE KÖCHERS jüngste Umfragen so recht Staub aufwirbeln: in welchem Ausmaß die Leute sich vom raumgreifenden Korrekt-Sprech in den Vorsorge- und Fürsorgeanstalten gegängelt und bevormundet erleben. – Der öffentliche Raum sei weniger von Meinungsfreiheit geprägt als von thematischen Ausgrenzungen oder rigorosen Sprachregelungen, deutlich im Genderismus. – Das sagen alle, quer durch die ‚Generationen und Bildungsschichten‘ im Land, in Sonderheit im Osten, wo die Parolendiktatur noch in lebhafter Erinnerung steht.

PS.: Und die ‚Mitte-Studie‘ kriegt noch einen mit, Eckhard Jesse (29.5.): daß der Titel ‚auf ein Fragezeichen verzichtet‘, sei eine

‚Provokation für unsere Demokratie', er stehe gegen den niedrigsten Prozentsatz eines ‚geschlossenen rechtsextremen Weltbildes' im Lande, 2,4 % gegen etwa 15,8 % in 2015, die Studie ziehe abwegige Schlußfolgerungen aus den Antworten, habe zum Linksextremismus nichts zu sagen und sei wohl ein Machwerk, in dem ‚Vorurteilsbelastete Vorurteilsbelastete vorurteilsbelastet nennen'. – Brilliant im begrifflichen Unschärfekabinett ist diese ‚GMF'-Flause, so ein ideologisch multipler Bodendecker, der den Landschaftsgärtner ja erfreuen mag.

JACOB STROBEL y SERRA zu lesen, ist ein Genuß. Er stellt die ersten ‚Tagebücher' der *Conquistadores* vor, schlimmer noch, die phantastischen Illustrationen derselben und ihre ‚Dokumentation' durch den holländischen Verleger Theodor de Bry, natürlich transportiert über nochmalige Phantasmagorien. Als Geschäftsmann wußte de Bry seinen ‚Sämtliche(n) Tafeln 1590–1602' höchsten Unterhaltungswert fürs protestantische Publikum zu applizieren – ‚so wird auf den Kupferstichen wie im Splatter-Horrorfilm gemordet und gemeuchelt, verschlingen Kannibalen ganze Dörfer, metzeln Konquistadoren komplette Armeen nieder'. Zivilisiertes wird auch bedacht. Das soll das Bild Amerikas für bald 200 Jahre in Europa geprägt haben, eventuell bis ins Zeitgenössische, betrachtet man so manche Berichterstattung über den ungeheuren Trump.

Weltkrieg 2 (11.4.): Einen großen Bluff nannte es ERWIN ROMMEL, seit November 1943 zuständig für die zwölftausend Bunker & Geschützstände aus 18.000.000 Tonnen Beton und 1.000.000 Tonnen Stahl, vulgo ‚Atlantikwall'. Das mochte selbst der Grö-WaZ, der größte Wahnsinnige aller Zeiten, gedacht haben, es sei denn, er kam, je offenbarer die Aussichtslosigkeit, von seiner Schützengrabenprägung aus WK 1 nicht frei. Projekte solchen Ausmaßes verfügte er ja in Fülle, genannt seien die Unterhöhlungen Polens oder die Unterkellerung der Alpen. – Seinen ab 1942 kokainstabilisierten Zustand ließ er in einer Art beständigem Aufruhr exekutieren, was ja in der Vorzeit, den sechs Jahren, als er noch *clean* war, nicht ganz anders war. – Wer ab 1939 nicht im Krieg war, arbeitete bis zur Erschöpfung, gegen jede

Besinnung. Klaus Simon bespricht ANNET VAN DER VOORTS
Bilder versinkender Bunker von Nordnorwegen bis ins Basken-
land, ‚The Wall'.

HANNAH BETHKE traf ZILLY SCHMIDT (95) – Für eine Stunde, eine Stunde Auschwitz, mehr hatte sie nicht, Überlebende
des Genozids an den Sinti und Roma. Von der Gestapo verfolgt,
ging die Flucht über Jahre Ingolstadt – Sudentenland – Straßburg, Gefängnis – Reichenberg – KL Lety – Flucht – Prag, Gefängnis – Deportation nach Auschwitz – ‚wer ahnte, daß wir
drankommen?' – der Vater – die Mutter – deren Tochter Gretel
– ihr Bruder – ihre Schwester Gucki – deren sieben Kinder – ein
vierzehn Tage altes Baby wird der Schwester im Paket nachge-
sandt, es stirbt. HEIKO HAUMANN, (2016) – wegen Lebens-
mitteldiebstahl drei Tage in der Stehzelle, hieß drei Tage stehen
– Mai 1944 ‚arbeitsfähig', daher Ravensbrück, Außenlager Wittenberg – die Familie bleibt in Auschwitz, alle ermordet 2.8.1944
– erneute Flucht im April 1945 – was hast du denn da, fragt ein
Bauer, auf ihre Häftlingsnummer mit dem ‚Z' davor deutend –
das ist die Feldpostnummer meines Verlobten – eine von 5000,
die das überlebten.

Um 12.30 zu viert zum Friedhof – die Kapelle übervoll –
um die Urne mit dem Bild von Christof herum große Ge-
stecke, jeder Platz besetzt – die Pastorin führt durch das Leben, durch Trauer und Schmerz – zur Grabstelle gegenüber
der Platte, wo vor Jahresfrist der Nachbar beigesetzt wurde,
da hatte Christof schon die Diagnose – später Suppe und
Schnittchen im Landhaus.

STEINBRICH / MAREK führen an die Schauplätze jener ‚Under-
ground Railroad' in Maryland (vgl. Band 10, 2018.1, Seite 76). Hin-
ter dem Tarnnamen verbarg sich eine Organisation der HAR-
RIET TUBMAN, einer geflohenen Sklavin, die ihresgleichen zur
Flucht nach Norden verhalf. Im Bürgerkrieg kämpfte sie für die
Union, war Kundschafterin, Krankenschwester. Kurz vor ihrem
Tod 1913 wurde ihr Pension gewährt, im 92. Jahr.

30.4. Wie das dämonische Geschäft der Eltern über die Kinder kommt, im Leben wie im Sterben, bei den 100 oder 1000 ordentlichen Nazis, so auch das Leiden der Eltern aus der deutschen Anschlußdiktatur, welches die Kinder prägt: ‚Mischpoche' heißt das Fotoprojekt des ANDREAS MÜHE, Sohn des ULRICH MÜHE, im Hamburger Bahnhof, vorgestellt von Andreas Kilb – ‚ein Gespensterhaus', darin zwei Familienfotos mit Silikonpuppen – mit verrätselnden Erklärungen – ‚diese Stereotypien einer Familienaufstellung … bringen nicht die Toten zum Sprechen, sondern die Lebenden zum Verstummen' – so bleiben die Dämonen und betreiben ihr Spiel – wortlos.

‚GINGER BAKER *on drums*', hieß es 1968, als ‚Cream' das furioseste Konzert des Planeten hinter sich hatten in der Royal Albert Hall. Heute sagt der 79-Jährige mit den verschlissenen Innereien, von ABASS DODOO *on percussion* auf die Bühne geleitet, ‚ich bin krank und alt, aber ich werde mein Bestes geben' – und startet ‚eine trommelnde Riesenmaschine' wie vor fünfzig Jahren – das Publikum sprachlos, notiert Kristof Schreuf.

Abends wollen wir was unternehmen, also raus aus der Hütte – im Brodelpott zu Bremen gibt's ‚Singen in den Mai', das wär's doch! Ab in die Stadt – dort aber erwischt es uns kalt – wir geraten in eine mehr oder weniger vorrevolutionäre Situation – ein Ukulelen-Orchester (13), zentriert um das Schifferklavier (‚den kriegst du da nicht weg, der macht das seit vierzig Jahren'), an der Wand eine gelbe Tuba mit Mann – dieses Orchester intoniert das gesamte Repertoire seit der Pariser Kommune (1871, wenn Sie erinnern) – also Rote Fahne rauf und runter, Sacco und Vanzetti, Verdammte dieser Erde sowieso, über BRECHT bis DEGENHARDT und HANNES WADER – alle Texte verfügbar, wir singen, was das Zeug hält – um halb elf vor den Weser-Terrassen, heißt es abschließend, also das geht uns zu weit – Genossen aus den siebziger Jahren habe ich nicht getroffen, waren aber da, und nicht zu knapp – sehr zufrieden zurück aufs Land.

Solch Liedgut aus voller Kehle illustriert die Komik des Ereignisses, gemessen an den einschlägigen Verhältnissen der Vergangenheit hat's auch etwas Blasphemisches – da bringt der Morgen des 1. Mai die fröhliche Kehrtwende auf dem Schützenplatz, wo die Freunde aus dem Kuckucksnest dazustoßen – nach je drei irischen Maß Bier vom Schlag Kilkenny nebst Wurst wechseln wir in die Hütte, wo es zu irischen *Songs* allseits schunkelt, am Ende ist die Tanzfläche voller Frauen, junger Frauen, das Herz geht auf, Verkörperungen von Erinnerung und Sehnsucht – wir folgen der Einladung zum Apfelstrudel des Herrn Wittich bei fröhlichem & ernstem Gespräch – klaren Kopfes zurück. – Abends ein dichtes Gespräch mit BB, beide bedanken sich, wir hatten uns viel zu sagen.

CHRISTIAN HEILBRONNS u.a. ‚Neuer Antisemitismus?‘, nach fünfzehn Jahren neu aufgelegt – HANNAH BETHKE zitiert daraus GERD KOENEN: ‚ein schwer quantifizierbarer Fundus, diffuses Ressentiment und ein dumpfer Groll‘ – und endet mit JUDITH BUTLER (vgl. Bd. 11, 2018.2, Seite 203), die mit dem Hohelied auf die ‚zutiefst antisemitische BDS‘ (Hinweis Bd. 9, 2017, Seite 247) ihrem gespenstischen Profil eine weitere Facette hinzufügt.

Der widerständischen Profilierung des EMIL NOLDE in der ‚Deutschstunde‘ des SIEGFRIED LENZ folgt nicht die Korrektur, welche Person und Sache je für sich betrachtet und wertet, sondern der aufwendige Versuch, ‚Ästhetik und Politik bei Nolde zur Deckung zu bringen‘. Denn der Befürworter einer ‚reinlichen Scheidung zwischen Juden und Germanen‘ malte, daß der ADOLF HITLER im Dreieck sprang, Anfälle bekam und dem GOEBBELS die ‚reifen Sonnenblumen‘ von der Wand riß und in die ‚Entartete Kunst‘ verfrachtete. – Solch Zwang, im Werk die Gesinnung nachzuweisen, prägt ja Sauberkommandos allerorten.

Beim Tee – es gibt die Schulregelung, in den Klassen 5, 6 und 7 keinen sitzen zu lassen, damit du nicht einen dazwischen hast, der Auto fährt – hat zur Folge, daß danach an die 20 sitzenbleiben – Referat über Aufbau und Funktion eines AKW, mein erster Gedanke: ist das Thema überhaupt zulässig! Wir haben doch Energiewende! – Dann: kein Problem, merke ich sofort: er hat alles um die Aufgabe herum referiert, aber nicht das Thema – weil er's nicht verstanden hat, die Teile sind aus dem Internet zusammengesammelt – das Netz spart nachdenken! – Ich noch: aus dem Berg von Sitzenbleibern läßt sich doch eine Förderklasse machen – geht nicht, wir haben Inklusion. – So funktioniert *downsizing*, System von Dummheit, denke ich noch und wende mich der Post zu, Betriebsprüfung wird angekündigt! Schahatz, mach den Hund los! Und drei Tage vorher kein Fressen! Abends ist Anna angesagt, zurück übers Feld, Marion holt Limetten und wir folgen dem Abend mit Caipis, Jonas ruft den angesagten Sound des Planeten auf, Loki jagt die Eisstücke aus den Caipis.

Wegen Krankheit bleibt ein Stellwerk unbesetzt, zahlreiche Fernzüge umfahren daher den Hauptbahnhof Mainz und den Flughafen Frankfurt – wie neulich, als Einer Urlaub hatte.

„Diese Hubraumtruppe, die nichts drauf hat außer Urviechern mit dicken Zweizylindermotoren *for born to be wild* grölende Veteranen, Harley-Davidson also", so poltert WALTER WILLE, setzt auf Lithium und Ionen statt Rock 'n' Roll, sprich Elektro. Ich steh ja auf Abgas.

Eine Abkopplung des Börsenwertes vom Wirtschaftswachstum seit 1989 bewirke, so die Ökonomen GREENWALD / LETTAU / LUDWIGSON, daß die seither exorbitant gestiegenen Aktienkurse nur noch zu 23 % von jenem realen Wirtschaftswachstum unterlegt seien. Asymmetrisch gestiegene Einkommen seien zentral, nicht hingegen die Fiskal- und Zentralbankpolitik, also der Niedrigzins. – Eine Sache des Blickwinkels oder Warnung vor Kollaps? Beides in gegenseitiger Verstärkung.

1.5.   HERGARD ROHWEDDER starb, 85 – die 1991 durch eine Bombe der RAF nach StaSi-Bauart schwer verletzt wurde. Ihr Mann starb. Dessen Mörder halten bis zur Stunde dicht und leben im

Untergrund von Überfällen. Von der StaSi gedungen, heißt es, da ihr Mann dem Parteivermögen auf die Spur kam.

2.5. ,Überall ist die CO^2-Reduzierung im Vergleich günstiger als beim Straßenverkehr. Aber ich akzeptiere natürlich, wenn die Politik den Verkehr besonders betrachtet', so VW-Chefe DIESS und trommelt für flotte Energiewende. Das mit dem Atom-Aus sei ja wohl dumm gelaufen, deutet er noch an. Womit die Klima-Katastrophenpolitik zweifach angesprochen ist – das Land, in einem wachsenden Tageslärm international auf den hinteren Plätzen, hat auf Kanzlerweisung hin das einfachste und effektivste Mittel gegen Treibhausgas stillgelegt – ringsherum schmauchen Anlagen, die überwiegend älter sind, von Schweden bis Frankreich sowie im Osten.

Übrigens 1: gegen das Votum der Reaktorsicherheitskommission beim Umweltminister,

im Übrigen 2: diese Stilllegungen verursachen zusätzliche 30 bis 70 Millionen ZehOh!^{2}-Tonnen oben drauf, jährlich!

Übrigens 3: von einer Kugel Eis pro Monat sprach Herold JÜRGEN TRITTIN, als es um die Kosten der Energiewende ging.

Aus anderen Bereichen unserer tapferen Industrie klingts anders: 78 mal seien die Aluminiumhütten in 2018 von Stromabschaltungen betroffen gewesen, läßt Alu-Chefe aus Neuss brieflich verlauten – an die Bundes-Netzagentur – und von 1,4 Milliarden Aufwand für Netzstabilisierungsmaßnahmen in 2017 schreibt GERHARD GRASNUCK weiter (ef 193) – und wie PETER ALTMAIER neulich die ,Ersetzung der fossilen Energie durch Erdgas' verkündete, schlug sich das Publikum auf die Schenkel – wie denn Erdgas vom Teufelszeug zum Klimaretter avanciert, mit seinem Methanausstoß, diesem Leckerli, und der Subventionierung der Flüssiggas-Terminals, damit JOHNNY TRUMP Ruh' gibt … und so! – Gegen das Klimapanoptikum, worin das Volksvermögen so langsam aufgelöst wird, war die 12-Ton-Musik des Arnold Schöneberg sowas wie ein Nebelhorn – wenn Sie verstehen.

Analphabetismus schont das Gehirn, stillgelegte Areale verfallen, aus Schaden wird Flurschaden, den kennt der Landwirt – gegen diese Zustände läuft seit zwei Jahren die ‚Nationale Dekade der Alphabetisierung‘, betroffen sind auch die 7,5 Millionen ‚funktionalen Analphabeten‘ – und gegen den Nachschub aus dem Bildungssystem kannst du gar nicht anarbeiten! – Und bis zur ‚Literalität‘ seis ohnehin ein weiter Weg, sagt JOSÉ MOVAIS aus Brüssel. Denn dazu gehört Lautverarbeitung, also jenseits des Lallens, mündliche Reaktionsfähigkeit statt ‚aufs Maul‘, logisches Denken, argumentieren, abstrahieren, andere Standpunkte einnehmen (erstmal einen haben!) und unterschiedliche gedankliche Rollen durchspielen ... da steigst du doch aus! – Und dieses Litura ..., na ihr wißt schon, steht weiter oben, sei vor allem auch schriftsprachlich basiert (das schaffen sie doch grade ab!) – echter Schlag ins bildungspolitische Kontor oder Frau KMK? (Liest eh kein Kultusminister). – Das schließlich, so JOSEFE weiter, sei der Schlüssel zu politischem Fortschritt, echter Demokratie anstelle dieser westlichen ‚Pseudo-Demokratie‘, wo die Bevölkerung ‚in einem semi-literaten und damit unmündigen Zustand gehalten (wird)‘. – Der Meister nennt noch das Sortiment der ‚Erleichterungspädagogik‘, die ja viel auf Sport-Spiel-Spannung beruht (eigene Zusammenstellung) – und verweist auf gewisse Interessen der indischen IT-Industrie ‚an einer niedrigen Literalität, um auf den Massenmärkten Asiens und Afrikas ... digitale Hilfsmittel zu verkaufen, (mit) Bildern, Tönen und Stimmen.‘ – Und das sei wohl ‚der wahre Kern‘ bei JOSÉ MOVAIS, ungeachtet der ‚Grobkörnigkeit seiner Botschaft‘ ... (Quelle futsch).

Die Boeing-Piloten sollten offenbar nicht wissen, welche Rolle die automatische Flugsteuerung spielt, vermutet der Komplexitätsexperte JOE NORMAN im Interview mit Petersdorff. Und: ‚was ist der Zweck gut trainierter Piloten, wenn sie in kritischen Flugsituationen nicht die Kontrolle haben?‘ – Zur Vermeidung von Kaskadeneffekten empfiehlt er, die Verbindungen zu kappen. Das tue ich täglich.

AYAD AKHTAR: Himmelssucher – ‚Wir sind keine Ärzte‘, schrieb ALEXANDER HERZEN über das Schriftsteller-Handwerk, ‚wir sind der Schmerz‘, zitiert der Rezensent DANIEL KEHLMANN.

6.5. Bremen: vom Ergebnis her betrachtet, leuchtet die Entscheidung der Bremer Bildungssenatorin ein, die KMK-vereinbarten Vera 3-Vergleichsarbeiten auszusetzen bzw. der Entscheidung der Schulen zu überlassen. – So werden Rückschlüsse auf den Lernstand der Schüler vermieden, bei dem das Bundesland ja traditionell den letzten Platz belegt. Die KMK sei von dieser Entscheidung gar nicht erst informiert worden, heißt es. Es reicht schon, wenn das IQB das Bremer Desaster in Abständen bekannt macht.

Also eine Elster, ein Rabe, eine Taube und eine Dohle marschieren durch den Garten, kein Flax. Loki schläft. – 13.00 Booker T: Green Onions! Kommt jeden Tag – Revox *outcast* war wieder die Hölle, wenn Sie verstehen …

Berkshire Hathaway mit 180.000.000.000 Barschaft unterwegs, olle WARREN BUFFETT (88) & *money freak* CHARLIE MUNGER (95) lassen die Nachfolger im Saal.

BASSAM TIBI (75) wird ausgezeichnet, als ‚Vordenker 2019' – er ist mit seiner ‚Islamischen Zuwanderung' den Verhältnissen weit voraus, vielleicht auch hoffnungslos hinterher.

7.5. Ich mache mich auf den Weg nach Ohlsdorf, Hamburg, Werner zu verabschieden, langjähriger Freund an der Hochschule. Nach neun Monaten folgt er seiner Frau. Vor der Kapelle 13 treffe ich – jetzt geht das wieder los, dieses Wiedererkennen im mehr oder weniger dreißigjährigen Gestaltwandel, und die dazugehörigen Namen – also, Name bitte – Peter D., Pyrenäen! So vor zwanzig Jahren – Lothar Z., Expräsident, wir haben in Groß Gerau gegeneinander gefochten, überfällt der mich, 1964? – woher weißt du das! – fanden wir heraus, zusammen – Wulf, ohne Zweifel, Bärbel und andere – Norman, der mich promovierte, im Ausdruck seines Alters, welche Verbundenheit – er spricht zu und über den Toten, später Peter, der kämpft mit den Tränen, Werner mit großem Strich in seinem Grundzug charakterisierend. Dessen kraftvolles Bild neben der Urne.

Die Sache geht ruhig und zügig – Aufbruch zum Weg an den Grabplatz, von wohl hundert und mehr Freunden und Kollegen umstellt – mein knapper Text: du warst ein immer freundlicher Kollege und Freund, mit dem ich in den Pyrenäen, auf dem Weg in die Cirque de Gavarny den Udo Lindenberg gedroschen habe, bisweilen skandiert. So habe ich dich Freundlichen mit dem schönen Saarland-Dialekt in Erinnerung – sodann ins große Café After am Haupteingang – Udo M. zählt auf, wer schon ging, Ulla, wer noch alles ging – dieses große Abwandern, wo du schnell in eine Aufstellung gerätst. Was solls, Aufstellung ist das Leben, mach nur kein Aufheben davon, zitierte Peter von … wem?, vergessen – ein Kollege meint, das war ja ein Ding, daß du die Seite gewechselt hast – höchste Zeit wars, denke ich in meiner Mitte. – Susanne spricht auch an, auf unser Lachen in der Semperstraße, wohl von 1974, bevor die Beiden eine Wohnung nahmen in Othmarschen – Abschied, ich sage Adieu, umarme Norman – kommt, meint der, es ist jetzt viel Platz im Haus, e-mail-Adresse und weg.

Sodann in großem Bogen durch den Hamburger Norden in den Röötberg, Markus wird 49 – ist aber in Stuttgart – so mache ich einen vorzüglichen Palaver mit Jenny, Küßchen für Yve und Peet und fix zurück – das scheitert, denn nach langer Fahrt um die Häuser – wer kennt schon die Geheimnisse hinter dem Navi – ist die Auffahrt zur Autobahn gesperrt. Auf Dauer gelingts dennoch.

8.5. Vor 74 Jahren endete das gewaltigste Abenteuer der Neuzeit, Blasphemie, dem sich ein Volk unterwarf.

Die Mhallamiye-Clans erklären den Autor ihrer Transparenz, RALPH GHADBAN (vgl. Band 10, 2018.1, Seite 137 f., Band 11, 2018.2, Seite 181 f.) wegen Ehrverletzung zum Volksfeind und für vogelfrei, weltweit: „wir werden auf deinen Kopf treten … seid mit ihm gnadenlos." Als Essen-Chef THOMAS KUFEN in scharfer Form Erklärung verlangt, erschrecken sie und ziehen etwas zurück, jetzt in den Opfermodus. Ein Essener ‚Verein Familien

Union' von 2008 koordiniert die Clans bundesweit. OB Kufen nimmt an den Razzien regelmäßig teil, so Reiner Burger.

Nach dem Wechsel des politischen Formats in NRW kommt es zur Erstellung eines Lagebildes über die Familiengrößen, die Ehre, das Recht des Stärkeren, Ablehnung und Verachtung der Umgebung Deutschland in den Clans. Über die Straftaten im fünfstelligen Bereich von fast 6000 Familienangehörigen, wovon zwanzig Prozent auf die Familien O und E entfallen, über die Sisha-Filialen und das Kokain (R.Burger 15.5.). – Und kurz drauf (R.Müller 22.5.) zum Votum über Politikformate, welche über Jahrzehnte den Ausbau dieser archaisch-kriminellen Parallelgesellschaften zu rechtsfreien Räumen ignorierten, dem kontrollfreien Zulauf ins Land bis Millionengröße applaudierten und Rückführungen, vulgo Ausweisung, nur mit größten, sorry, allergrößten Skrupeln begegnen.

Die Aufregung über die ANGELA MERKEL hat daher auch Wohlfeiles für sich, denn sie verdeckt eine Jahrzehnte währende Ignoranz, ein Wegsehen gegenüber dieser Zuwanderung in ein System abgeschotteter Zellen. Den Status demonstrierte der Traueranhang beim Begräbnis des Verbrechers Nidal R. auf dem Berliner Zwölf-Apostel-Friedhof: 2000, darunter alles, was quer durchs Strafgesetzbuch Rang & Namen verkörpert – aus Essen, Dortmund, Bremen, Brüssel, Kopenhagen, Malmö – das BKA weiß wenig, will sich schlau machen, so MARKUS WEHNER mit viel Verständnis (26.3.19) – Ursache ist nicht zuletzt, daß die Clans in vorzüglicher Verbindung stehen, deutsche Behörden den Zusammenhang eher meiden, lineares Arbeiten bevorzugen – obwohl dem BKA mit seinen 6400 qua Aufstellung Zusammenhänge zugewiesen sind. – Welche Ignoranz den Einheimischen, den politisch Vertretenen, den Wählern gegenüber, denen jene Protagonisten jetzt wieder Wahlplakate vors Fenster stellen mit der Bitte um Zustimmung.

Strompreis für Haushalte auf Allzeithoch, wie immer, 29,6 Cent pro Kilowatt in der Stunde – ein echter Kauf oder? Jedenfalls Perle der Schnäppchenwirtschaft. Derweil der Strompreis an der

Leipziger Strombörse in fünf Monaten um 38 Prozent fiel – wer denkt sich solche Parallelwelten aus!

RAINER STAMM ruft die Bibliographie promovierter Frauen der ELISABETH BOEDEKER auf. Die erschien in Teilen zwischen 1935 und 1939, als Frauen aus leitenden Positionen in kulturellen und anderen Bereichen bereits überwiegend vertrieben, geflohen, jedenfalls entlassen waren. Verzeichnet sind 250 Dissertationen, nachdem in Preußen seit 1908 die Immatrikulation von Frauen ‚genehmigt' worden war.Das war dem neuen männerbündischen Regime unpäßlich.

KATARINA BARLEY, Chefin im Justizamt, möchte der Mehrfachehe polygam lebender Ausländer nicht länger im Wege stehen, daher stellt sie sich dem geforderten Einbürgerungsverbot des Innenministers entgegen, das stände nicht im Koalitionsvertrag! Wo noch irgendjemand steckt, der ihren Laden mit Begeisterung wählt, vermag sie selbst nicht mehr zu erkennen.

TRIMBORNS Biographie des RAINER WERNER FASSBINDER zeigt einen getriebenen Giganten der Produktivität, schonungslos gegen sich und seine Umgebung und regelrecht verendet. Er hatte die Welt um sich, wie es sein Wunsch war.

Versailles: mit der Pistole wurde die deutsche Delegation zur Signatur unter die Kriegsschuld und Anderes angehalten, die Wiederaufnahme der Kampfhandlungen war in Aussicht gestellt – GERD KRUMEICH mit einer weiteren Bewertung nach einhundert Jahren – eine Abrechnung der Sieger ohne Teilnahme der Besiegten, ohne die ‚Vergessensklausel', deren Fehlen alle politischen Lager der Weimarer Republik empörte. Es war emotional nicht zu schaffen und wurde zum Nazi-Steilpaß.

SIMON STRAUSS über das ‚Heerlager der Heiligen' von JEAN RASPAIL, wohl ein fiktionales Migrationsepos mit konservativer Prägung und starker Rezeption nach dem Erscheinen 1973: 800.000 arme Inder machen sich auf den Seeweg und erreichen schließlich die Côte d'Azur – Die aktuelle Nomenklatur von

Völkischem, *white supremacy,* schwarzer Flut und Menschenwürde bindet den Autor wie den Betrachter, die Recklinghauser Inszenierung kann mit dem zugearbeiteten Stoff ‚wenig anfangen', so der Rezensent. Moralischer *overkill* verschleißt den ursprünglich tragfähigen Boden.

Bremen: der SPD-Grün-Senat hat vor der anstehenden Wahl zur Bürgerschaft einen ‚Landesmindestlohn' von 11,13 festgelegt. Mit solcher Vorabverbeugung steht Bremen einzig da, andere Länder schaffen angesichts einer Bundesregelung die ihre ab. Die Konzentration auf den öffentlichen Dienst macht das ganze Geschäftsmodell dieses Rote-Laterne-Ladens deutlich – Selbstbedienungsformat einer seit 70 Jahren erbhofmäßig etablierten und sich ausdehnenden Kaste, deren Bodentruppen bei Laune zu halten sind. Doch: nicht vergessen, was trägt die politische Umgebung dazu bei.

‚Mehr *Eurohba*' (Mundart): Frankreich soll ja als deutsch-französische Freundschaft Kern und Strukturelement von mehr Europa sein und werden, doch verschiedener könnten diese Partner nicht sein: dafür geht ROLAND VAUBEL (3.5.) der Genese des Nachbarn nach, um sodann die aktuelle Staatswirtschaft in einem 15-Punkte-Marsch dem deutschen Partner und Europa gegenüberzustellen:

- der politische Zentralismus verdrängt als ‚Staatswirtschaft die Marktwirtschaft und … macht den Bürgern weis, daß der Markt versagt',
- Umfragen zur Marktwirtschaft postieren das Land daher als Schlußlicht unter zwanzig,
- Autarkie wünschen mehr als die Hälfte der Befragten, Offenheit?, drittletzter Platz,
- freier Kapitalverkehr? … als einziges unter 19 Ländern mehrheitlich dagegen,
- Globalisierung? … geringste Zustimmung, größte Ablehnung unter den Befragten,
- Arbeitsrecht – nach der Türkei die höchste Regelungsdichte, Vertragsfreiheit nahe Null,

- Mindestlohn – nach der Türkei der höchste,
- Produktregulierung – 3.Platz,
- Staatsquote (gegen BIP) – 1. Platz mit 56,4 %, OECD-Schnitt bei 42,
- Sozialausgabenquote – 1. Platz mit 31,2 % (hamwir auch, Meister!), OECD-Schnitt bei 20 %,
- Index wirtschaftlicher Freiheit: Platz 34,
- daher Arbeitslosenquote bei 8,7 %, eine der höchsten in der EU.

Und das Land baut das EU-Regime nach seinem Bilde – weil eine schwache Umgebung es zuläßt, zuallererst:

- Primat der Politik, hat die Kanzlerin ausdrücklich adaptiert,
- der Oi!Gehah: in teleologischer Rechtsprechung weitestgehend Kommissions-zentriert,
- Goldfingers EZB: komplett politisch auf Staatsstütze,
- ESM-Wundertüte: über den Einsatz entscheidet der Finanzminister, für viele andere Länder das Parlament,
- der Straßburger Rundlauf, so schwach wie das französische Parlament – nicht mal Gesetzesinitiative hat der Laden, aber das Kommissariat, dieses ,Spiegelbild der französischen Elitebürokratie'.

Da hier das Edle abgeschafft ist, wäre hier ,Politbüro' einzusetzen. Und dann noch Fixpunkte aus der französischen ,Strategy of Raising Rival's Costs' – auch daran nimmt deutsches Großeuropäertum gerne teil, der 50+-Anteil des Parlaments sogar frenetisch. Die mehr als 50 Regulative seit Maastricht (1993) trafen vorrangig die Briten, akut MACRONS Mindestlohn für alles – zuständige Lobby-Zentrale für Gewerkschaften und Linksdrall ist der Wirtschafts- und Sozialausschuß, ,1957 nach dem Vorbild des französischen Conseil National Économique geschaffen'.

Hört nicht auf: die Finanzmarktregulierung ,Finanzdienstleistungen' (2003) gegen das Votum Großbritanniens, Luxemburgs und anderer beschlossen, das Bankenaufsichtsamt (EBA) gegen britischen Widerstand, mit Weisungsbefugnis in die Staaten und dem Recht der Bankenschließung ausgestattet, französisches Modell, vorrangig gegen die ,City of London' zielend. – Auffallend war jüngst die personelle Dominanz von Spaniern und Italienern im ‚Single Supervisory Mechanism' (SSM), im ‚Baseler Ausschuß' und sonstwo, die ja Länder mit den Großquoten an faulen Krediten und heimischen Staatsanleihen repräsentieren, also ideales Feld fürs Europäertum (16.3. ppl). – Eine Repräsentanz und Einflußnahme entsprechend dem Haftungsumfang wäre da doch angezeigt, oder!

Deutschland und seine naive Europa-Fröhlichkeit, es ist zum Heulen. Das Freiwerden von Verantwortung eint alle.

Derzeit: Ausdehnung der Besteuerung des Aktienkaufs von Frankreich auf die EU, das Abgehen von der Einstimmigkeit zur Mehrheitsentscheidung im Rat der EU, der Deutsche OLAF SCHOLZ alldem nicht abgeneigt, abschließend: die EU-Fusionskontrolle unter den Primat der Politik zu packen, wofür Ex-Kommissionsbeamter PETER ALTMAIER plädiert. – So wird der Zustand Frankreich als immobiles Monster einen ganzen Kontinent prägen.

Fertig? Fleutschepiepen, denn jetzt kommt die ‚Faust aufs Auge', nämlich der Lauf des OTMAR ISSING vom 17.5. bereits und der eines BRUNO BANDULET, also zweier Protagonisten, die bestimmt nicht in einem Boot rudern – jedoch zwei Voten formulieren, als seien sie ‚ein Herz und eine Seele' – ich nehme Letzteren zuerst, der mit dem ‚eindimensionalen Langweiler' MANFRED WEBER beginnt, einer ‚idealtypischen Figur der EU-Nomenklatura', deren Macht ‚immens und kaum zu brechen' ist. Diese Bollwerk-Exekutive aus Kommission, dem Rat der Regierungschefs und Ministerräten agiert im Geleitzugmodus mit dem Europäischen Gerichtshof und einem imperialen Propagandaapparat, dem selbst diese Zeitung, diese eine, kurz vor den Straßburg-Wahlen anheimfällt.

Denn jenes Parlament mit seinen 751 Kostgängern über 9753 brutto plus 4416 netto plus Tagegeld von 313 plus maximal 24500 Monatsbudget für Spesen und Ausstattung soll eine ‚Volksvertretung mit großer Macht' (18.4.) sowie ‚gleichberechtigter Partner in der Gesetzgebung' sein – allein ihm fehlt schon das Recht zur Gesetzesinitiative (*waddn Parlement!*), ihm fehlt das Recht, auch mal so einen Gesetzeswahn abzuschaffen – stattdessen ist der ,Trilog' die Regel, dieses *Louis Quatorze*-Flötenensemble mit Kommission und Ministerrat.

Zurück zu BRUNO B., der im Geleitzug diesen Oi!Gehah als zuständig ,für das Grobe' ansieht in

- systematischer Beseitigung von Subsidiarität und Derogation von nationalem durch EU-Recht, d. h.
- systematischer Überregelung von Kernkompetenzen der Mitgliedsstaaten,
- damit Aushöhlung ihrer Zuständigkeiten.

Zitateinschub des ROMAN HERZOG über die ,Ignoranz abendländischer Rechtsauslegung' und Erfindung neuer Rechtsgrundsätze, in Summe ,institutionalisierten Rechtsbruchs'. – Schließlich BRUNO B'S Propagandatruppen aus konformen Medien und NGO's im Wohlfühlsortiment der ,Zivilgesellschaft', dabei als schon halbes Kommissionsmitglied ein GEORGE SOROS, auf deutschem Boden wackere Vertreter wie die ,Tagesschau' und das ,heute Journal', vorher wohl noch das 19:00-CLAUS KLEBER-Format und die 3sat-Damen.

Und Verweis auf HANS MICHAEL HEINIG, der nationale Kompetenzen gegen ,eine eigenwillige Form der Richtertheologie' aufruft (25.4.19).

Jetzt die Agenda des OTMAR ISSING – vermessen Sie die Schnittmengen!

- Straßburg: die mangelhafte Repräsentanz des Hauses gehört zu seinem Aufschlag (es gibt kein ,europäisches Volk', ist zu unterlegen),
- jede Stärkung dieses Organs stärkt Brüssel, schwächt die nationalen Parlamente, fördert die Politikverdrossenheit der Leute,
- Straßburg-Entscheidungen müssen die dort Einsitzenden Wählern gegenüber nicht rechtfertigen – wie sollten sie auch!
- JCJ, Kosename, also JEAN CLAUDE JUNCKER will eine ,politische Kommission, also Zentralisierung, womit Subsidiarität beseitigt wird,

- das ist Futter für den ‚immanenten Regulierungs(wahn)' und beflügelt das Verschwinden nationaler Parlamente im Akklamationsmodus,
- nationale Exekutiven werden im Ministerrat forciert, ‚sich nicht antieuropäisch zu verhalten',
- OI zitiert HUBERT VÉDRINE, der von einer Maschinerie aus Kommission, Oigehah und Straßburg spricht, ‚die kein Zurück kennt',
- sodann die Dominanz des Franzosen MACRON, dessen ‚Planification das Wirtschafts- und Sozialmodell des LUDWIG ERHARD und der EWG' in Frage stellt,
- sodann der Grund für MACRONS selbstbewußten Auftritt: die (politische) ‚Schwäche Deutschlands', wo Ordnungspolitik zur billigen Attrappe wird,
- und das wirtschaftliche Rückgrat, die ‚Hidden Champions', durch Steuerlast, Regulierung und Energiekosten unter Pression gerät,
- schließlich das (marode) Schulsystem und die fröhliche Rentnerrepublik.

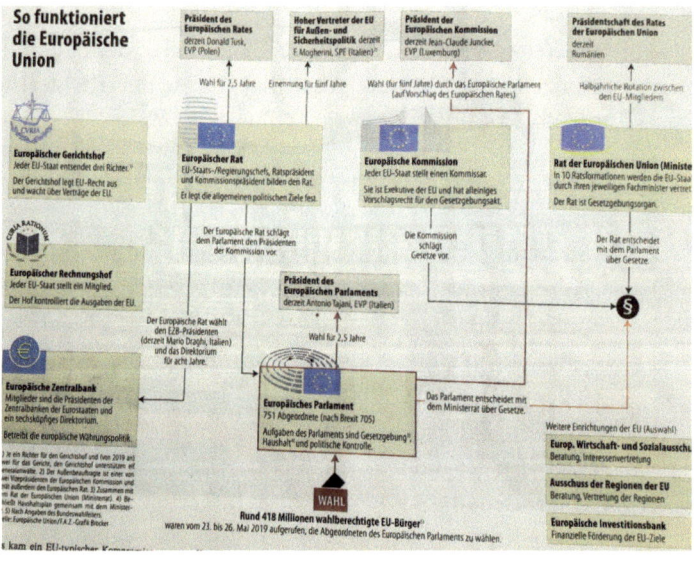

der EU-Wimmel

Das Land weit unter seinen Möglichkeiten, im Fluchtmodus in kollektive Unterwerfung, ohne politisches Profil, ohne *defend your territory*, absorbiert von Strohhalm, Plastikbecher & Sozialpolitik.

Tage drauf gibt MICHAEL STABENOW (27.5.) dieser EU-Festung mit einer Institutionen-Grafik nachhaltigen Ausdruck: sie demonstriert geradezu die matte Straßburg-Position, Placebo unter der gegliederten exekutiven Massivität, Appendix ohne Identität mit politischen Blocks im Spagat zwischen virulenten nationalen Interessen und ,europäischer Anstrengung' im Plenarsaal.

ANNE APPLEBAUMS ,Roter Hunger' in der Rezension von Stefan Plaggenburg (11.5.). LENIN und STALIN hatten den Widerstand gegen ihre Bolschewiken-Diktatur zu brechen, in wirtschaftlicher wie politischer Hinsicht. Da ihr administrierender Horror nicht lief, die Kollektivierung der Landwirtschaft hinterließ bereits 1921 fünf Millionen Verhungerte, weitere fünf Millionen zehn Jahre drauf in der Ukraine, etablierte sich ein Regime purer Gewalt. – Die Landwirtschaft sollte über Exporte das Kapital für die Industrialisierung hereinholen, Brechung des Kulakeneigentums und des ukrainischen Nationalismus lautete die Anweisung des Diktators beim Marsch über die Felder von Leichen. Wer einen Handpflug sein eigen nannte, war Kulake. Auch in Kasachstan trieb der ,Hungerkrieg' ein Drittel der Bevölkerung in den Tod, so ging es zu im Kaukasus, in den unterworfenen Staaten Mittelasiens, so ging es den Wolga-Deutschen.

JÜRGEN KAUBE setzt tags drauf nach (13.5.), geht der ,Logik' nach, nach der die Abgründe funktionierten – über die Toten der ,Entkosakisierung', über die ,Entkulakisierung' zur Proletarisierung und Entnationalisierung – wozu am Ende, diesem endlosen, jeder gehörte, der nicht hungerte, gar beim Essen angetroffen wurde. – Alles war ,Politik', das fehlende Getreide, die Preise natürlich, hohe für Industriegüter, niedrige für Getreide, als acht Millionen bei der Volkszählung 1937 fehlten, verhungert und ungeboren, wurden die obersten Volkszähler reihenweise erschossen. – Also die Logik des Sozialismus kommt aus dem Gewehr, sagte doch olle MAO später auch.

Dazu paßt, obacht, die Faust!, ‚Der Midas-Effekt' (18.12.), worin KERSTIN HOLM die ‚Alchemie der sowjetischen Industrialisierung – Torgsin-Zeit' der ELENA OSOKINA bespricht. Torgsin waren die ab 1930 eröffneten Devisenläden, deren Funktion sich rasch veränderte: je größer der Hunger, je mehr Tote, desto erfreulicher die Torgsin-Umsätze: die schiere Not brachte die Leute zur Ablieferung ihres Schmucks, des Goldes gegen ‚politische Preise' – im Hungerjahr 1933 wurden es 45 Tonnen, fast so viel, wie die Sklaven am Polarkreis in jenem Jahr schürften (vgl. W.F.SCHOELLER über WARLAM SCHALAMOW). Es waren schließlich 1500 dieser Läden, die ‚in Städten und Dörfern die Goldvorräte absaugten', nach dem Gold alle Ersparnisse – gegen Mehl, Brot Graupen, ‚deren Preise im Hungerwinter 1933 gleich zweimal erhöht wurden'.

Das ist Gelegenheit, eine Petitesse vom Januar aufzurufen: die Lobpreisungen Stalins, selbstverständlich im gottlosen Berlin, aber auch in anderen Kulturkreisen der Republik – Berliner russische Kaufhallen bieten ‚Wino Stalina' an, ‚mit Medaillon des Massenmörders auf dem Etikett' (11.1.19 jbm) – SERGEJ PROKOFIEWS Kantate ‚Alexander Newski' zu Ehren des Diktators setzt TUGAN SOKHIEV zum wiederholten Mal mit den Berliner Symphonikern auf – beim Kunstfest Weimar und Beethovenfest Bonn kommt gar die ‚Kantate zum 20. Jahrestag der Oktoberrevolution' zum Aufzug, – Regisseur BARRY KOSKY trägt beim Schlussapplaus zu den ‚Gezeichneten' (Franz Schreker) ein Stalin-T-Shirt – in hessischen REWE-Märkten sei der Wodka ‚Stalinskaya' gefragt – das ist Tradition (guxdu Bd. 9, 251 f., Bd. 11, 15) so gehen die Reflexe linksgeneigter Formatierung, die sich in Antifaschismus überschlägt, dem Massenmörder Nr. 1 auf dem Planeten aber eher gnädig ist.

Der brave Mann zum 9. Mai in Moskau, aus gegebenem Anlaß

Die ,European Cultural Foundation' verleiht den ,ECF Princess Margriet Award' an die Schriftstellerin AHDAF SOUEIF. Diese zeichne sich, so MARCO STAHLHUT, durch einen pointierten Antisemitismus aus, so durch vehemente Fürsprache für BDS (vgl. Bd. 9., 2017, Seite 246 f.). Die Ägypterin weiß ihr Land ,unter dem Schatten Israels', das mit Militärdiktatur, mit dem islamistischen Diktat gegen die Frauen im Land geht darüber wohl in Ordnung.

ANDREJ HUNKO aus der Linkenfraktion schlug RUSLAN KOTSABA für den Aachener Friedenspreis vor. Nach massiven Antisemitismus-Vorwürfen entschuldigen sich alle und der Preis bleibt aus.

,Leider sympathisieren viele Jüngere reflexhaft mit dem übergriffigen Vergemeinschaftungsstaat', notiert JOHANNES PENNE-KAMP. Der Blick zurück dahin, was der schon alles angerichtet hat, zumal als Staat der Arbeiterklasse, ist ihnen im abstrakten Reich der Möglichkeiten eher fremd. Nicht einmal eine Folgeneinschätzung aktueller Verteilungsschwemme scheint ihnen geläufig, vulgo: wer bezahlt das – so können die jungen Schuldner nicht einmal an sich denken – Produkte schulischer Ausbildung hierzulande, mit denen es leichtes Spiel ist.

DORIS DAY starb, 97.

> Loki ist außer sich, hinten im Garten, meine Rufe & Versuche scheitern – etwas fliegt in die Luft, dann schnubbert, knabbert sie dran – ich jachte hin, eine Amsel, packe sie und senke sie über die Mauer hinab – Loki bleibt außer sich!

> ,Nagellack, Chutney, Champagner fehlen nie', bemerkt SASKIA DIEZ, wie schön – *fuzzy logic*: das Atom kommt an, bevor ich es abgeschickt habe, negative Geschwindigkeit, Tunneleffekt! Kenn' ich!

9.5. Was sich im Siedlungsgebiet der Weißen, also Europa und Nordamerika, seit Jahr & Tag an ,Schuld und Sühne' auftürmt, den öffentlichen Raum in Beschlag nimmt und auf legislative Exekution drängt, faßt SANDRA KOSTNER in einem glänzenden Lauf zusammen. Aus dem Aufstand gegen Sexismus und Rassismus heraus habe sich ‚eine Symbiose aus Schuld- und Opferidentitäten' gebildet, die von ‚Schuld- und Opferentrepreneuren' im Wege einer ‚identitätslinken Läuterungsagenda', also als neues Geschäftsmodell, durch den öffentlichen Raum getrieben werde. Diesen Medien- und Politikbereich habe eine Minderheit dieser Akteure über die Zeit dichtgesetzt und geriert sich jetzt als dominante und Mehrheitsauffassung von Gesellschaft. – Gleiches, sei ergänzt, vollzieht sich im Hochschulbereich, wo die Autorin arbeitet, für gut sozialisierten Nachwuchs ist also gesorgt.

Das häufig zugrundeliegende Interesse ist durchaus profaner Art: nämlich den Anspruch ‚positiver Diskriminierung' in Politik und Wirtschaft aus dem Opferstatus und einem ‚inakzeptablen Gerechtigkeitsdefizit' heraus im Arbeitsmarkt durchzusetzen, insbesondere durch Quotenregeln. Dabei ist thematische Erweiterung System, es geht über Gender- & Geschlechtergerechtigkeit (ein endloses Feld), über Dekolonialisierung (ein endloses Feld) und jederzeit neue ausgreifende Attitüden-Weltbilder – und wie sehr es gerade ‚Frauen aus sozial gut situierten Schichten' begünstigt, Frauen und Männer darunter eher beschädigt, zeigt die Autorin im Weiteren.

So wird im Opferstatus der Frau, dem Migranten, dem Afro-Amerikaner eine Gruppenexistenz appliziert, dazu häufig noch hierarchisiert, welche die ‚Zielgruppe' eher im Zustand von Resignation, von Unterwerfung unter das Stereotyp hält, sie also entmächtigt, beste Voraussetzung für die wissenden Anführer. – Das alles befördert schließlich Spaltung der Gesellschaft statt Integration, schafft das Klima einer ‚Bekenntnisdiktatur' und schürt Konzepte einer ‚verabsolutierten Gleichheitspolitik' – die unentwegt neue Gräben und Feindschaft aufreißt.

INGRID KÖNIG ist pensionierte Direktorin einer Brennpunktschule – daher schließt sie ihren Bericht aus 40 Jahren Schuldienst mit einer Philippika gegen die Behörden ab – ‚Abgründe von Wurstigkeit, Planlosigkeit und Überforderung, gepaart mit obrigkeitsstaatlichem Gehabe', so faßt die Rezensentin zahlreiche Beispiele und Geschichte zusammen, ,die am Verstand und guten Willen in den Behörden zweifeln lassen'. Anders ist das Desaster von Bildung und Ausbildung auch nicht zu fassen. Was an ideologischem Drusch in der KMK beginnt, fällt in der Bürokratie auf einen Boden selbstgewisser Ignoranz und Arroganz.

Diese Ignoranz dessen, was ist, prägt in dominierendem Maße auch die pädagogischen Konzepte, ich greife auf HEIKE SCHMOLLS Rezension zum Jahresende vor (20.12.). Was BERND AHRBECK in seiner ,Pädagogik jenseits von Illusionen' zusammenträgt, ist mit gMv nicht zu fassen. Dabei folgt diese ,Lust auf Nivellierung' einem politischen Impuls, minoritäre Positionen an die Stelle gesellschaftlicher Normalität zu setzen – Differenz ist Stigmatisierung, daher zu eliminieren – Behinderung wird als ,Andersbegabung' beseitigt – Ungleichheit = Ungerechtigkeit – das Geschlecht ist nur gesellschaftliche Zuschreibung – vom Berliner Senat mitgegründet und beauftragt, macht die Fachstelle ,Queere Bildung' eine Kita-Broschüre ,Sexuelle und geschlechtliche Vielfalt als Themen kindlicher Inklusionspädagogik' – die dahinter stehenden Lobbygruppen im Staatsauftrag tätig! – Vierzehnjährige werden ermuntert, ,für eine Gruppenübung Sexspielzeug zu erwerben' – in der Ablehnung von Leistung und Konkurrenz werde gerade Kindern aus benachteiligtem Elternhaus ,ein entscheidendes Emanzipationsmittel genommen' – das ist Erziehung gegen das, was gesellschaftlich gilt, Erziehung in den Opferstatus – das ist vertikaler Funktions- und Amtsmißbrauch, mit staatlichem Freibrief.

Das Desaster <u>Euro</u> mit seinem Zauberlehrling MARIO D. haben Ökonomen der DZ-Bank in Soll und Haben seit 2010 übersetzt: Abstrich bei Sparern in Bankeinlagen, Rentenpapieren und Versicherungen um die 648.000.000.000, ersparte Kreditzinsen bei 290.000.000.000. – Das Desaster Diesel soll im ZehOh!^{2}-Steuerkatarakt weiterbehandelt werden. Es gäb' auch was zurück, schwurbelt die Umweltdame – LUKAS WEBER zieht es die Schuhe aus, wer soll das glauben angesichts von kalter Progression,

Soli wird grade 30, ja die Sektsteuer knapp 120! – Nur die feine Mittelschicht wird eifrig umstellen, die Masse der Leute bleibt bei ihrer Heizung, bei ihrem Auto und allem anderen, das sie nicht austauschen können – ,Die Welt blickt auf Europa und fragt sich, welchen Unfug die hysterischen Deutschen nun wieder anstellen‘ … Vorbild für China, Indien und Amerika? Lachen sich tot, ich weiß, wies is! – Daß die Überzahl der Leute in Deutschland und EU-weit von dem Komplexsystem an Aktionismus in diesem Thema ohnehin nichts hält, so Umfragen der EIB (Luxemburg) und Yougor, gehört zum Beiwerk – Daß insbesondere öffentlichen Institutionen ,ein verheerendes Zeugnis‘ ausgestellt wird, enttäuscht EIB-Chefe MARTIN BERG dann aber doch.

Weiter geht's! Neueste Finanzprodukte aus dem EU-Regulatorium (Ableitung aus ,Purgatorium‘) sollten ,Kleinanleger besser schützen‘. Das tun Mifid II & PRiiPs, indem sie die vom Handel ausschließen – es fehlt am ,Key Investor Information Document‘, wenn Sie bitte ahnen wollen, und zwar beim Emittenten wie beim Anleger. So sei es ,regulatorisch eine schwierige Lage‘, faßt JENS FURKERT zusammen – an der Hochschule reguliert's ähnlich, im *clash* von Exzellenz und Verbeamtung, von Befristungsrestriktionen und wachsender Drittmittelfinanzierung, ALBERT KOSCHORKE nennt es ,Lebenslüge der deutschen Hochschulfinanzierung‘.

15.5. In NY wird ein Bild des OSCAR-CLAUDE MONET versteigert, für 110.000.000 $, soviel gabs wie nie zuvor für ein Stück des Malers, so der Tagesschausprecher, der leicht pikiert fortfährt, das Bild zeige einen Heuhaufen in der Sonne! Als hätte man für das Geld doch ein bißchen mehr erwarten können, wenigstens einen *Bagger debei* oder was. Heuhaufen muß es einfach preiswerter geben, so!

Aus der DDR: ,Gundermann‘ … ,hier ist doch was … warten Sie! … das ist ja ne Täter-Akte! – ein Mann räumt ab, nein, er räumt auf – überall, wo er hinkommt, sagt er irgendwann etwas – übrigens, was ich euch noch sagen wollte … ich … war bei der Firma, ich meine, bei der Stasi. – ,Hier gab es billigen Fusel auf Marken, und so sehen wir heute auch aus! – Großes Kino.

16.5. Gestern beim RKW mit Vorstellung Person und Sache, heute Sparkasse, wo Uwe ein Paket aufmacht vom Mitbestimmungskonflikt über L.earn-Trainer-Ausbildung bis zum L.earn-Labor – im Weser-Stadion soll bereits ein Chinese gesehen worden sein – Reinhard klopft an, voll im Einsatz mit allem, was ihn ausmacht – zu Hause ordert Jonas eine erneute Bachelor-Durchsicht, der Wechsel der Freundinnen beschert viel Arbeit!

‚Auf kurze Distanz' – TOM SCHILLING läßt sich einschleusen in den Clan, aus dem heraus Türken und Italiener Schiedsrichter bestechen – dagegen kommst du nicht an, so mein Gefühl am Ende, er ja auch nicht. – JOHNNY CASH 1968 at Folsom Prison, groß! – Tags drauf zum Bremer ‚Theaterschiff': dreimal ‚Elvis' in 120 Minuten – 5 *hardworkin'* *people,* gut! – HARK BOHM wird 80.

19.5. Abends nach Willehadi ins Chorkonzert der CAROLINE SCHNEIDER-KUHN zu BACH, DVORAK und F.M. BARTHOLDI – was die 90 Stimmen an Tiefe, Wucht und zartem Aufsetzen mit unglaublicher Kraft in den Kirchenraum stellen, rührt mich zutiefst, dazu zwei Sopranstimmen, jung und alt, vom Feinsten, die den äußersten Winkel erreichen. So etwas zu bekommen, ist eines Abendmahls würdig. – Im Anschluß ‚Orgelwein' und Küchlein, allerliebst, beide Orgeln werden gereinigt, was bekanntlich mehr ist als durchwischen. Nach drei Stunden langsam zurück.

Der Rußlandfeldzug mit der ‚Panzerschokolade Pervitin – bis in den Alptraum und das Erfrieren – die Kriegsmarine fordert 1944 eine Super-Pille, eine Endsieg-Droge, die gibt's in den Stärken D 1 bis D 10, wird an Seeleuten getestet, D 9 ist Pervitin mit Kokain und soll am Seehund-U-Boot, so einer Art Volkssturmwaffe zur See, zur Anwendung kommen – die Tests werden an Häftlingen in Sachsenhausen durchgeführt – neue Schuhe testen Häftlinge eines Schuhläufer-Kommandos, 800 Meter im Kreis laufen, 40 Kilometer am Tag, dazu Rucksäcke mit 20 Kg Steinen befüllt – überwacht vom Marinearzt – alles in Listen dokumentiert, wer läuft wie lange – 80 Stunden am Stück – Theodor Morell floh, nahm Pervitin und lief sechs Tage durch, vor der russischen Armee – viele gehen mit einem Hochgefühl in den Tod, euphorisch – Einsatz bis in die 70er Jahre in den Armeen West und Ost – während des Krieges 740 Millionen Tabletten ‚im Einsatz‘ – daneben Met-Amphetamin als Waffe des Regimes, Chrystal Meth.

21.5. Am Arbeitsgericht mit fünf Verfahren, drei davon demonstrieren den Umgang im Konflikt, ohne Bremse, ohne Einhalten, dreimal schickt die Vorsitzende die Parteien vor die Tür mit Vorschlag, dann finden die ihren Kompromiß – nun ja, deshalb gibt's das Ganze ja, wir sind platt.

NIKI LAUDA starb, 70.

23.5. Einsatz gegen ‚Al Salam 313‘ NRW, die ‚Gefährten oder Krieger Mohammeds‘ – Mohammed M. ist ‚World President‘ – mit ihren Kriegserfahrungen in Syrien / Irak sind sie im Milieu ‚besonders durchsetzungsstark und gewalttätig‘, was ‚den kriminellen Teilen der türkisch-arabischen Familienverbände‘ unpäßlich ist bei ihren abendfüllenden Veranstaltungen.

Landeshauptstadt <u>Wiesbaden</u> im ‚PEP©‘-Ranking ganz vorne, also den Kölnischen Gewässern nahe, davon erzählt JULIAN STAIB: *ois a weng korrupt,* soweit so gut – aber die ‚Besonderheit der behäbigen Kurstadt‘ seien die hundert Gesellschaften, in die alles Mögliche ein- und ausgelagert ist – in der Hauptsache natürlich auch Hunderte weitere personale Ablage- und Einkommensflächen für ermüdete Kollegen und Genossen – wobei selbstredend die gepflegte Etat-Unterschleife benannt sein will, vulgo Täuschung des Parlaments mit seinem Juwel, dem Etatrecht. – Gleichwohl muß ich widersprechen, denn die Perle Bremen hat diesen Kranz von Nebengesellschaften mit ihren Nebenhaushalten und B 12ff.-Pöstchen seit Jahrzehnten im fröhlichen Beritt. Der Stadt würde ich das Original zusprechen, was meinen Sie? – Abschließend: im Zuge dieser Organisationskunst sind sich die eingespielten Volksparteien natürlich eher gewogen beim Zu- und Abnicken, wenn im Wechsel Geschäftsführer- und

Aufsichtsratsposten durchgewunken werden, einzelne schafften bis zu 17mal Aufsichtsrat, so der Berichterstatter weiter.

26.5. LEÓ SZILÁRD las H.G.WELLS ‚Befreite Welt', worin von einer Atombombe die Rede ist, 1913! – in London 1933 kommt ihm der Gedanke der Kettenreaktion, die ERNEST RUTHERFORD für eine Schnapsidee hielt – als SZILÁRD, bereits in die USA emigriert, von der gelungenen Kernspaltung OTTO HAHNS (1938) erfährt, will er umgehend den amerikanischen Präsidenten warnen und sucht nach einer Stimme, die zu ihm durchdringt. – Mit der Eroberung der München / Tschechei hatte das Regime Zugriff auf die einzigen Uranvorkommen von Bedeutung in Europa – er findet einen Bekannten, der ALBERT EINSTEIN benachrichtigt – der schreibt an F. DELANO ROOSEVELT – das mag zum Start des ‚Manhattan'-Projekts 1939 beigetragen haben. – Wenn diese Linie von Bedeutung ist, steht das Münchener Abkommen in anderem Licht – nun ja, brechen wollte er es eh – vielleicht lief das alles auch parallel und der Wahnsinn der Ereignisse führte zu dem ‚Glücksfall', daß das Nazidurchhalteregime ein Vierteljahr vor dem ersten A-Bombentest in die Kapitulation getrieben wurde – nicht auszudenken etwa, die ‚Ardennen-Offensive' hätte so ein Vierteljahr länger gedauert – so blieb Berlin atombombenfrei – und es traf Japan, das bereits ein AKW am Start hatte.

27.5. ‚El Chapo', im Zivilleben JOAQUÍN GUZMÁN, kolumbianischer Bauer mit 1500 jährlich netto und aktuell Dauergast in Manhattan, möchte zwei Stunden wöchentlich Fitnesstraining im Freien – das geht nur auf dem Dach der Anstalt – der Richter zögert, die Staatsanwaltschaft warnt – irgend so ein Greifvogel könnte den Mann am Gürtel packen und weg wäre er, zum dritten Mal! Ohrstöpsel und Mineralwasser hat Bundesrichter auch schon abgelehnt, Chapo verträgt Klimaanlage nicht (5.6.)!

Das planetare Dreieck USA-Europa-Xi, das ich immer noch als Sandwich-Modus verfolge, bekommt in den Reportagen schärfere Kontur. Zuerst Straßburg: vierhundert Millionen haben die Platzverteilung bestimmt, CDU-Anteil von 49 (1979) über 35 (2014) auf 28, SPD von 41 (1979) über 27 (2014) auf 15, alles langer Trend, Grün von 10 auf 20, frohlockt Sprecher MICHAEL KELL-NER, nun muß die ‚Verlierer-Koalition' Berlin aber ‚echten Klimaschutz' machen. Das werden sie tun. 40 Parteien standen hier im Wahllokal am Tisch, mit Chance auf Platz ab 0,6 Prozent. Sich einer der ‚Parteienfamilien', so irritierend die Zeitung, anzuschließen, ist nicht nötig – fünf Jahre sind sicher, wer Anführer wird, hingegen nicht.

Im Klima-Berlin ist Klausursitzung am Stück – schon reicht SVENJA SCHULZE einen verschärften Klimaschutz-Entwurf flott in die ministerielle Abstimmung, ohne Placet der Kanzlerin – ebenso fix HUBI HEIL mit seiner Prospekt-Rente – und AKK räumt ein, daß sie sich dem Klimadruck gebeugt haben und Anderes daher erstmal zweitrangig ist.

Frau Grün orakelt, die Leute hätten Klimaschutz gewählt – den gleichen Fluchtweg intoniert MATTHIAS MIERSCH aus der SPD-Fraktion – der Osten als *proof of the pudding*: dorthin fließt der große Teil der 40 Milliarden für den Kohleausstieg – und die AfD wurde führend, ohne den Klimakatarakt – so sehr das deutsche Ergebnis näherer Befragung bedarf, so wenig findet es sich in einem der 27 anderen EU-Wahlbezirke. Eine europäische Öffentlichkeit gibt es weiterhin nicht, so WERNER MUSSLER, wie sollte sie auch funktionieren, es fehlt einfach am Komplett-Schizzomodus. Es fehlt daher auch an einem erkennbaren Wählerauftrag, den sich die Parteien jetzt zusammenschwurbeln. So bleibs ein System von *selffulfilling prophecy*. Selten hat thematische Manipulation den öffentlichen Raum so dominiert, die Institution als *framing* vom Feinsten, gell!

Hier ein weiteres *statement* zum Totalausfall deutscher Klimaaktivisten, weils THORSTEN GOTTSCHALK vom Bankhaus Warburg grade zusandte, schön in Contenance gebadet. Ich machs ja gern ohne.

1. Wer Regierung macht, ist in dem Thema komplett egal – einzige Gemeinsamkeit: es ist nicht genug, also muß mehr, alles sonst steht hinten an.

2. Deutsche Klimapolitik ist extrem frei von Effekt – bei einem Aufwand von fünfhundert Milliarden bis 2025 liegen aktuelle CO^2-Emissionen auf dem Niveau des Jahres 2009. CO^2-Reduktionen in Ländern ohne Klimawahn haben mit Abstand andere Effekte mit dramatischem Abstand zum deutschen Status: FRA von 6 Tonnen pro Einwohner auf 4,4 in 2016, das sind 27 %, ihr Rechenschieber – D von 10 in 2000 auf 8,9 in 2016, USA von 20 in 2000 auf 15 in 2016, obwohl klimatisch und geographisch unvergleichbar.

3. Deutsche Klimapolitik ist das Extremste an Aufwand und Unwirtschaftlichkeit bei einem miesen Effekt. Die Keimzelle EEG des JÜRGEN TRITTIN aus 2000 treibt die Stromkosten in die Weltspitze, generiert eine ,schon fast surreale Umverteilung' zulasten kleiner Einkommen, destabilisiert die Stromfrequenz – und wird auch nach 20 Jahren in diesem Treiben belassen, von Regierungs- wie Oppositionsbank.

Und bestimmt ist grade wieder irgend so ein Lurch nicht nur gestorben, nein ausgestorben! – also, mit den höchsten Vermeidungskosten pro CO^2-Tonne das weltweit abschreckendste Beispiel für Klimapolitik – das wird SVENJA SCHULZE in Madrid nicht abhalten, diese Müllpolitik als Vorbild zu verkaufen.

Braucht es dafür noch Beleg? Nein! Gibt's einen? Klar doch, und zwar druckfrisch! Woher? Ei aus dem Zentrum der Kabinettsstückchen – denn das Große Koalitionsfeld parzelliert sich in Themenkabinette, als Digitalkabinett, als Klimakabinett und als dessen autonome Einheit – Motto: bloß keine Abstimmung – das Kohlenkabinett – Beschluß nach der Regel ,erst schießen, dann zielen': die Braunkohle bleibt in der Erde, spätestens 2038 – Kosten wie immer zu Höchstpreisen, so 40 Milliarden – Wirtschaft & Soziales: an die 100.000 bis dahin ohne Arbeitsplatz – das ist wieder wie Brennglas:

1. die Großeuropäer des grade durchgestandenen Straßburg-Wahlkampfes ignorieren eines der wenigen gelungenen EU-Reglements, den Zertifikatehandel als mit Abstand effektivstes Verfahren,

2. diese Ignoranz allein wird, so nach dem ifo-Institut jetzt auch der Klima-Follower Potsdam-Institut (4.6.), die Wirkungslosigkeit dieser Gewalttour nach sich ziehen. Denn der umgebende Kohleabbau und -handel wird über preiswert erworbene Zertifikate den Ausstoß erhöhen – und sich über steigende Auslastung und steigenden Absatz freuen. Der deutsche Saubermann wird, rußgeschwärzt wie der Hauer nach der Schicht, erneut Vorbild spielen – und auf das Ausland verweisen. Doch die Welt hat das Schmunzeln verlernt.

Soviel zur Einlage des Sandwich, nun zur Auf- und Unterlage, also Xi und Johnny, die sich zunehmend als Front aufbaut, dem Ganzen das Gepräge eines auflaufenden Tsunamis gibt. – China droht seinen Status der Bedürftigkeit im Kreis der 67 der ‚Asiatischen Entwicklungsbank' zu verlieren – es ist mit 6,4 % auf Platz 1 der Kreditnehmer dieses Instituts – gleichzeitig mit 26,5 % Sperrminorität (Deutschland 4,6 %) führender Teilhaber der ‚Asiatischen Infrastrukturbank', eine Groteske, die sich der Westen (ohne die USA) bieten läßt. Und an deren Spitze sicher Berlin werkelt, denn dem möglicherweise größten Kredithai des Planeten, der weder Entwicklungsland noch Schwellenland sein dürfte, kegelt unser Land in 2017 bummelige 710 Millionen Euro rüber – rubriziert unter ‚Entwicklungshilfe' – wenn's so ist, steht der ganze Haushaltsposten ‚Entwicklungshilfe' im überfüllten Raum der Absurditäten, denn ganz überwiegend werden nicht ‚die ärmsten Länder' bedacht, sondern Schwellen- und eben entwickelte Länder (4.4.). – Dagegen meldet sich jedoch Widerstand: das sei falscher Titel, so THOMAS BONSCHAB & Cons. (11.2.20), das seien verzinste OECD/ODA-Kredite mit vertragsmäßigen Rückflüssen. Wenn's so ist, aufgesessen! – Warum die Regierung das nicht aufklärt? – …

Zurück zum Kredithai, Bereich Eurasien: die Seidenstraßen-Führerschaft könne zwar nicht durchgängig als ‚Schuldenfallen-Diplomatie' gekennzeichnet werden, wenngleich die signifikante Intransparenz der Konditionen für allerlei Korruptives & Desaster ursächlich sei, so FRIEDERIKE BÖGE (7.5.). – Vom ‚technologischen kalten Krieg' spricht dann aber IAN BREMMER

von der NY-Uni, Gründer und Chefe der ‚Eurasian Group'. Diebstahl geistigen Eigentums und freier Zugang zum chinesischen
Markt seien Kern, dazu die autoritäre Verhärtung des Systems Xi
gegen eine wachsende Gefährdung von innen heraus. Die drohe
nicht von Arbeitern, sondern von Gruppen in den Eliten. Appell
an US-EU-Partnerschaft ist sein Résumee, sieht grade blöd aus.

Dieser wachsenden Polarisierung geben jetzt zwei Betrachtun-
gen vom gleichen Tag ein geradezu antagonistisches Format:
BÖGE (24.5.) sieht das Regime in der Sackgasse. Während REN
ZHENGFEI (74) den Anteil amerikanischer Unternehmen an der
Größe von Huawei betont, ‚haben uns das Laufen beigebracht',
häuften sich die ‚chinesischen Fehleinschätzungen der amerikanischen Politik'. Kontrolle der Wirtschaft und Kontrolle der
Partei hätten Chefe Xi und seine Umgebung zum ‚Opfer ihrer
eigenen Propaganda' gemacht – und wenig später anläßlich des
30. Jahrestages des Tiananmen-Massakers, die chinesische Gesellschaft habe ihren moralischen Kompaß verloren, wie damals
setze Xi das Land unter ‚ideologische Kurse' und auf ‚Gedan-
kenkontrolle'. Es heiße, seine Leibwächter würden regelmäßig
ausgetauscht, also XI im STALIN-Status.

An der muslimischen Minderheit der Uiguren wird das Volks-
Überwachungsprogramm entwickelt (F.Böge 2.5.):
Cure53 / Deutschland hat den Quellcode einer PolizeiApp ausgewertet, der Auffälligkeit erfaßt – speichert – sendet:
• 36 Personentypen mit Verhaltenscodes:
• hat kein Smartphone
• hat keinen Verkehr mit den Nachbarn
• vermeidet die Haustür
• keine Teilnahme an Parteiveranstaltungen
• keine Teilnahme an staatlichen Hilfsprogrammen
• hoher Stromverbrauch
• Stimmproben
• DNA-Proben
• Ortung Handy und Auto
• gelieferte Pakete
• Stromverbrauch

- getanktes Benzin
- Beobachtungen der Nachbarn
- Spenden an Moscheen
- Warnungen in Echtzeit bei ‚verdächtigem Verhalten‘
- Bewegungsprofile und -beschränkungen (öffentliche Plätze, Verbot, den Ort zu verlassen)

CETC arbeitet ‚an weitergehenden Lösungen‘ des *Predictive Policing*.

Es ist mehr als nur JOHNNY TRUMPS bisweilen Haken schlagende Agenda, die für die amerikanische Position steht und ein ‚Entkoppeln der beiden größten Volkswirtschaften‘ fordert. Den US-Unternehmensvorständen sei ‚klassifiziertes Geheimdienstmaterial‘ vorgelegt worden zum Beleg dafür, daß die ‚nationale Sicherheit bedroht‘ sei. Der begonnene Rückzug kommt bei großen deutschen Namen längst an, so Infineon, SAP, Bosch und Siemens.

Das führen ANKENBRAND / PETERSDORFF als ‚Geteilte Welt‘ näher aus, ‚an der ein Heer von Huawei-Programmierern arbeite‘, nämlich am Betriebssystem ‚Hongmeng‘. ‚Wir sind Amerika voraus‘, erklärt REN im Interview mit Bloomberg (27.5.). – Bestätigung von Merics / Berlin: China-Invest in Quanten-Kryptographie liege beim 10-Fachen der USA (8.4.-ppl), Weltmarktführerschaft sei in Sicht.

Daß Konkurrenzschutz Teil des großen Auftritts ist, wie Dan Ikanson vom Cato-Institute argwöhnt, keine Frage. – Nach den USA sei Deutschland fällig, wird einer zitiert, was das Abschöpfen von Technologie betrifft.

Und der Vorschlag von HOLZNER / MAYER (1.4.), XIS Seidenstraße statt des Gejammers eine europäische in den Strängen Lissabon – Uralsk und Mailand – Baku an die Seite zu setzen, hat wohl nirgends im Eurogeflecht Chance. – Daher hat XI weiterhin freien Durchmarsch, nach dem EU-China-Gipfel kam das 16+1-Treffen – und ein Kohlekraftwerk in Tuzla, Bosnien-Herzegowina – mit Kredit über zwei Drittel der Bausumme von de Eximbank/China, oben drauf Bürgschaft über die gleiche Summe – die EU-‚Energy Community' tobt – und wer zieht den Apparat hoch? Ei ‚China Gezhouba' und ‚Guangdong Electric' (5.4.itz)! – China-Kredit für Bosnien bei 3,8 Milliarden. – Daß jedem Kredit sogleich chinesische Arbeitskräfte folgen wie jüngst fürs neue Kohlekraftwerk in Bangladesh, führt zu Unmut mit nachfolgender Straßenschlacht (22.6.19 che).

Zurück ins Europa durch die Wahrnehmung des HERFRIED MÜNKLER – im Status der ‚Reformunfähigkeit der EU' sei Deutschland ‚unverzichtbare Nation', damit dieser Erdteil im ‚System von fünf Vormächten' mitspielen könne. – Bloß, wer oder was ist da in Sicht? – Einzig PETER ALTMAIERS Ansatz von Industriepolitik erkenne die Zeichen, meint der Autor. Nun, obs die Batteriefabrik denn ist, darf gefragt werden! Größere Fragen wirft die deutsche Umsetzungsgeschwindigkeit auf, vulgo der Planungs- und Genehmigungshorizont, der das jenseits der Erdkrümmung liegende Niveau verstellt – und das alles auf dem Weltklassekriterium der Machiavelli'schen ‚qualità dei tempi', also unter sorgsamer Wägung der politischen Konstellationen, ehrlich gesagt, das wissen nicht einmal die Götter.

Denn, wie beim Klimawandeln geht's auch bei der ‚Digitalstrategie' zu: ‚also', erläutert die Kanzlerin, ‚da haben wir alle Minister gefragt, ob sie darein gehören, und alle haben ja gesagt'. Gemeint ist hier das ‚Klimakabinett', dem das ‚Digitalkabinett' folgte. Jedes Ministerium strickt alsdann was Eigenes (verständlich, wollte schon Evelyn Hamann!), mit oder ohne Abstimmung. So verdoppelt sich das Kollegialprinzip nach dem Klima- ins Digitalkabinett, über allen die Abteilung 6 des Kanzleramtes, von sechzehn Länderaspirationen nicht zu reden – JOHANNES LUDEWIG, Chef des Normenkontrollrats beim BKA, steht längst das eine oder andere Haar zu Berge … ach ja, die Länder, bei der Schul-Digitalisierung geht's so bunt zu wie in der Hauptstadt der ‚Bunten Republik'. Da zieht RÜDIGER SOLDT mal Bilanz (1.6.): nahezu jedes Bundesland ‚bastelt' bzw. beschafft seine Software, die dann halt bis genau zur Landesgrenze reicht, gell! In der Regel langwierig, kostspielig oder abgebrochen. ‚Nach dreizehn Jahren' seien die Ziele nicht erreicht, ‚Kosten, Zeiten und Leistungen deutlich verfehlt', etwa Projektkosten in Bayern von 4 auf 42 Millionen, in Ba-Wü von einer auf elf Millionen hoch, alles ohne die einfachsten Kontrollmaßnahmen – Stopp!! Genauso wie im pädagogischen Gruselkabinett, keinerlei Evaluierung! Und eine übergreifende gemeinsame Software mag man nicht, bevorzugt eben was Eigenes. Allein dieser Satz:

> ‚In dem Projekt lief über zehn (i.W.!) Jahre einiges schief, bis im baden-württembergischen Kultusministerium jemandem auffiel, daß es große Mängel gab'. – Du begibst dich direkt in die Klinik an die Schläuche! So geht das über fünf Spalten – das ist nicht mehr Unfähigkeit, das ist Vorsatz.

In diesen Unterkabinetten fehlen ‚Kohärenz, klare Vorgaben und Prüfung bei der Umsetzung', so STEFAN HEUMANN. Das machen andere anders, entschieden anders, ob Demokratie oder Diktatur. – Und auf wundersame Weise stehen Volk und Regierung im Einklang: gerade zehn Prozent der Leute (im EU-Durchschnitt immerhin 16) glauben, daß deutsche Behörden digital-kompetent sind, ermittelt eine Studie der Körber-Stiftung. Bei aller Skepsis der 65+-Truppen stehen doch 80 % der Entwicklung in der Wirtschaft positiv gegenüber – es gibt genügend politische Faktoren, weshalb das Land an Wettbewerbsfähigkeit verliert, aktuell vom 15. auf den 17. Platz beim IMD World Competitive Center / Lausanne. Nach Platz 6 vor fünf Jahren hat der Abgang ordentlich Dampf – da ist der Trost schwach, daß Italien mit Platz 44 hinter Indien (43), aber noch vor Rußland (45) sitzt.

Und der Treiber solch imposanten Neigungswinkels? Ei der Kassier! Chef der Steuerpolitik, gemessen ist das Platz 59, wohl kurz vor Tonga, diesem pazifischen Eiland. – Nächster Killer: Bildung – wer hätte es gedacht, hoch KMK! – Danach der Migrantenstadl – falscher Trost: US rutscht auch ab, der Trumpolit im Porzellanladen macht Wirkung.

Die gleichen Abtreiber setzen das Land auch für qualifizierte Einwanderer auf echt unattraktiv, so ein neues OECD-Tableau:

Platz 12 von 35, bei ‚Berufschancen' im unteren Quartil, hohe Aufstiegshürden und hohe Steuern verdunkeln die Sicht, Studium und Unternehmensgründung erhellen das Bild.

Abends ‚Mein Bruder die See' des JACK KEROUAC.

28.5. In Hope ist wieder Windhundrennen – sollen wir hin? Schnell ist Loki ja, aber – meint Marion – erstmal beißt sie den Mann am Start ins Bein und dann begrüßt sie alle Hunde unterwegs, also besser wegbleiben.

<u>Nazi</u>: Dokumentation der Unterwerfung der Wissenschaft in die Gefolgschaft, heute vom Ahnenerbe-Institut für Anatomie in Straßburg – auf Geheiß des HIMMLER suchten sie nach Thors Hammer, so der diplomierte Landwirt Hermann Wirth, Richard Walter Daré vom Rasse- und Siedlungs-Hauptamt der SS, aus dem ‚Ahnenerbe'-Institut, wo die Archäologie das Lieblingshobby war – 21 neue Lehrstühle gabs, 70 % der Archäologen in der Partei – und finden ein Hakenkreuz in der Erde, neben und auf Töpfen, Gefäßen jeden Ausmaßes – HIMMLER reist von Ausgrabung zu Ausgrabung, aber richtig Überlegenes findet sich nicht – daher geht's nach Schweden mit seinem Runenkram – da findet sich was: älter als die Hyroglyphen – Germanen gegen Pharaonen – so! – weiter durch Finnland, Rumänien und die Türkei – mit dem SS-Leitheft – Walter Wüst, die Samureis sind Nachfahren! – nach Tibet 1938 – die Eliten der asiatischen Völker, Nachfahren! – Buddha? Nachfahre!, mit Lederhose! – der Tibetaner lacht sich tot – Bruno Beger, Hauptsturmführer der SS, vermißt die Einheimischen, Nase und Hüfte, gegen zahnärztliche Behandlung, 2000 Leute, Abgüsse, jeder, der groß ist, ist Nachfahre, ratz-fatz!

Komplett irrwitzige Auffassungen in höchstem Detaillismus organisiert, Tausende Lhasa vom europäischen Erstbesucher vermessen – 4.8.39 Rückkehr in Himmlers Flugzeug – die Ergebnisse wurden nicht veröffentlicht – ein Teppich mit hakenkreuziger Symbolik mitgeführt – Odin, Thor & Teufel, alle müssen ran – Blitzstrahl, Donnerkeil, Faustkeil, Flugaxt, und alles elektrisch!

– keine Fragen bitte, es wurde immer esoterischer – Atlantis müsse in der Nordsee liegen, hieß es in der Wiefelsburg bei Paderborn – selbst Römer und Griechen sind letztlich Germanen – Romulus und Remus? Migranten! – der Arier Schöpfer jedweder Kunst – in Rom alles! – Wolfram Sievers (34): Polen durchsehen, d. h. plündern, Veit Stoß, Krakau in Kisten nach Deutschland verschleppt, ist ja eh arisch – die Beutementalität der Naziideologie meandert vom Geschichtsfälscher zum ordinären Plünderer – wie in Berlin, wo die Wohnungen der ‚geräumten Juden‘ geleert und arisch vergeben werden – im Osten heißt es: Eroberung (Wehrmacht) – Raub (Archäologen) – Zerstörung – Ermordung (Einsatzgruppen und Waffen-SS) – Anschluß – in der Woche Arbeit auf dem Land, am Wochenende im KL, alle Berufe , promovierte Historiker, Juristen, Archäologen – Himmler: Kolonisierung der Ukraine nach der Deportation – Mustersiedlungen und Ansiedlung erster Siedler, Volksdeutsche – Auslöschung der einheimischen Kultur – Geografen, Landschaftsplaner, neue Bäume, neue Architektur, eben germanisch – war ja mal alles voller Germanen. – Juli 41: Waffen-SS und Einsatzgruppen folgen der Armee, beauftragt mit der Ermordung aller Juden.

V 2-Projekt – HIMMLER übernimmt – Häftlinge nach Nordhausen – Verschleiß und Versuche, die der Truppe und eigenem wissenschaftlichen Ehrgeiz zugutekommen – medizinische Versuchsreihen – Panzergraben-Satz – Häftlinge ins Eiswasser, 4 bis 9 Grad – die Versuchspersonen brüllen, wenn sie sehr frieren – Druckkammer in Dachau, setze Juden oder katholische Priester hinein und gucke, wie lange sie das aushalten – protokolliere, bei welchem Druck ein Organ kollabiert oder platzt – RASCHER ließ 80 Häftlinge anliefern und schoß auf sie – nach der Geschichtsklitterung werden die Wissenschaftler zu Serienmördern – der ‚Untermensch‘ als ideales Versuchsmaterial, in unbegrenzter Menge.

Anthropologen sollen in Rußland Spreu von Weizen trennen, Fleischhacker – die Handflächen von Juden beweisen, daß sie mit Europäern nichts zu tun haben – die Unterscheidung gelingt nicht – keine Klärung, wer Jude ist – SIEVERS, BEGER, AUGUST HIRT:

Sammlung jüdischer Skelette, russische Kommissare sind ideales Material – eine Art ‚repräsentativer Genozid‘, nicht durch SS sondern etablierte Wissenschaftler – 7.6.43 nach Auschwitz-Birkenau: geordert werden Juden aus ganz Europa – Sonderzug nach Natzweiler-Stutthof, 86 Eingänge, Quarantäne – Vergasung, um unversehrte Leichen zu erhalten, ‚es war eine Sache von Sekunden‘, 57 Männer und 29 Frauen – Auflösung der Leichen in speziellen Flüssigkeiten – einer notierte die Nummern im Unterarm – Aufnahmen der zerstückelten Leichen: Ermordung gesunder Menschen, um sie in Museumsstücke zu verwandeln, ‚der tiefste Abgrund von Verdorbenheit‘, so der Kanadier Michael Kater – Typhusversuche – Phosgenversuche – Sterilisierung von Frauen – Zwillingsexperimente – Senfgasversuche – HIMMLERS ‚elektrischer Superhammer‘ – Kapitulation Straßburg im Nov. ’44 – 17 Tanks voller Leichen – Vernichtung der Archive – 21.5.45 britische MilPolizei erkennt HIMMLER, Vernehmung in Lüneburg – Selbstmord mit Cyankali – August Hirt erschießt sich – in 12 Jahren 100.000 für Experimente Ermordete – ‚ein beispielloser intellektueller Amoklauf‘ in einem Land, das bis 1933 die Nummer 1 in der Welt der Wissenschaft war – diesen Vorrang haben die Nazis beseitigt durch die Alternative Emigration oder Integration in das Mordsystem.

Nach 1945 stellen Betroffene einander ‚Persilscheine‘ aus vor den Spruchkammern – Schweigegebote – HERMAN WIRTH wechselt seinen Namen … PETER PAULSEN, vormals als Sonderkommando der Plünderer Polens, setzt sich nach Syrien ab, wird 1961 Konservator am Württembergischen Landesmuseum, studiert weiter ‚Rassemerkmale auf Handflächen‘ unter Fortlassung ‚bei den Juden‘ – BRUNO BEGER stirbt 2003, nach einem Verfahren 1960 ohne Folgen, einer weiteren Anklage 1970 mit Urteil über drei Jahre Haft, jedoch einfühlsam verrechnet mit Internierung nach Kriegsende – ‚das Wissenschaftssystem selbst kann im Kern verfaulen‘, resümiert Oliver Jungen die Besprechung des Dokumentarfilms.

Zum Abend hin ziehen wir einen Stuhlkreis auf die linke Terrasse, holen gut-trockenes ‚Holz vor der Hütte‘ von der

Nachbarin und befeuern die Tonne wie seit 15 Jahren – dieses Jahr später, daher bei strahlender Sonne – das wird mit Zwischenstopp auf dem Hochsitz so recht unterhaltsam, ohne große Rücksichtnahme, wenn Sie verstehen, bis ab 11 sich alle davon machen. Der Kopf bleibt klar uns wir bauen zurück zur Musik von der Standard-CD, seit 15 Jahren.

30.5. Um halb neun ins Auto, Manni und nach Gut Sandbeck, wo CAROLINE SCHNEIDER-KUHN einen Gottesdienst für die ganze Region orchestriert – eine Gruppe Bläser mit schwerer Technik, mächtigen Zugposaunen, hält die Bühne, will sagen, beim Zug der Posaunen geht ein Wind durch den Saal, paßt ja zum Anlaß – seitlich in fünf Reihen die vier Stimmen aus einem halben Dutzend regionaler Chöre, da nehmen wir Platz – der Themenführende macht guten Text – und spricht gut! – nach Kaffee und Butterkuchen zurück ins Eigene. – Loki ist platt, war ein harter Abend mit Cara, Typ Feudel, max. 40 Länge, 20 breit, aber mit impertinentem Selbstbewußtsein. Das machte unserem Hund zu schaffen.

31.5. SCHULE: nach dem Frühstück eine Seite deutsche Didaktik zum Einstimmen in das, was kommt. Denn das beliebte ‚spielerische Lernen‘, besonders im ‚Frühenglisch ohne Vokabeln und Grammatik‘, das Erleichtern von allem, bis hin zur ‚pädagogsch wertvollen Jugendliteratur‘, hat eine Pädagogik-Industrie ins profitable Laufen gebracht, deren Motto die ‚ständig vorauseilende Vereinfachung‘ ist, VERONIKA TROTZECK. Die arbeitet am klinischen Ende solcher Desaster-Pädagogik – also nach dem schulischen Scheitern, nach der Verzweiflung der Eltern, nach den Nachhilfestunden und Nachhilfelehrern – als Lerntherapeutin mit eigener Praxis. Die meiste Zeit wendet sie dafür auf, ‚die Folgen des Lesen- und Schreibenlernens anhand der Druckschrift zu beheben‘.

Direkter Anschluß aus der BpA, Berliner pädagogischen Apokalypse, von RAINER WERNER, Gymnasiallehrer – die ideologische Syntax der Links-links-links-Einheitsregierung fröne wohl in der Verweigerung des Gymnasiums ab 5. Klasse dem Sozialismus-Syndrom von der ‚Schule für alle von Klasse 1 bis 12‘. Das grundiert auch die Bewertung der Berliner Grundschule als ‚institutionalisierte Unterforderung leistungsstärkerer Schüler‘ und: welches Recht eigentlich solchen Schulpolitikern zustehe, ‚so tiefgreifend in die Lebenschancen von Kindern einzugreifen‘.

Da kommt die Strecke der HANNAH BETHKE über Berlins Schulen im Laufrad grade recht (27.5.), genauer zweier Schulleiter mit 70 bzw. 98% ‚nichtdeutschen Schülern im Kampf mit der Schulinspektion‘ – Daß Deutschland verdummt, ist Konsens, warum Deutschland verdummt, stellt sie kurz drauf näher vor, mit Referenz auf MICHAEL WINTERHOFF. DORIS UNZEITIG ist schließlich an eine Schule in Österreich geflüchtet und hat einen Bericht gemacht: ‚Eine Lehrerin sieht rot‘.

1.6.   31 Grad sind angesagt, wir packen ‚Kundus‘ aufs Dach des Wintergartens.

EDO REENTS hörte die Worte in Harvard, welche ANGELA MERKEL machte, die Ehrendoktorwürde in Händen – und faßt seinen Eindruck zusammen, in fremdschämen – ‚sie trug ihre Versatzstücke gewohnt uneitel, aber eben auch ungelenk vor‘, gleichwohl unter frenetischem Beifall. Wie soll sie auch anders, deren Ausdruck seit 2005 unverändert ist, so der Berichterstatter.

Darauf kommt Johannes S. leserbrieflich zurück (29.6.): solche Anschauung erhöht sein Verständnis für die Amerikaner, die ‚in ihrer tiefen Verzweiflung ein Ekel wie Trump gewählt haben, um einer Präsidentin zu entgehen, die von Merkel-Verehrern auf den Schild gehoben wurde. – Merkels ‚*sharp knife for rivals when needed*‘, wie von der NYT unterstellt, gebrauchte sie ja selten angesichts innerparteilicher Untertänigkeit und ihrem perfekten *surf* auf der grün-roten Welle.

2.6.   Marions Satz schlug ein: als Petra wegen komfortabler Rückzahlung ihres Studiendarlehens die Eltern um Geld fragte und die ablehnten, war sie sowas von sauer – heute: in dem Moment bin ich erwachsen geworden. Um 4 Uhr früh liege ich schweißnaß im Bett: beim Gespräch darüber, ob ich denn das Geld für die GmbH-Gründung vorschieße, erklärtest Du – krieg ich umgehend zurück, sowie der Kredit bewilligt ist, eine Sache von ein paar Wochen – das war vor bald zwei Jahren.

Und das ist es, was mich trifft: Du bist es nicht – Du wirfst hin, machst dich selbständig – mit Vaddis Geld, stellst Leute ein, die Du auf Kredit bezahlt, ziehst zu Hause ein – die Müllabfuhr hat Erkenntnisse und schreibt ‚Sie sind ja wieder ein 3-Personen-Haushalt! – Große Tonne!‘

So ist er nicht selbständig, nicht im Risiko, nur im schlechten Gewissen, wenns schief geht – über den Kredit wird nicht gesprochen, ggf. versenktes Geld – so macht ihr Männer das, meint Marion, wie schon bei L.earn – komm Schatz, bei den 5000 vom Zoll haben wir *fifty-fifty* gemacht – ich bin es, der das alles ermöglicht, ja anschiebt.

Was haben wir uns über andere Eltern hergemacht, die ihre Kinder mit Geld vollstopfen, ihnen alles finanzieren – ich bin genauso und schäme mich nachts, ich Spielmacher mit dem guten Gewissen – und mein lieber Sohn spiegelt es in seinem Tun.

Wieder eindrucksvoller Beleg von CG JUNG, wonach im Schlaf die ‚Nachtverarbeitung‘ des Tages stattfindet – und die Sortierung nach Bedeutung: Marions Worte waren die Brücke – und indem ich mich schämte, verging der Schweißausbruch. – Ist das alles anstrengend, Leute.

3.6. Organisiertes Verbrechen:
Nr. 1 ’Ndrangheta mit etwa 20 Stützpunkten zu je 50, hoher Organisations- und Professionalisierungsgrad, Schießerei also selten,
Nr. 2 Cosa Nostra, etwa 120 Leute
Nr. 3 Camorra 94, sowie weitere Mafia-Clans … der Bürgermeister von Scorrano gehört zu 120 Verhafteten (27.6.19 üb).

Er hatte der Camorra die Verwaltung des lukrativen Regionalparks gegen Stütze bei den Wahlen überlassen. Da kommst du aus dem Verhaften gar nicht mehr raus! Und ROCCO MOABITO (54), Chefe 'Ndrangheta di Calabria nach 23 Jahren Flucht in Montevideo festgesetzt, schon wieder ausgebüxt! Dabei warten in Italien 30 Jahre auf ihn.

Wegen des Scheiterns der Verhandlungen nach dem KIM-TRUMP-Treffen gab es Erschießungen, Zwangsarbeit, ideologische und politische Erziehung für alle, die dabei waren – von der Übersetzerin bis zum Chef-Unterhändler. Von KIMS jüngerer Schwester fehlt jede Spur seit dem Hanoi-Gipfel, hat bestimmt auch was falsch gemacht.

Dagegen sind die EU-Knebeleien ja erträglich, mag der gemeine Mann denken – ein Irrtum, der direkt in die Anstalt führen kann, wenn du KUHLMANN/KOCHS (EY) Betrachtung der ,Entsenderichtlinie' bis zum Ende liest: der Arbeitnehmer beim Grenzübertritt:
1. Registrierung – in jedem Land anders, bis zu 100 Datenfelder, in Bulgarien bitte in bulgarisch.
2. vor jedem Grenzwechsel: wie lange?
3. welche Tätigkeit?
4. welcher Lohn?
5. bitte die A1-Bescheiigung, fehlt die, bitte Bußgeld, in FRA bis zu 500.000.
6. Dokumentenmappe bitte am Mann!, in Tschechien bitte auf tschechisch.
7. ab August 2020 nur noch zu gleichem Lohn wie einheimisch.
Das ist EU, erst alles gleich, dann beginnt der nationale Protektionismus.

4.6.   Zum Frühstück liegt Post auf dem Tisch – als Waldfreund soll ich am Waldinformationstag teilnehmen, in Friedwald – es scheint, jemand meint, es sei soweit – mit mir. Dabei haben wir bereits gebucht – er hat also nicht unrecht.
Woodstock Revival abgesagt, ich war ja auch nicht beim Original.

Abends dokumentarisch: 1989 auf dem Platz des Himmlischen Friedens – über die Dauer und die Breite des Aufstands – und die Tragik, die sogar das Zentralkomitee streifte und auf dem Platz, der in Attentismus verfiel, zur Lösung, Auflösung drängte. – Fast folge ich dem ex-Kanzler HELMUT SCHMIDT ein Stück (vgl. Bd. 7.2, 2013, 31.5. – demnächst) – aber nur, wenn er mehr wußte! Das ist Erstinformation für mich – und wie schön, daß es kein Vorbild für den 1. Sekretär des ZK der SED EH wurde, vier Monate später, daß die Fraktion der Zauderer (aus guten Gründen) überwog. Vielleicht das zweite Mal, daß es in Deutschland um wenige Monate ging, vielleicht der zweite Glücksfall des Jahrhunderts auf dem Exerzierfeld der Diktatur.

Die Familienministerin mit dem gefährdeten Doktortitel, GIFFEY, möchte rein familienpolitisch ‚Vater und Mutter‘ durch ‚Elternteil 1 und Elternteil 2‘ ersetzen. – Ihr Trachten & Sehnen gilt den 0,1 bis 1 Prozent von LSBO-Leuten, wofür sie die zwei- oder auch achttausendjährige Begrifflichkeit gerne in die Tonne kloppt, in ihrem Regenbogen-Portal. – Ihre Zeit ist schließlich knapp, ihr Rücktritt angekündigt und der Amtsmißbrauch gebietet zügiges Handeln.

5.6. Sortieren – überweisen – Kaffee mit Edeltraud – Loki beißt in den Staubsauger – packen – Pille – gegen dein körperliches Selbstbewußtsein komme ich kaum an – ‚zuviel Weiblichkeit‘, größer als alle Weisheit, fundamentaler Respekt – packen, packen – ich liebe dich.

6.6. ‚Wo Schimmel ist, da ist Kultur‘, OLIVER JUNGEN (6.6.19) über ‚Die 32 Schimmelarten des JOSEPH BRODSKY‘.

6.00 ins Taxi zum Bus, mit Giselher und Sören und vierzig Mann & Frau zum <u>Lago Maggiore</u>. – 15.30 an Hotel <u>Heidelberg</u> – Stadtrundfahrt – ein sehr elaborierter Vortrag zur Führung durch die Altstadt – als die zu eng wurde, verjagte man die Juden, das war allgemein *usus*, bis ins 20. Jahrhundert, wo es auch mit Enteignung und eigener Entschuldung begann – die Burgruine: 300 Jahre altes Massiv – zur Ruine gemacht durch die Truppen Ludwig XIV. (sprich: Katorss)

– der Ostturm liegt zur Hälfte im Graben davor, er wurde mit Pulver gefüllt, die Schießscharten vermauert, die 7 Meter starken Mauern sodann gesprengt – weiter zur ältesten Universität Deutschlands, Gründung um 1368 – der neue Zentralbau aus Spenden eines amerikanischen Stipendiaten bezahlt – die Inschrift am alten Bau ‚Dem lebendigen Geist‘ wurde 1933 reduziert auf: ‚Dem deutschen (Klein-)Geist‘ – alles gotisch – barock – romanisch – die Großkirche, einst protestantisch, wurde nach dem Regimewechsel auf Baden und Einzug eines katholischen Kurfürsten in einen katholischen und einen evangelischen Part geteilt, durch eine Mauer im Innenraum! – Die riß der Kurfürst jedoch wieder ein, woraufhin das ganze Kurfürstliche samt adeligem Anhang nach Mannheim verzog – die am Außendom eingemeißelten Brezeln dienten der Nachmessung der verkauften Brezeln, bei Differenz drohte der ‚Bäckerkäfig‘ – das Haus des Pedells war im obersten Stock vergittert, bei frevelhaftem Benehmen der Studenten gabs drei Tage Festsetzung da oben, recht wohlfeil. – Zur Abfahrt hört der Regen auf, zurück ans Abendbrot, 19.00 in Ernas ‚Gud Stubb‘, begleitet von drei Gebinden Pils – Giselher vertieft seinen Berufsgang Bundeswehr.

7.6. 8.00 ab nach <u>Bovena</u> – 13.00 Schweiz – kurz vorm Gottardo erzählt Giselher, wie es zum Rütli-Schwur kam, vom Tod des ollen Geßler mit seinem Hut und FRIEDRICH SCHILLER, der das Ganze inszenierte – alles Tunnel – vorher noch von den Badenern und Württembergern, was sie einst voneinander hielten, die annexionswütigen Württemberger und die widerspenstigen Badenser, die gerne selbständig bleiben wollten – Sturm durchs Tal – bei scharfem Wind Wurst – Senf – Brot & Kaffee.

Die Sonne steht senkrecht, 85 Grad – permanente Überdachung des Fahrwegs – Stau vorm Gotthard – durch und auf 100 Meter hohen Stelzen weiter (die können bauen!) – Wasser fällt aus 2000 hoch in fünf Katarakten zu Tal – weiterer Bericht über den Lago, tiefster Punkt, fast 200 Meter unter NN, Leute! – noch drei Tunnel endlos und zack, liegt er da,

der Maggiore – 20 Meter unterhalb der schmalen Randstra-
ße, hinter der 90-Grad-Mauer, wenn Sie verstehen, pressen
sich ein Haus ans andere, Palmen, Liegeflächen irgendwie
auch (haben die Sitzbetten?) – alles uralt, alles unbezahlbar
– Motorräder schießen vorbei zwischen Bus und Gegenver-
kehr – der Fahrer bekommt Beifall für die Last – mir kommt
Como in den Sinn, vor dreißig Jahren, als ich meinen Schatz
grade kennenlernte (guxdu Band 1, Seite 467) – auf dem Ga-
ragendach ist Mövenparty – 2000 Meter rückwärts gleißende Fassaden in Neapelgelb – südlich ist alles neapelgelb, wie
mein erstes Bild 1999.

‚Fehlschlag einer Italienreise‘ (1999), Pastellkreide auf Papier, 30 x 40 cm

17.16 – wir sind in Italien, also Wechsel vom Franken auf den
Euro – hinter der Leitplanke das Dach eines dreistöckigen
Hauses in die Tiefe, Plattform, Leiter in den See – Villen auf
schmalstem Grund in Restauration – 18.30 an Bovena, alles
eng – durch den Tunnel zum ‚Monte Grappa‘, obacht! – zurück, rückwärts, zurück – son bißchen wie Kreuzfahrtschiff
in Venedig, aber er steuert den Kahn souverän – Chefe sitzt
im Dreirad und winkt den Busfahrer ein, einmal die Mülltonne geschubst und schon parkt er richtig – meine Gold-

kronen habe ich gut verpackt, ach ja, die zog ich mir im Bus mittels einer Feige aus dem Fundament – Zahnarzttermin ist meine erste Urlaubsaktivität – Koffer hoch – ins Restaurant – runter zur Strandmeile, die perfekt gearbeitet ist – Abschluß auf der Hotel-Dachterrasse.

8.6. Aus dem Nachtlager in die Gruppensitzung Frühstück – jeder hat seinen Platz, so! Die Beschaffung wie üblich logistische Herausforderung, selbst ohne persönliches Eierkochen – Coffee – Toaststrecke, das Teil nach Bräunung im Weitsprung hinter den Toaster, ich mit Hechtsprung hinterher, erwischt! Backpflaume, Saft und in den Stuhl – Giselher und sein Salz, kurz vorm Waffengang, geht aber ohne. – Danach flott, kurze Maniküre und zum Anleger – Einstieg und mit dem Boot zur ersten der Boromäischen Inseln – eine engste Gasse auf kleinstem Raum.

Das Boot setzt über zur Isola Bella – eine blendend sprechende Frau führt durch die schier unglaubliche Pracht des Palastes der Boromäer, über mehr als dreihundert Jahre seit dem 16. Jahrhundert hochgezogen – über bis auf 37 Meter Höhe führende Terrassen geraten wir vor die Kulisse eines ,szenographischen Teatro Massimo', dessen architektonischer Kamm von großen Figuren bestellt ist, gewaltiges Schauspiel. – Eine Gruppe riesiger Pfauen sorgt für prägende Akustik – zurück an riesigem Bambuswald vorbei durch ein Gewächshaus auf das Boot, das zurück nach Stresa bringt, Bier und Bruschetta richten wieder auf – vom Schicksal des 1819 gepflanzten Kampferbaums erfahre ich aus dem Katalog, auch sonst sind die Flächen voller asiatischer Pflanzen – einzigartiger Schatz von Flora, Fauna & Architektur, die vier Jahrhunderte fürstlicher Herrschaft und ihrer Umgebung inszeniert, aus dem Mailänder Reichtum her finanziert.

Die Rückfahrt verzögert sich, ein Mitfahrer fehlt – daher berichtet Giselher von seiner Fast-Sistierung durch die Carabinieri – aus dem unterirdischen Clo kommend, sollte er sich ausweisen – klar, wer aus dem Keller kommt … – Name, Alter, SV-Nummer, welche Einheit? – Privatboot! So kam er nochmal davon – aber, der *gunman* wird ja wohl einen Grund gehabt haben oder!

Papa, dein Platz ist leer, teilt Jonas vom Frühstückstisch im Wintergarten mit. – Kurzes Schläfchen, dann wieder raus, 200 Meter unterhalb des Hotels zur wohl 1000-jährigen Kirche, dem Baptisterium und einem Säulengang mit dem Verlauf der Leidensgeschichte auf zwölf oder siebzehn wandhohen Tafeln mit allen Spuren des Vergänglichen, im Pfarrhaus eine Grabstele aus römischer Zeit – sie wohnen knietief in ihrer Geschichte, alles offensichtlich.

Weiter durch die Stadt – Caffé Americano und Vergewisserung mit einer Karte des Gebiets – Haben Sie Bier vom Faß, wird beim Abendbrot gefragt – ja – dann bringen Sie bitte eins – wie jetzt …

9.6. ,Frohe Pfingsten' heißt es, so zwanzigmal, alsdann in den Bus nach Omegna und aufs Linienboot über den Lago d'Orta, Parallelsee auf der Nord-Süd-Achse westlich – und direkt zur kleinen Isola des heiligen Julio, der dort im 11. Jahrhundert eine romanische Basilika stemmte – um 11 startet dort großer Gottesdienst, also heißt es sputen – wir kommen im hinteren romanischen Teil zum Stehen, mit Blick auf den vorderen barock völlig überladenen Prunk – eine Folge der Reformation in der nahen Schweiz, die päpstlicherseits mit einer anständigen Gegenreformation beantwortet wurde, nicht zuletzt durch eine aufgeladene Durchmöblierung der Gotteshäuser – daher siehts ab der Mitte recht gülden und kapitellmäßig pompös aus, gekrönt von einem Altar in lichter Höhe voller Figuren aus schwarzem Marmor – in der Krypta ruht Julio, vergoldet, im Prunksarg – der Hauptraum ist den Männern vorbehalten, die Frauen bis zur Stunde in die Hochetage verwiesen – hinter der Orgel verbindet eine Tür das Haus mit einem Nonnenkloster, deren siebzig dort leben, beten und weben – unsichtbar für die Welt – auf dem Inselchen gibt es ein Paar, also zwei Leute, als weltliche Bewohner, das Eiland im Besitz der Boromäer. – Mit dem nächsten Linienboot, nach aufwändiger Durchzahlung (verstehen Sie irgendwas?) gehts zum Festland gegenüber Orta, zu einer weiteren 100-jährigen Anlage, allerliebst und voller Restaurants – um 2 Uhr stehen wir wieder in Baveno.

Aus der Kenntnis atomarer Energien führt H.G.WELLS 1914 in seinem fiktionalen Roman ‚Befreite Welt' die europäischen Rivalitäten bis zum Atomkrieg in der Mitte des Jahrhunderts. Den Bau einer Nachkriegsordnung verlegt er nach Brissago, hier um die Ecke, wo eine Konferenz von Staatschefs bekehrt werden soll. Geht natürlich schief.

10.6. Um 10 Uhr in Como – alles da, der Torre des Alexandro Volta – Garibaldi – nochmal Porta Torre – Torre des heiligen Vitale – 1803 Napoleon, der den Kanton Tessin gründet – der hat bis 1873 drei Hauptstädte, erst Bellinzona, dann Lugano, schließlich Locarno, also ständiger Umzug – Mendrisio Grappa! – 1894 eine Standseilbahn für einen Stadtteil im Berg – Kathedrale da Como, barock, rosa Marmor, 1396 begonnen – errichtet – vollendet nach 400 Jahren, dem Mailänder Dom ähnlich, den *proletto* aus Platzgründen gekappt – Theatro Civico – Campari am See.

13.00 Lugano – 113 Banken – Nassergasse – Hotel Splendide Royal – Profumeria, Gin Tonic und zurück zum Bus – alle da? – nein – sicher? – nein – alles Zahnrad – durchzählen 1 – 0 – 5 – 11 – sofort aufhören! – Abramovich kauft halbe

Berg – rote Milva wohnt auch am Berg – Campione d'Italia größtes Haus, größte Spielbank Europas: Einwohner dürfen nicht spielen, weil alle dort arbeiten – eine ‚Suisse miniature‘, wenn Sie ahnen …

Der Lago hat fünf Zuflüsse und einen Abfluß, der wichtigste Zufluß ist der Regen, bis zu 23 Tage im Monat – weil das Gewölk nicht über die Alpen kommt, regnet es sich am Platz aus, erzählt die Reiseleiterin – Lugano sei ein Luxusplatz, die Grundstückspreise am Berg gegenüber bei 80 Tausend per Quadrat – um 5 zurück im Hotel, gibt mir die Lady vom Empfang die Adresse des Zahnarztes, zehn Minuten drauf stehe ich im Wartezimmer von Dottore Pastore, werde auf die Liege geleitet, überreiche die Goldbrücke und er sieht sich im Mund um – versteht kein Englisch, kein Deutsch, ich kanns Italienisch nur in blöden Sprüchen – so ruft er im Hotel an zum Übersetzen – wir wechseln dreimal das Handy – keine Allergie, vertrage alles, jede Dosis und er setzt die Spritze an, perfekt! – Bei alledem großes Hallo über alle Räume, also lebhafte Unterhaltung – erstmal die 3. Baustelle, er reißt, schiebt, bohrt, issich gut, ruft er regelmäßig, ich: ja, oder Daumen hoch – nach 60 Minuten geht er an die große Höhle links hinten, ein Satz Spritzen und verschärfter Einsatz mit schwerem Gerät – nach 120 Minuten lehnt er sich erschöpft zurück – bene? – Si! – schleift nach und wir wechseln zur Abrechnung den Raum – schreibt, eine Seite voll, Adresse? – gebe ihm die Karte – Dottore? – Si – springt auf – zieht sein Handy raus, seine Söhne, der auch! Vor zwei Wochen fertig, in Spanien! – Zeigt mir seine Familie – dann die Rechnung, 450, wegen Doktor aber 350! – ich bin fassungslos, und schlage Kompromiß auf 400 vor – va bene! – raus zum Bancomat, mit Hilfe komme ich ans Geld, zurück, abgezählt, Verabschiedung mit Umarmung – verlasse sein *campino* als der grade glücklichste Mensch – morgen will er im Hotel anrufen, ob alles in Ordnung ist – Regen und leichtes Gewitter, dann hat es gehagelt, unvermittelt lag dichtes Gewölk auf dem Wasser – verschwand genauso schnell, kommst nicht hinterher – wieder Blick auf den Horizont, bis es erneut schüttet, und donnert, ohne Unterbrechung – erneut schlägt Hagel in großen Körnern auf den Balkon, der Himmel hell erleuchtet vom Blitzgelichter.

11.6. Frühmorgens setzt das erneut ein – flott ans Frühstuck, wo ich allseits beobachtet werde, ob's wohl wieder kaut – ,fang mal an, ich will sehen, wie das geht', ruft Ingeborg – alles bricht zusammen, fehlt nur noch Käfighaltung bis zur Genesung. Gleichwohl genieße ich die neue Beißfestigkeit.

Stopp in Stresa, südlich Bovena – das Örtchen wurde von Napoleon über die Simplonstraße ,angebunden und entwickelt', erstes Hotel 1863 – Hemingway und Thomas Mann waren hier, erzählt sie, vom Kartoffel- und Erdbeerfest – die goldene Madodine auf dem Mailänder Dom (100 km weg) von hier zu sehen, wenn's mal wolkenfrei ist – Granit und Marmor machen sauren Boden, perfekt für Azedophile ... *(?, never heard!)*, 100 Sorten gibt's, Mimosen, Camelie, C'a Japonica-Sassangua aus China, die Tee-Camelie, sagten die Chinesen, es war ein Trick (weiß nur nicht welcher) Alexandre Dumas!, Azalee, Rhododendron, Hortensie, Oleander, alles aus Asien – Reggia von Caserta, Neapel, hat die älteste Camelie Europas, 1712 gepflanzt! – die zweitälteste und größte in Europa findet sich in Dresden, im Schloß Pillnitz, die drittälteste in Portugal – nu is genug.

Wir passieren Avona – der beliebteste Heilige Italiens ist ein Boromäer, die Mutter eine Medici – die religiöse Karriere begann mit 12 Jahren in Mailand, bis zum Kardinal, die Pest half, viel Gegenreformation (gg. die Protestanten), er starb 1584, der heilige Carlo Boromäo! Er war kein Wundertäter, aber sehr sozial. In Avona gibt's einen heiligen Berg, in vielen Kapellen am Wegesrand, darin Episoden aus dem Leben des Carlo, oben ein Pantheon und eine Statue ,San Carlone', 35 Meter hoch – der Baumeister der Freiheitsstatue NY hat das Bauwerk studiert!

Doch, woher stammt der Reichtum der Boromäer, der Familie Lazzaro und anderer? Der Papst stiftete im 14. Jahrhundert Titel für Leute, die an Jubiläen teilnahmen, etwa den Titel ‚Bon Romeo', das wurde Borromäo – so wurde der Traum wahr, eine Bank zu gründen, die erste Bank Mailands – dann wurde der Sohn seiner Schwester adoptiert für weitere Bankgründungen – auch die Visconti und die Sforza hatten kein Geld – Borromäo wurde geadelt und über Hypotheken wurde Geld beschafft – verstehst du? – ein bißchen *gossip*: Isabella, Laringe, Beatrice mit Hugo Perreti verheiratet, sehr reich, die andere mit Agnelli verheiratet, die 3. königliche Hochzeit 2015 mit Pier Caçerati, dann noch Sohn von Caroline von Hannover (sorry, im Bus mitgeschrieben, keine Ahnung, muß aber!).

Das große Anbausortiment der Po-Ebene basiert auf der Lage und dem damit gegebenen fast tropischen Klima – erstreckt sich von Piemont über Lombardei, Venezien, Emilia-Romagna – Mais, Weizen, Reis, der von den Arabern seit dem 14. Jahrhundert über Sizilien, Sardinien – Vercelli Reisbörse! – eingeführt wurde – das weitläufige Gefälle hat eine ‚natürliche Bewässerung' von Nord nach Süd zur Folge – über 12.000 Kilometer Kanal effektiviert – die Mondine (?) aus China sammeln die Unkräuter, sie sind erfahren und billiger als die italienischen Damen (ich tippe auf Reiserne) – nach 5 Monaten sind die Früchte trocken, poliert für Risotto, Gemüse, Gorgonzola, Pilze, Rotwein (also das ist wohl schon die Mahlzeit, prost!).

Stopp in Casale Montferrato bei Familie Paleologi, in einer Festung aus dem 14. Jh., hinter den Marktständen versteckt – Weg bis zur Kathedrale, dann geht's über den Markt – links der Po, auf dem Weg zum *Mare Adriatico* – kleiner Italo-Kurs: *Leon d'oro* – *Autocarrozzeria* – *riparazioni* – *el-lettrauto* – *castello* – *diego calcatura* – *cathedrale* – auf dem Dachgarten Chefe mit Schein, hier viel ‚Heilige Anna' – *Liceo Scientifico* – *Esselunga di Casale Monferrato* – *mercato coperta* – *canottieri casale* – *eccelenza a tavola ...*

13.00 zur Weinprobe auf die *Azienda Agricola* – dort geht's hoch in den Trink- und Probiersaal – wir nehmen die Probe auf mit Bianco – Rosato – Rosso, es zieht sich hin – nach der

5. Probe gehe ich auf mix: 2x3 und in den Bus zurück – folgen Sie meinem Schirm die erste 5 Minuten! – zur romanischen Kathedrale, danach Eigenlauf – zum Markt, wir laufen kreuz, wir laufen quer, was ist dringend! Manche haben ein klares Profil: Latzhose, Gummistiefel, Stahlkeile, Kabelbinder naturfarben – beim Hähnchenflügel offenbart sich: mein Geld ist weg, zog ich wohl mit dem Block aus der Tasche – wer läßt sowas liegen oder läuft schreiend über den Markt: Geld gefunden! – also Ersatz und an Brot & Käse – zurück ins Basislager Baveno.

Hinter der Unterführung links biege ich bei *Guiseppe Pastore* ein, er kommt entgegen und ich teile mit, daß alles in Ordnung ist – dramatische Freude und ins Hotel – hinter dem See permanentes Gewittergrollen – abends mit Käse, Brot und Gin Tonic auf die Terrasse, 4. Stock – wir nehmen je zwei, das spart Lauferei – nach zwei Stunden Wetterleuchten ist alles Wesentliche gesagt.

12.6. Start nach Mailand, 90 Minuten – Führung durch das erste Viertel, ein gewaltiges Schloß-Caré, wohl 20 Meter hoch geziegelt – sodann ins Zentrum, der Dom inmitten einer schwarzen Menge von Touristen, die Türme aus dem rosa Marmor himmelhoch, diese Burg seit dem 13. Jh. hochgezogen in wohl 4 bis 600 Jahren – keine Chance auf Karten, auf ein Reinkommen – also weiter, im Glaskranz wird auf die vier Erdteile verwiesen, nein fünf, nein sechs, korrigiert Giselher mit Blick auf die Antarktis – da wohnt bloß keiner, sag ich nicht, dann geht's richtig los!

Um den Dom herum vor das Denkmal LEONARDO der Universale – gegenüber die Scala, unter MARIA THERESIAS Regiment gebaut – Mailand hatte alle europäischen Heere in der Stadt, dazu die Regenten, war nach Garibaldis *nascente Italia* 1861 Hauptstadt, dann wollte auch Florenz mal für sechs Jahre, seit 1871 ist es Rom – 1943 und 1944 schwer zerbombt, alles erneuert – wir entern die Bar Chèry für Leckereien – der Zugang zum Dom unverändert dichtgestellt – um 3 Uhr zurück aufs Land.

Weiche Landung auf dem Zimmer, später mit zwei Sätzen Gin Tonic, wenn Sie verstehen, hoch zur Freiluftterrasse – das sei das einzig Vernünftige, sagt er noch – oben ist große Unterhaltung, die Frauen sind stabiler.

13.6. Um 6 geht's los, Frühstück, packen und an den Bus und los nach Bellinzona durch so zwei Dutzend Tunnel, vor Mailand links hoch – passierend Como – Chiasso – querend Lago Lugano – links bereits schneebedeckte Hänge, Monte Tamaro – sodann auf den Gotthard Panorama Express – großartige Tour – Im Luxuswaggon 1. Klasse stellt sich ein Schweizer Schaffner auf und erzählt, wie die erste, zweite und dritte Strecke entstand, wie die Gleiskehren durch den Berg getrieben wurden, einen Berg hoch, einen Berg hinab – und dieser Zug, fast lautlos, überwindet die Höhe in zwei Minuten, vom Fuß turmhoher Autobahnpfeiler zum Blick von weit oben auf die Fahrbahn – der Schaffner kommt sogar mit dem gelben Briefkastel vorbei, ein muß!

Ankunft Fluelen – Biwak auf dem Parkplatz – ein ordnungsliebender Schweizer alarmiert den Polizeischutz (wir stehen im Weg), der macht ordentlichen Text und wir packen ein, auf nach Baden Baden, 300 km.
Kleines Intermezzo beim Zwischenstopp, wo die Lastzüge nur so durchpreschen, einer streift den Bus, der schaukelt, der Fahrer im Schreikrampf, drei laufen dem Laster hinterher, aufschreiben, was tun – ich schlage abkleben vor, machen wir doch auch bei kleiner Verletzung, besorge eine Leiter und Klebeband im Shop und der Bus wird abgeklebt – später Lastzuggerangel, alles dicht, Blaulicht, Stadtführung BB fällt aus, machen wir vom Bus aus, wie im Brigitte-Schnittmuster durch die Stadt – das Navi überfordert, mehrfach durch die kilometerlange Untertunnelung, telefonieren, zurücksetzen und kunstfertiges Rangieren bringen uns schließlich auf den richtigen Berg.

Dort steht auch alles im Weg – der Hotel- und Schloßchef verteilt uns auf die Zimmer – der Fahrer repariert weiter, gepflegt am Rad drehend, neuer Bus! – Zimmer belegen, Haare und Lidschatten assortieren und zum Abstieg in die Stadt – für norddeutsche Tiefebene ist das Steilhang: bei so 30 Grad Gefälle um die Ecken, ohne lang hinzuschlagen – im Löwenbräu kommt ein Essen auf den Tisch, Kaliber Bergarbeiter, an der Qualität ist nicht zu rütteln, wird ja auch gerne niedergemacht – der Anstieg später so eine mittlere Trainingseinheit.

Das Ladekabel steckt in der Wand – in Baveno – auf Anfrage kommt die Lady mit einem mittleren Karton voll Kabelage, kommt nochmal mit feiner elektrischer Adaption, wenn Sie verstehen, analog dem Dreifach-Klinkenstecker. – Noch etwas ,Inglorious Bastards‘, die Werbung kippt mich ab – ist ja als Toilettenpause gedacht, bloß was soll ich da.

14.6. FREITAG
Feines Frühstück im weitläufigen Rund, letzter Blick auf die feinen Gemäuer der Stadt und ich schleppe zum Bus, den Sören hoffentlich auf das Reisefertigste verpackt hat – 9 Uhr Abfahrt – alle wollen wieder Tunnel fahren – Chefe im Schweiß: nix da, ihr *Babbsäck!* (Mundart Offenbach) – 200 Meter später sind wir drin, kommst du nicht drum rum in BB – Ingeborg zeigt die Elvis-Fotos rum – ab nach Kassel, 360 km – nein, über Gießen – Marburg, zu Fuß sinds 68 Stunden, erklärt Google, nach Bremen nochmal 290 km, also zu Fuß 48 drauf, falls der Bus ausfällt – Ankunft dann so Mittwoch früh.

Hinter Friedberg biegt der Bus tatsächlich ab – zum Hessentag? Bitte nicht – wir donnern über Land, 6 Laster vor uns – was wird aus der Gulaschsupp'! Der verkauft die weiter! – Geschwindigkeitshöchst 50! – Unfallschwerpunkte am Stück – Willkommen in Hundshausen (in echt!), die feiern 1050. – ja was bloß, Begräbnis? – Wir fahren durch – Laster mit Gasflaschen voraus, der fährt bestimmt auch nach Kassel, mit Absicht, vorsätzlich (kommt aus dem Strafrecht, so), bußgeldwürdig! Jetzt kommt Densberg, ich sags, wies is – und nur Vierachser streifen uns, Gegenspur – Bad Zwesten, schon mal gehört? – den Raiffeisen-Laster hat er ausgetrickst, der kommt nicht auch noch dazwischen, dann wären's wieder sechs vor uns! – Dann eine Ampel, mitten im Land, bestimmt Spende der EU, reine Provokation – soweit, nur damit mal deutlich wird, über was man sich alles aufregen kann, beim Busfahren.

Um 14 Uhr zum Essenfassen an den Rand, das geht zügig und schmeckt. – Notiz vom Ex: wir sind wieder im Land, wo die Leute mit links grüßen – wieso – weil sie in der Rechten die Keule halten – typisches Totschlagargument, wenn Sie verstehen, setzt jedes Verhandlungsklima blitzschnell auf Null. So geht also Heimatgefühl. – 300 Kinder brechen um die Ecke, heute ist in Niedersachsen Ausflugstag, Marion im Heidepark. – Später, da oben ist der Herkules, kommts vom Fahrer, *wemmern bloß sehen tät*! Jahrelang unterm Herkules zur Schule gegangen.

16.30 letzter Kaffee, vom Fahrer geschenkt – ob wohl er ,so'n Hals' kriegt, wenn einer zu viel Milch nimmt, das kann er auf den Tod nicht ab – dann wirft sich Giselher in Schale und macht Schlußansprache, mit Goethes Italienreise! Und über den Bustreiber und -betreiber, alles *pico bello* (eine Woche in Italien und schon sitzt die Sprache) und über den Fahrer, der sich einfach auskennt, in Bus, Strecke und Psyche der übrigen auf der Straße – Motto: kriegst'n Föhn! Ist ja jedem vertraut: nur Idioten um ihn rum – anhaltender Beifall schließt die Ansprache ab.

Jonas und Leon holen mich zu Anna, wo Marion und Loki schon sitzen. Ob Marder oder Ratte auf dem Dachboden herumheizen, ist ungewiß, starke Parfümierung hat jedenfalls Ruhe gebracht.

15.6. Erster Deichlauf, Loki im Dreisprung – Ich packe für die Elvis-Generalprobe – und da ist viel Gutes dran – im Kostüm? – Kirsten an der Ukelele kriegt sich nicht ein – Marion macht Erdbeerkuchen, Beeren aus persönlicher Pflückung von Marita, mit 3 Frauen am Tee, beim Bürgerbus wollen alle mitfahren, wenn Marion am Steuer sitzt, Zuwiderhandlungen führen zum Rausschmiß, bemerkt sie – 336 Mails, 5 von Bedeutung.

16.6. SONNTAG

10 Uhr Transport der Las Vegas-Ausrüstung ins Gemeindehaus – ab 2 volles Haus, um 5 fahre ich meine *Songs* ab –
besser, Stimme sitzt, Kostüm flattert, (Spacken), einige stau-
nen, Sympathie. – Zu Hause Revox-Nachlese.

17.6. Zu den ‚Faschisten des 20. Jahrhunderts‘ stellte OBB Kahn den
US-Präsidenten in eine Reihe, Jochen Buchsteiner hingegen
‚Trump beleidigt Londoner Bürgermeister‘ mit dem Votum, Verlierer sei der. Wer wen hier beleidigt, rückt ein Leserbrief for-
matierte Wahrnehmung zurecht. Die politischen Maßstäbe geraten außer Kontrolle.

CECILIA BARTOLI in Salzburg, Jan Brachmann findet eine hin-
reißende Coloratur des Ereignisses (11.6.).

Es ist geschafft: 51% würden, täte es denn not, den ROBERT
HABECK zum Kanzler wählen, knapp 24% dahinter Frau AKK,
sagt EMNID – der Kampagnen-Sieger der ARD-Familie auf der
Zielgeraden. Und Bubrowski/Soldt breiten das straff geführte
Instrumentarium aus, womit die Grünen-Partei in Land und
Bund ihre Schneise schlägt, vorrangig als System Kommunikation, strategisch als Dialektik von Hochamtsmoral und
straffem Verbots- und Gebotsregime – und im Kern die Fortsetzung der nationalen Klimarepublik, wofür gleichmal weitere
100.000.000.000 zum Abmöbeln annonciert werden – das gerade zerfallende politische Umfeld staunt, und bröselt weiter. Wie
es weitergeht mit ‚Kindergrundsicherung‘ (10’, über den Soli!),
Abschaffung des Kinderfreibetrags, Garantiesicherung (30’, über
‚Wohlstandsgewinne‘) und Steuerpetitessen (22.6. loe/mas), soll
der Herbst zeigen.

Geradezu mühselig arbeiten sich die Reste liberal-konservativen
Potenzials aus diesem *main stream* heraus, der sie über Jahre vor
sich her spülte und über Orientierungs- zu Handlungsunfähig-
keit brachte. Selbst JOACHIM GAUCK wendet sich gegen dieses
framing des politischen Raumes, wo das Geschubse der endlosen Mitte nur noch Perspektive nach links wittert und erinnert
an ‚schwer konservative‘ Positionen, die zum Bestand des Spek-

trums zählen, ohne rechtsradikal zu sein. HEIKE SCHMOLL über das Bundestreffen der 2017 dagegen gegründeten ‚Werte-Union', die aktuell *zz* von der AfD überholt wird, der OBB Görlitz blieb gerade noch in CDU-Hand, HANS-GEORG MAASSEN einstweilen als Nestbeschmutzer kommentiert – so bleibts dabei, die Grünen sind die einzige Organisation, wo Kernaussagen und straffe Organisation effektiv verbunden werden, gesalbt von geschmeidiger Kommunikation – und BASF-Chefe MARTIN BRUDERMÜLLER sitzt schon mal im Wirtschaftsbeirat der Partei. Die Vertreibung der Genforschung durch grüne Kampagnen ins wettbewerbliche Ausland hat er wohl verarbeitet. Meine Glyphosataktie häng ich aufs Clo.

Nochmal zu den 51 % – die setzen tumultuosen Aktivismus in Gang, natürlich in der Klimanummer – alle Aussagen werden gehebelt – erst sollte das Teilkabinett ‚Klima' Beschlüsse fassen, jetzt zieht die Kanzlerin die einfach mal vor, also 2050 Europa auf Netto-Null, so! Damit ist selbst Klima-Paris überholt – widerspenstige EU-Staaten werden gekauft, ist ja Standard in der Konflikt-Moderation – damit fällt das 2030-Statement und das wegen Aufschrei der Länder in die Tonne getretene ‚Carbon Dioxide Capture & Storage', CCS, wird wieder hochgezogen.

Im Übrigen sei das Methan eigentlich die Nr. 1, so 20 bis 30mal doller, seine Zerfallsprodukte 380mal bedeutender für die Erdheizung. Wenn also die heroische ZehOh!²-Gesellschaft die zweite Billion verheizt (obacht!) hat, mit einem sagen wir 0,001-Effekt, dann ist der nächste moralische und Größenwahn angesagt: den steigenden Methanausstoß abzufüllen, von dem die US-Umweltbehörde berichtet, NOAA – was wohl das Ausland dazu sagt!

Auf der anderen Seite – oder nun mal im Ernst: stellen Sie sich vor, da machen sich ein paar Hochrangige die beiläufige Bemerkung der AKK zu eigen, wir könnten ja mal einen Flugzeugträger bauen – was würde das denn, wenn es je das Planungsstadium verließe, auch so eine Friedensmission? Also, nicht so groß, sagen wir 5000 BRT, hätte es Flugzeuge? die auch fliegen?, könnte es schießen? und der Antrieb! Windräder, ein Windmühlenfeld ganz hinten aufs Deck genagelt? Jet-Starts wären dann hinfällig, aber Hubschrauber gingen ja (flugfähige) – alles kaum denkmöglich, bloß die Finger davon lassen im Land mit begrenzter Souveränität, innen wie außen. War ja ein verständlicher Impulssatz, der aber so nicht geht.

Hier ist der *proof of the pudding*: denn brachiale Inkompetenz im wehrtechnischen Einzugsbereich hält an: dem Vielzweckschiff F 125 – vor zwei Jahren baufertig, wegen gravierender Mängel an die Industrie zurückgegeben, nun fünf Jahre nach Plan vor dem Ablegen – diesem Schiff fehlt die erforderliche Einsatzausbildung, die vorgesehene Nutzung für 10 Jahre ist nicht möglich, resümiert der Rechnungshof, dazu ist die Kampfkraft wegen zu schlapper Schießkraft (ich nenns mal so) und fehlender Abwehrfähigkeit gegen angreifende Flugzeuge mehr als beschränkt …
– das stellt erst ein Rechnungshof fest!!!
Mein Resthirn in Auflösung!! – Stellt das Institut doch gleich an die Spitze des Ministeriums oder was. Der Russe sollte diese Berichte abonnieren, das reicht. – Das Schiff soll auf ‚friedenserhaltende Mission‘ gehen, ein teurer Deeskalationstrainer, Leute – da ist der Prediger billiger – der beste Platz für den Schlitten ist ‚vor Anker‘, mal so laienhaft eingeschätzt, und – zeig das bloß nicht Trump, der rastet sofort.

Dann der Kassier auf meiner Tinitus-Perlenkette – MARKUS HERBRAND aus der FDP-Fraktion fragte nach dem Einnahmensaldo aus Steuererklärungen – es sind in zwei Jahren eine Milliarde – netto, ihr Eintagsfliegen, d. h. aus Rückzahlungen und Nachforderungen ergibt sich diese Finanz-Salbe – und warum? Alles vergessen oder wie, isja wie bei mir! – Weil dieses Plünderer-Regime sich für Nachzahlungen sechs Prozent Verzugszins genehmigt – vom Finanzhof ewig als ‚verfassungswidrig‘ umschrieben, weil zwölffach über dem Markt, lachen die sich tot, was haben wir mit Markt zu tun! Warum der FDP-Mann das als ‚Realitätsverweigerung‘ bezeichnet, erhellt nicht unmittelbar. Das Steuerrecht ist aus Unterworfensicht immer schon S & G, Sodom & Gomorra (guxdu 1. Buch Mose), weltlich S & M.

Dabei gabs grade den ‚Wink mit dem Zaunpfahl' oder mit der Flachschaufel, von KAY SCHELLER, Chefe Rechnungshof (4.6.): nach der 6,3 Milliarden-Retoure an sog. Kernbrennstoffsteuer liege der nächste Rückzahlungsfall des Finanzministeriums mehr als nahe – und im Marodieren am Rande der Verfassungswidrigkeit pfeife der Kassier selbst auf das gebotene ‚Vorsichtsprinzip', wonach Rücklagen für absehbare Risiken zu bilden sind. Paperlapapp, gell Herr SCHEUER! – Und mit den ZehOh![2]-Zertifikaten, gell Frau Umwelt – Motto: Offenbach!

PS.: denn beim ANDREAS geht's grade direkt in den Keller – nicht nur lösen sich die prospektierten Einnahmen von 500.000.000 aus dem Laster-Wegezoll in Ballonseide auf, wegen allzu offenbarer Vorführung des befreundeten Auslands, sagt der EuGH – zudem möchten die privaten Teilnehmer an diesem Geschäft noch die eine oder andere 100-Millionen-Retoure anmelden, Motto: erst feuern, und zwar aus allen Rohren, dann zielen ... du läufst schreiend vom Hof. – Später wird offenbar, wie trampelig dumm sich einige Parteikapitäne im Brüsselschwurbel aufgeführt haben, so daß die auf ‚null Bock' beim Entgegenkommen umstellten, smart können andere besser, wir sind genetisch auf ‚Abmarsch – Einmarsch – Durchmarsch' konditioniert.

> Verständlich, daß die *Loid'* keine Zeitung mehr lesen, du taumelst von Krampf zu Krampf – ich konnte das *running desaster* zur lebensverlängernden Maßnahme umstricken. Ich verstehe auch die spätrömische ARD-Gemeinde, im Dekadenzmodus, Gläschen Frisches und Liegeposition, alles perlt ab wie Wasser an der Ente (Zitat RL). – Ihren 9 %-Aufschlag aufs Zwangsgeld werden sie bekommen (28.6.19 miha).

Da ist die Story so eines dieser ‚Open Champions' richtig erhebend. 1923 als ‚mechanische Werkstatt' gegründet, später ‚neuartige Handblechschere' von 1930, gings ab 1960 richtig ab bei ‚Trumpf' mit beständiger Reorganisation, national und international. Und dann die Tochter NICOLA LEIBINGER-KAMMÜLLER, mit vier Kindern und Germanistik-Promotion als neue Chefin, hmmm, denkt der Zeitgenosse in seinem *free wheeling*-Weltbild – in ihren zwölf Jahren gings mit Umsatz, Mitarbeitern (+100 %) und Profit hoch, ihr Gemeinwohlwillis. Das lohnt, eine Kerze anzuzünden, Ulla Fölsing rezensiert Jochen Streb: Trumpf!

Mint-Report: 311.000 Leute fehlen, offene Stellen 478.000, 70 % Facharbeiter, Meister Techniker.

18.6. ,Machtlos und getrieben' sei Europa, so KD Frankenberger, und das dürfe ,so nicht mehr sein'. – Dabei fliegt PETER ALTMAIER doch schon, was das Zeug hält, schon zum zweiten Mal nach China dieses Jahr, danach ist JOHNNY TRUMP gesetzt. Hauptsache, er kommt nicht überall zu spät, denn woran hats wieder Richtung Peking gehakt? Ei an der Flugbereitschaft, ihr Flughörnchen, PA sprang rechtzeitig auf Linienflug. Leben im Sandwich ist ja schon hart genug, von Deutschland als Spielball spricht die Zeitung. Wenn's dann noch zugeht wie bei der Bundeswehr, also beim Kameradendiebstahl von Ersatzteilen, was irgend so ein Maulwurf gleich an die Presse durchsticht, dann kommt heikel zu heikel.

THOMAS STROBL fordert die ,Verkehrswende' – die Grünen verschaffen der CDU Orientierung – seit 30 Jahren wird die Vernachlässigung der Bahn-Infrastruktur benannt, erst die Abwendung des Wahlvolks bringt Bewegung in die Orientierungslosigkeit, Frau AKK spricht vom Bauplatz.

Dabei bleibt die Staatsfinanzierung über den Nullzins von Dauer – ,Zombifizierung' ist das Gift, das Japan seit Jahrzehnten prägt – kein Spielraum gegen Deflation als auch für QE, ,Quantitative Easing', d. h. kein Material gegen die nächste Rezension, so Philip Plickert.

Der Osten des Landes wird leer, mit 13,6 Millionen noch so viele wie 1905, tiefer im Land wie Mitte des 19. Jahrhunderts, so Ifo-Dresden, das ist die Drift der Teilung seit 1949, strategischer Nachlass des Kommunismus – JOCHEN RAGNITZ sagt: Dörfer schließen und den Wegzug fördern – bis 2030 gehen nochmal 20 % der Arbeitsfähigen.

Italien werkelt weiter an ,Mini Bots', Staatsschuldscheinen mit Ersatzgeldfunktion, eigentlich illegal, eher als Pressurmittel im nächsten Euro-Konflikt gedacht. Derweil kontinuierlich im Pöbelmodus nach Norden, notiert TOBIAS PILLER (25.5.19).

JÜRGEN HABERMAS wird 90.

JURIJ DUD, Rußland, macht einen Kolyma-Film, Stalag (Lager im Stalinat) – gegen das Ausweichen, Verharmlosen, Verherrlichen des ,Väterchens', gegen die Angst – es ist ein Film des WARLAM SCHALAMOW – deshalb ist er kein guter Patriot, ein Nestbeschmutzer – ,Wunderbar' sagt Anna Bankite, Direktorin eines staatlichen Sozialzentrums, auf die Frage, was sie über STALIN denkt, ihr Vater starb an den Folgen der Zwangsarbeit – die Hälfte der Leute zwischen 18 und 24 haben nie etwas vom Terror, Massenmord und GULag gehört – der Filmtitel: ,Heimat unserer Angst', davon berichtet Sofia Dreisbach. – Jede Angst hat eine Heimat.

In dieser Heimat bewährt sich der Regisseur KIRILL SEREBRENNIKOW, vom Gericht in 18 Monate Hausarrest gesetzt. Er führt Fernregie in Stuttgart und Zürich und jüngst am Gogol Center – ,Barokko' als ,Sprache einsamer Exaltation' mit der ,feministischen Furie Valerie Solana', so KERSTIN HOLM (6.5.19):

> ,Ein Ordnungshüter, dessen linke Hand per Handschelle an die Rechte des engelgleichen Pianisten Daniil Orlow gekettet ist, führt diesen durch den Zuschauersaal zum Flügel auf der Bühne.'

Foto: Ira Polyarnaya

So wie Serebrennikow und seine Mitangeklagten zur Gerichtsverhandlung eskortiert werden. Er verkörpert die Tradition des Widerstands eines BULGAKOW, eines WARLAM SCHALAMOW.

Tage drauf rezensiert KERSTIN HOLM das ‚Leben, ins Feuer geworfen‘ des MICHAIL RYKLIN – im Feuer des Stalinats stehen dort die Biografien der Brüder Nikolas und Sergej Tschaplin, 1937 ‚als angebliche Mitglieder eines mythischen Syrzow-Lominadse-Blocks‘ verhaftet und in den Lagern Kolyma und sonstwo umgebracht. – Als ‚kommunistischen Faschismus‘ bezeichnet der Überlebende GEORGI SHSHONOW das verheerende Regime, schlimmer als das deutsche, RYKLIN das Putin-Format als ‚zynische Vollendung des sowjetischen Unrechtssystems‘ (KH), welches den Tätern stärker verpflichtet sei als den Opfern, so die Rezensentin. Das zeige die prächtige Ruhestätte des Geheimdiensthenkers WASSILI BLOCHIN, unweit eines Massengrabes von Hingerichteten.

Im Hellfeld zogen Männer im letzten Jahr 14600mal sexuell gewalttätig über Kinder her, im Dunkelfeld nochmal so viele oder mehr, so HEIKE SCHMOLL (6.6.) aus dem Bericht des HOLGER MÜNCH (BKA). – Der Kindesmißbrauch im Breitensport komme auf die doppelten Zahlen wie im kirchlichen Bereich, wird später notiert. – Kernaufklärungsblocker für mehrere tausend Hinweise ist der Datenschutz mit seinem Speicherverbot für IP-Adressen, große Hilfe sind Hinweise aus den Vereinigten Staaten (wie immer). – Eine häufige Ausstattung der primär zuständigen Jugendämter ‚nach Kassenlage (sei) institutionelle Kindesgefährdung‘, so KATHINKA BECKMANN. – Zustandsprägend.

US-Staatsanleihen in China auf 1,1 Bios gesackt, von 6,4 Bios in ausländischer Hand – BLATTER – PLATINI – INFANTINO, dreimal Gold, wie einarmiger Bandit. Die Quatar-Connection kommt ins Verhör.

19.6.   Abends schiebt eine Schwarzfront in hoher Geschwindigkeit übers Haus, sodann 30 Minuten weißgleißendes Blitzlichtern bei kontinuierlichem Donnern ohne Schläge, ohne einen durchgehenden Blitz, hoch im Himmel, nach 30 Minuten durch – neues Format!

Das Amalgam von Neid, im Falle Salieri vs. Mozart ausgeführt, Minderwertigkeitsgefühl und Streben nach Macht und Einfluß ist bekannt und gehört wohl zu den Todsünden – und bündelte sich im ‚eliminatorischen Antisemitismus des RICHARD WAGNER‘, so Fritz Rubin-Bittmann im Leserbrief – bekannt und verwandt mit den schwarzen Feuern des grassierenden zeitgenössischen Antisemitismus, GRAF ARTHUR DE GOBINEAU und HOUSTON STEWART CHAMBERLAIN, versammelte der Musiker, haß- und neiderfüllt gegen jüdische Kollegen, alle Vorurteile seit dem Mittelalter, eingeschlossen alle Vernichtungsformen jüdischer Existenz, in seinen Pamphleten, mithin ‚ein direkter Weg zu Adolf Hitler, den Nationalsozialismus und Auschwitz‘, so der Schreiber – gut überbrückt von WILHELM ZWO, möchte man anfügen.

Das sind andere Ausmaße als bei MICHAEL JACKSON oder anderen übergriffigen Berühmten jedweder Art, wie etwa KLAUS KINSKI, die nicht mehr zu Gehör, zur Aufführung gelangen sollen, das Nürnberger Walhalla bis in die Spitzen der Republik hingegen demonstrativ ungebrochen, sorry Leute, das war meine Ekelschranke – dagegen: es soll zwischen Werk und Autor unterschieden werden, anders geht es wohl auch nicht.

20.6.   6.00 hoch, Auto packen und raus, Fähre, Hude, Nutzhorn – 13 Teilnehmer, anstrengend und motivierend – die ‚falling down‘-Übungen von Andreas inspirieren, aufschlußreiche Gespräche am Tresen, welche manche Wahrnehmung korrigieren – 2.Tag: Zweifel am Nachmittag und Zuversicht aus den Abschlußstatements.

Zurück über die Fähre, als ich ankomme fährt Marion ab, hübsch gemacht, kommst du gleich nach, Seegi? – auspacken – umziehen auf hübsch und erschöpft ins Hamme Forum – dort steigt der Abschlußball der 10.Klasse von sechs Lehrern – großer Auftrieb, die ‚guys & dolls‘ in festlicher, ja heiratsfähiger Aufmachung – keine Steigerung mehr denkbar – aber sie haben was vorbereitet und führen in vier Sessionen große Abschiedsszenen vor – die beiden Männer in Tränen und textlich ausholend, also genießend – die vier Frauen eher knapp, ja knasch, wie Du es machst, Motto: wird schon! – Alles sehr beeindruckend – und sie kommen alle an den Tisch, um sich zu verabschieden, höflich und zum Teil mit großen Gefühlen in diesen jungen Körpern – um Mitternacht bin ich fertig und ziehe ab – um 2 schlägt Loki an – selten habe ich erlebt, welche Freude Du an dem Beruf hast, im 20. Jahr als Lehrerin – deine strahlende, manchmal auch drastische Zuversicht könnte Berge versetzen.

Ach ja, *concerning Las Vegas*, Uwe sagte zu, mich trifft der Schlag.

22.6. PETER GAUWEILER wird siebzig, ein ‚barockes‘ Ensemble, wie die Zeitung notiert, dem der smarte Auftritt nicht eignet, der daher oft ‚hinter seinen üppigen politischen Möglichkeiten zurückblieb‘, das ist mir sympathisch.

Den Schülern ‚Fridays for Future‘ schließt sich eine Gruppe ‚Scientists‘ unter dem gleichen Titel an – von ‚peinlichem Opportunismus ... gestandener Wissenschaftler‘ spricht die Zeitung. Aber auf diesem neuen Weg zu Internationalismus und Friedensnobelpreis mag ja manches abfallen, mag sich der eine oder andere Drittmittel-Suchende denken. – Auf dem Land hingegen ruhige ‚Klimarettung mit den Profis‘, hier im Odenwald (Obertreis / Steppard 12.6.19).

ALEXANDER GAULAND steht auf gegen den bisweilen leichtfertigen Balanceakt des JASPER VON ALTENBOCKUM, Äußerungen oder gar Theoretisches im weiten Feld um politischen Mord in Ursachen- und Verantwortungszusammenhang zu ziehen. Das ist der Grat zwischen Tat- und Täterstrafrecht einerseits und raumgreifende Kriminalisierung von konservativer Gesinnung und Politik – GAULAND zitiert seine Rede für WALTER WALLMANN zur Würdigung des JÜRGEN HABERMAS im September 1980.

Wissenschaft und Fachbehörden sagen in überwältigender Zahl: Glyphosat ist nicht krebserregend, zählt Bernd Freytag auf –

Bayer verliert gleichwohl Prozesse in Folge, zuletzt zu 2 Milliarden in Oakland, eine Front von 13.000 Klagen steht bereit – genügt hat eine Agentur, die zum Votum ‚wahrscheinlich‘ gelangte, wie beim Frisör- und Malerberuf oder infolge Trinkens von 65 Grad heißen Getränken. – Maßgebender als wissenschaftliche Befunde sei, ‚was Menschen fühlen, … nicht mehr, was ist.‘ – Ihr Auftritt, Mr. FIENKELKRAUT.

MERYL STREEP 70, läuft. – Sie sieht ohnehin gut aus und macht vorzügliche Arbeit. – SANDRA HÜLLER als ‚Engelsbalg mit Schwellenangst‘ (Patrick Bahners 22.6.) und diesem ‚Sein oder Nichtsein, tja …‘ in einer ‚Unterbestimmtheit pubertärer Frühreife‘, tja.

23.6. ‚Aktivist‘ ist prominent im Framing-Vokabular, also besetzen Klima-Aktivisten den Tagebau Garzweiler und es rückt das Protestsystem ‚We4-Future Camps‘ auf das Kanzleramt vor, wo der ‚zivile Klimanotstand‘ ausgerufen wird. Jeder Teilnehmer erkenne damit seine Aufgabe an, sein ‚ganzes Handeln auf die Klimakrise auszurichten‘, sagt NORA SCHARBACH aus dem Zaubergarten-Studiengang ‚Bildung für nachhaltige Entwicklung‘, berichtet Markus Wehner (11.6.).

Reinhold Bingener taxiert die grüne Aussicht anhand des ‚politischen Labors der Republik‘, dem in 75 Jahren sozialdemokratischer Regentschaft verarmten Bundesland Bremen. Er bezweifelt, daß jener Partei erneut die Führerschaft gelingt. Denn so einen wie den HELGE LINDH haben sie nicht, der in seiner Not im Bundestag der Doppelmoral grünen Auftritts klingenden Ausdruck verlieh.

Stalinat: JÖRG BABEROWSKI rezensiert ANDREAS PETERSENS ‚Moskauer‘, woraus der Gründungskader des DDR-Regimes rekrutiert wurde – einen solchen Bruch mit dem Eigenen, eine solche Adaption von Lüge, Verstellung und Hörigkeit, und daraus die Exekution des Erlittenen an der Gesellschaft hat es wohl selten gegeben – die dem Naziregime entflohenen Kader, überwiegend im Moskauer Hotel Lux konzentriert, wurden sich selbst zu ärgsten Feinden und denunzierten einander, um der Überstellung in die Lubjanka oder gleich in den GULag zu entgehen – Repräsentant und so formatierter Überlebender aus Moskau war WALTER ULBRICHT.

Das Buch ein weiterer Gang durch die Sepsis des Kommunismus nach ARTHUR KOESTLERS ‚Sonnenfinsternis‘, der ‚Säuberung‘ von GEORG LUKÁCS u. a., nach KARL SCHLÖGEL, BOGDAN MUSIAL und WILFRIED SCHOELLERS ‚Leben des Warlam Schalamow‘ – PETERSENS weitere Variante der Nachkriegsgeschichte, wie ‚Der Rote Gott‘, seit 1929 betitelt ‚Der Führer‘, nach Deutschland geholt wurde, kaum daß der Braune vom Koksen auf Gift umgestellt hatte.

Umseitig setzt HUBERTUS KNABE über den Stand der Forschung auf ‚IM Erika‘ ins Bild – unter diesem Kürzel wird im Netz gegen die Kanzlerin gehetzt, ihr als FDJ-Mitglied, umgeben von IM's, Spitzeltätigkeit für die StaSi unterstellt. Einen Nachweis findet er nicht.

Um 8 vor den Ort mit Loki, sie geht in den Dreisprung nach links, wogegen rechts ein mächtiger Hase das Weite sucht – hätten deren Blicke sich getroffen, bliebe ich chancenlos – dann Gesprächsfetzen im Feld, ein Treckerfahrer hört Verkehrsfunk, das halte ich für übertrieben – aber selbst der Trecker ist Haushalt, Außenstelle des Haushalts und unterfällt so der Haushaltsabgabe, gell Frau GEZ. Wahrscheinlich hört er deshalb, is ja bezahlt! – 16.00 Tee auf dem Rost, vor dem Westhang, Loki am Holz.

JACK KEROUACS DIN A-4-Format durchgebracht ‚Mein Bruder, die See‘, entstanden mit 23 Jahren. – Ein New Yorker Professor entschließt sich, einem Seemann an Bord zu folgen – an Land wie an Bord steht Sympathie für Kommunistisches in Rede, Rußland kennen zu lernen, an den deutschen U-Booten vorbei zu kommen – der Text begleitet von seitenhohen Schwarz-weiß-Aufnahmen der Zeit – KEROUACS Abmusterung von der SS Dorchester bewahrte ihn vor dem

Untergang durch Torpedierung auf der nächsten Fahrt – seine ‚Sehnsucht nach der Bruderschaft' …

Italien: nach sechs Monaten vom 2. Maßnahmepaket bedroht, möchte die Führung ‚Mini Bots' einführen, Schuldscheine des Staates, so ein bißchen Reservewährung, wenn Sie den Trick durchschauen – ‚illegal' kommts da vom Frankfurter Landsmann – doch PIERRE MOSCOVICI aus dem Brüsseler Spielmannszug verspricht sogleich ‚intelligenten Umgang' mit dem 17-teiligen Regelwerk, eh nur für die biederen Deutschen gemacht – ‚diskretionäre Betrachtung' sei angesagt, WERNER MUSSLER läuft einmal vertikal durchs Büro – zwei Wochen drauf ist die Maßnahme abgesagt, vielmehr der erste Versuch. MOSCOWITZKI wettert, man agiere ausschließlich auf Grundlage von Regeln, ups!

Gehört doch nur zur Verhandlungsmasse, wie Griechenlands neuerliche Schadensersatzforderung für Besatzung, Plünderung, Mord & Totschlag. – Das sei schlicht nicht zu beziffern angesichts ‚derartiger Gräuel und Zerstörungen, … die deutsche Truppen … angerichtet (haben)', kommentiert die Zeitung.

Alles Provokationen im Halteraum des Euro, dem verzweifelt Sinnstiftung appliziert wird: MARTIN FELDSTEIN hielt die Formel vom ‚Friedensprojekt Euro' für frömmelnde Attitüde, eine identitätsstiftende Wirkung für ‚sträflich naiv', so Petersdorffs Nachruf – wirtschaftlich und kulturell völlig disparate Länder unter ein Währungsregime zu zwingen, werde große wirtschaftliche Schäden nach sich ziehen, ja internationale Konflikte provozieren – gleiches Votum von BARRY EICHENGREEN (24.5.), der die Schuldenberge unter der EZB anspricht und die Trennung der Geld- von der Fiskalpolitik fordert, letztere sei zu ‚repatriieren' – die Austrittshürden seien ‚unüberwindbar', das sei wie ‚Hotel California' – deshalb grinst DRAGHI doch immer!

Istanbul unter Führung der Opposition – RECIP sucht Antwort – HERBERT DIESS kommt mit Leiterwagen voll Geld: ein VW-Werk bei Izmir ist in Planung.

Und des Pensionärs Studium der Zeitung, so in der milden Verschattung zweier Bäume, zeigt kuriose Offenbarung: da sitzen zwei ökologische Schwergewichte zum Interview zusammen, Merkelmann RONALD POFALLA, aus dem Kanzleramt ins Staatsamt Bahn gewechselt, und der Potsdam-Klimaspezialist JOACHIM SCHELLNHUBER, und sie resümieren, Klimapolitik kann der eigentliche Sinn dieser Koalition werden – woher die sich gut kennen? – ei aus der Kohlekommission – wer sekundiert? ei alles, was Rang und Namen beansprucht in den Senkblei-Organisationen: SÖDER ruft, je eher, desto besser, was die Rest-Kohle betrifft (die Förderflecken liegen ja im Norden), am besten schon 2030, die Kommission sagte grade 2038, ARMIN LASCHET aus den Reservaten der Steinkohleabwicklung plädiert für 2035, liegt ja im Osten – heute noch geht's an die Spritpreise, alle warten noch auf SVENJA SCHULZE, denn im Verkehr geht das nicht mit dem Emissionshandel, die CO^2-Steuer der SPD hält POFALLA ‚für den einzig marktwirtschaftlichen Weg' zur Klimafreiheit – wer sortiert die Parolen-Katarakte der von den ‚Falling down'-Werten Getriebenen – sie könnten ja einen Staats-Staat gründen, mit Kohlekommission, Gas-Frei-Institut und Atom-Notaus, dazu die Staatskonzerne Post – Telekom – Bahn und KfW, die ja schon 20 % Deutsche Post und 17,4 % Telekom hält – ein Kurzschluß könnte Leben retten.

Nochmal ins Detail: der ganze Kohlezirkus ‚könnte' die Emissionen erhöhen – sagen nach dem Ifo-Institut nun auch die Fachfreaks aus SCHELLNHUBERS Bude in Potsdam (5.6.19 niza) – weil alle installierten Systeme gegeneinander arbeiten, euer Improvisationstheater müßte allabendlich ins Fernsehen!

Ins Klimax-Tohuwabohu platzt wiederholt der BDI-BDA-Frust darüber, daß PETER ALTMAIER wohl völlig von der Klima-Intuition der Chefin absorbiert ist, ‚alles pille-palle', jedenfalls ziemlich strategie- und aktionsfrei dasteht, was Wirtschaft, Mittelstand, Steuerlast & Verwandtes betrifft.

Und obendrauf das von DAVID FOLKERTS-LANDAU aktualisierte Sandwich-Format, also die deutliche Wachstumsschwäche, die 44 deutschen mit 1,2 % am Ende der 1000 Stärksten, so EY – wegen fehlender Technologiekonzerne, wegen fehlender KI-Förderung, guxdu Digitalkabinett, Tagungsplan im Aushang, dazu noch – einzig – 10 % Ergebnisrückgang – hingegen 50 % der Einhörner, also Monster-Start Ups, aus USA, 25 % aus China, 6 % aus Europa, 6 % aus Great Britain, das sich klugerweise aus dem Euro raushielt, ihr Vogelhäuschen. Alles ein bißchen in Panik in Old Europe, meint der Autor und verweist auf SCHUMPETERS ,schöpferische Zerstörung', das auch noch!

Wenn der Staat alles schlecht macht, so sagen die Leute, muß eben noch mehr Staat – wenn die Klimapolitik null Effekt hat, muß eben noch mehr Klima her! In diesem Modell geht der aufrechte Gang verloren, damit die Wahrnehmung der Welt, den Platz nimmt Angst ein.

Was bitte wünschst du dir denn zum Geburtstag Schatz? – Einen VW-Bulli! – Na klasse, beim Zähneputzen krümelt daraufhin die Goldkrönung erneut – Teppichklebeband!

25.6. Wenn das ganze Volk über unseren Chef abstimmt, müßte doch wieder Leben in die Bude kommen – also schlägt THOMAS OPPERMANN vor, das Drama seiner Partei zu dem des Volkes zu machen – also jeder, der darf, soll den SPD-Chef wählen – ,vielleicht sind es ja die hohen Temperaturen', orakelt Jürgen Kaube.

EMMANUEL MACRON verneigt sich im Salon des Ambassadeurs, Élisée, vor ALFRED GROSSER (94), der achtjährig nach Frankreich flüchtete.

FRIEDRICH PRINZ VON PREUSSEN bekommt die Burg Rheinfels nicht zurück, 1918 beschlagnahmt, seit 1924 als Kron-Fideikommiss aus dem Sondervermögen der Hohenzollern. – Der war in Büdingen in meiner Klasse, Fritz, leichte Stupsnase.

27.6. Während ich mich am beschaulichen Lago Maggiore entlangkutschen ließ, wurde in der Zeitung natürlich anständig gearbeitet, täglich (ist ja Tageszeitung) – und am 13.6. der <u>Bildungsrepublik</u> (Zitat, Leute!) doch eingangs eine ganze Seite gewidmet, was nach langjähriger Erfahrung einen anständigen Schlag ins Kontor verspricht – kurz, danach steht kein Stein mehr auf dem anderen, von den wenigen, die da noch stehen.

Und wer schießt auf diesem Spezialgebiet, in diesem rohstoffarmen Land mit seiner einzig sandwich-resistenten Ressource ‚Kopf‘ den Vogel ab? – Richtig, <u>Bremen</u>, wie immer. BRIGITTA VON LEHN geht anläßlich des neuesten Rechnungshof-Kataraktes durchs Bildungsressort der CLAUDIA BOGEDAN, die nach Hans-Böckler-Stiftung und Landesvorstandsarbeit für Kontinuität in diesem ‚seit Jahrzehnten in roter Hand‘ verödenden Bereich sorgt.

Um Ländervergleiche, diese regelmäßige Klatsche, zu unterlaufen, stellt sie Tests in das Belieben der Grundschulen, wo es ‚natürlich‘ kaum jemanden beliebt – gegen eine seit 13 Jahren bestehende KMK-Vereinbarung – erst auf dem Klagewege erreichte eine Mutter, daß die Abi-Durchschnitte ins Netz gestellt wurden, auch das vereinbart, Bremer ‚Informationsfreiheitsgesetz‘ (lachst dich tot).

Natürlich hat sie allen Grund fürs Zögerliche, denn jetzt geht's erst richtig los: keine der ‚vom roten Ressort gehätschelten‘ Gesamt- oder Oberschulen, sondern das ‚Ökumenische Gymnasium‘ steht an der Spitze, also jene Schulform, die unter der ideologischen Knute konstant behindert und benachteiligt wird: die Rückkehr zum 13-jährigen Lauf wird untersagt, die maximale Klassengröße auf 30 hochgesetzt, zweite Fremdsprache für Oberschüler nicht verpflichtend – und jetzt das Schärfste: für staatliche Schulen zahlt die Landesregierung prunkvolle 7300 pro Schüler, Effekt wie beim Klimawandel, für Privatschüler hingegen schlußlichtmäßige 4200, Bayern hingegen 6700, Hamburg gar 6830 Euriolen!

Folge 1: ordentliches Schulgeld für die Eltern,
Folge 2: nur Kinder reicher Eltern können Qualität genießen,
Folge 3: ordentlich Wasser auf die Mühlen grün-rot-linker Klagegeister, dort hausten ja eh nur Unternehmersöhnchen – ein

Musterbeispiel von *selffulfilling strategy* fürs politische Auf-schneidertum – nun noch zum Ergebnis:

Bremer Gymnasien mit 2,3 schon weit oben, Ökumenisches bei 1,9, Altes Gymnasium bei 1,97 – das muß reichen hier, der Rech-nungshof hebt dann noch an einem Dutzend Stellen hervor, daß Entscheidungen nicht dokumentiert, abseits rechtlicher Vorga-ben getroffen und die International School Bremen wohl seit 2006 zu Unrecht gefördert wird – bei jedem Unternehmen wür-de alles Aufschreien: Sauladen, danach ist auch die Journalistin fertig mit den Nerven, der Griff zur Flasche zwingend.

Ein Blick zurück erweist dieses dreiste ‚Null-Bock-Kontinu-um' des politischen Personals: im Vorjahr vereinbarte die ge-wählte und also beauftragte Bürgerschaft – mit Ausnahme der FDP-Fraktion, ‚eine gescheiterte Schulpolitik', genannt ‚Bre-mer Schulkonsens' um zehn Jahre zu verlängern, so HEIKE SCHMOLL (20.9.18). – Eine eigens eingerichtete Schul-Kommis-sion wurde ‚in Anbetracht der Wahl kurzerhand aufgelöst'. Es geht daher konsequent ‚weiter in den Abgrund'.

Und um die Fallhöhe dieser staatsorganisierten Unterforderung gegen einen schulischen Auftrag von Bildung zu illustrieren, sei ein weiterer Text aus 2018 herangezogen: der Berliner Gymna-siallehrer Rainer Werner stellt den Desastern einige Vorschläge aus dem literarischen Fundus entgegen, die kaum noch Chance auf Gebrauch haben (18.10.18). – Diesen Abbruch vollzog bereits die ‚Hessische Rahmenrichtlinie Deutsch' im Jahr 1975 – durch Beseitigung von Literatur sollte Ungleichheit abgebaut werden. – ‚Kultureller Schmerz' befalle ein Volk, dessen ästhetische Über-lieferung gekappt werde. Aber dagegen gibt's ja Tabletten. Und: ‚Kulturelle Selbstverleugnung aus Selbsthass ist auch eine Form von Nationalismus' – der gefährlichste.

Die sich zu ‚Schutzbefohlenen der Kinder aus unterprivilegierten Familien aufschwingen', betrügen diese ‚um das, wessen sie am nötigsten bedürfen: Selbsterkenntnis und Selbstermächtigung. Für beide sind literarische Vorbilder unentbehrlich', so der Autor.

PS.: Ich gehe sogleich an die Bücherwand – und finde nicht mal ‚Die Leiden des jungen Werther'. Die hätte ich vor fünfzig Jahren dringend gebraucht.

Wie sehr republikweit die gymnasiale Grundanforderung eines ‚vergleichbaren Abiturs' – als Anforderung aus dem verfassungsrechtlichen Gleichheitssatz, so das oberste Gericht – nicht nur ignoriert, sondern regelrecht verramscht wird, zeigt HEIKE SCHMOLL wie schon oft auf Seite 1 (13.6.19). Da paßt nichts zusammen – keine bindende Beteiligung am Aufgabenpool – wenn doch, dann gerne Zusatzaufgaben mit gravierenden Abweichungen – Bremen und Nds. sowieso draußen – großzügige Abwahloptionen, Mathe als Pflicht in wenigen Ländern – Vorbereitungszeiten für die Mündliche zwischen 30 Minuten und Wochen – skandalöse Bewertungsdifferenzen: mit 45 % bestanden, mit 85 gibt's ‚eins', für 100 % – keine Note übrig! ‚Von einem reellen Leistungsbild … weit entfernt', so ihr Ausruf, eben Verramschung, ‚wertloses Stück Papier'. Kundenorientierung ist hier keine Kategorie.

Wir bleiben im Gebiet – ‚MINT'-Fächer gehören ja zum Kernbestand von Zukunft, ALFRED WAGNER untersucht die Arbeitsunterlagen für Schüler, vulgo Schulbücher, denn die Vorkurse vor Studienbeginn müssen immer weiter ausholen, wenn Sie ahnen … – und ihn schauerts gleichermaßen, denn die gewählten Beispiele zeigen, daß die Stoffvermittlung eher dem Pfadfindermodus Abenteuer und Entdeckung, also dem Brettspielformat folgt, statt ‚lehrt', was Sache, was Phase ist, zum Beispiel Definitionen setzt – den Aussagen fehlt ihr Maß, sie werden gerne in ‚Infokästen' gekippt, da ist es fast zwingend, daß der Neu-Student verstört im Vorkurs landet und, nach Begründungen befragt, eher antwortet: isso!, also wie ich zum Hund. Ich sage mal, der Chinese lacht sich tot. – Auch Bayer-Vorstand HARTMUT KLUSIK rauft sich die Haare.

Als sei noch irgendwas unklar, kommt OLAF KÖLLER vom Kieler Leibnitz-Institut mit weiterem Aufschlag zum ‚MINT'-Fächerblock um die Ecke – ‚in der Schule vernachlässigt, die Mädchen verschreckt und traumatisiert ... zu wenige MINT-Studenten, zu viele Abbrecher', summiert er die Klagen, dabei sei's besser, als es tönt – mmmh, wenns dann aber doch der ,digitalen und verkehrssprachlichen Alphabetisierung' bedarf (falls Sie noch folgen können), um Abbruchquoten bis 40 % gegenzusteuern, dann ist wohl einiges nahe am untersten Quartil und es wird dauern, bis alle wissen, wo Bartl den Most holt (was Ihnen natürlich geläufig ist).

Und noch einer aus dem Vorjahr: AXEL MEYER / Konstanz (26.9.18) berichtet aus der Exzellenz von Berkeley, Harvard und New York über den beschwerlichen Weg von Doktoranden dort – und den eher gesetzlichen Weg hier. Die Entscheidung ,von oben herab ..., was exzellent ist', liefere eher Masse statt Klasse. Das zeige sich in weiteren Kennziffern, wie der Zulassung zum Studium: 19 % eines Jahrgangs in der Schweiz, hier 50 %. – Soviel zum Bildungsprofil, Späßchen, sag' ich.

<u>Versailles</u>: wie nach den Kabinettskriegen des 18. Jahrhunderts, so Peter Sturm, vereinbarten die Siegermächte 1919 das Paket Vorortverträge und Versailles und legten es in französischer Feier von ,Demütigung' der deutschen Delegation zur Signatur vor, bei Verweigerung die Wiederaufnahme der Kampfhandlungen androhend. Die Übersetzungen verwoben sich: Kapitulation (im Felde ungeschlagen) – Dolchstoß – Erfüllungsdiktatur – Novemberverbrecher – Teilbesetzung bis 1930 – Reparationszahlungen bis 2010 – alles unterhielt und förderte den Haß und die Bereitschaft zur Revanche – die Figur dafür kam – die Entourage war zu allem und mehr bereit, Genozid und Völkermord ergaben sich – zum Hebel wurde der Pakt mit dem Gröfaz Ost.

Die Debatte über das angemessene Mahnmal ist nach bald 75 Jahren im Gang – ,die <u>Polen</u> starben, weil sie Polen waren, so Pawel Ukielski. Das hob diesen Genozid gegen andere slawische Völker ab und ein Leserbrief (15.7.) erläutert das anhand der ,PolenstrafrechtsVO' vom Dezember 1941. Die erklärte mit der Einverleibung des Landes die Einwohner ,zu Rechtssklaven der Deutschen': auf zwei Seiten, auf drei kurzen Texten wurde das

‚materielle Strafrecht' umrissen, an der Spitze die ‚Gehorsams-
pflicht'. Deren Verletzung, also Ungehorsam, zog als Regelstrafe
den Tod nach sich.

Zu strategischen Instrumenten, um diesen Weltfeind niederzu-
strecken, wurde der ‚Bombers Baedecker' der britischen Regierung von 1943, als der Übergang von Präzisions- zu Massen-
bombardements durch ‚1000-Bomber-Angriffe' über Köln und
großen Industriezentren schon vollzogen war – und also weitere
drei Jahre anhielt. – Reiner Burger zieht den ‚Brand' von JÖRG
FRIEDRICH heran – 392 Städte enthielt jener ‚Reiseführer', mit
detaillierter und Infrastruktur, priorisiert – zur Unterstützung
etwa der alliierten Bodentruppen wurde Wesel mit 1000 Tonnen
Bomben in Schutt und Asche gelegt – ‚den Zustand des ‚Ausge-
liefertseins erreichten die Deutschen im Herbst 1944', so JF, ‚von
da an fällt die dichteste Bombenmunition', mehr als die Hälfte
aus 60 Monaten, mit planmäßigen Feuerstürmen in Wuppertal,
Würzburg, Hamburg, Dresden, Pforzheim und einer Erfolgs-
quote von 98 %. – Der Median der Weltkriegstoten (im Reich)
liegt auf dem gleichen Zeitpunkt. – Und ein wenig Handbuch
des Kriegsverbrechens könnte dieser Baedecker auch gewesen
sein.

Das Ganze folgte auf die ‚Baedecker Raids' auf englische Städte
1942, wonach in einem jener Reichstagsauftritte erklärt wurde,
jedes im Baedecker als bedeutend eingestufte Gebäude in Großbritannien werde nun bombardiert werden – der Kampfmit-
tel-Räumdienst arbeitet die Dokumentation bis zur Stunde ab.

‚Flugscham' lautet der neueste Eintrag ins doktrinäre Wörterbuch.

29.6.   Der Ball wird für Loki durchs Gelände gehauen, Jonas kommt
rein, der Hund mit Ball hinterher und über die Küche wieder
raus – noch einen Schuß bitte! – Das Eichhörnchen quert den
Garten, das muß aufhören, Loki folgt der Spur.

ALAIN FIENKELKRAUT, bereits unter den ‚Unsterblichen', wird
70.

FRA: Staatsschuld an 100%, maastrichtmäßig vereinbart sind
60. – D: seit 2010 entgangene Zinsen bei 648.000.000.000, so die
DZ-Bank.

Zweieinhalb Jahrhunderte war das vom Weißen Mann eroberte
Nordamerika, also die Fläche zwischen dem 30. und 50. Breiten-
grad Nord Sklavenhaltergesellschaft. Dabei vermittelt die Asso-
ziation ‚Baumwollfelder in den Südstaaten‘ nur unvollständigen
Eindruck, wie ANDREAS ECKART berichtet (26.6.). – Sklaven-
haltung und Sklavenarbeit kennzeichnete ebenso die Sphären
geistiger Arbeit, wie MARTHA SANDWEISS für die viertälteste
Universität Princeton dokumentiert hat – vierzig weitere Universitäten wenden sich jetzt ebenfalls den Kellern ihrer Vergangenheit zu.

Diese ‚institutionalisierte Knechtschaft‘ prägte alle Sphären der
Gesellschaft, so das ‚Hauspersonal‘ der ersten zwölf Präsidenten
der USA, von Hunderten von Kongreßabgeordneten und Sena-
toren, ebenso von ‚mindesten zwei Drittel der Juristen vor 1865
am Obersten Gerichtshof‘.

Gleichwohl mittleres Befremden angesichts manch aufgedeck-
ten Verhältnisses: zur Geldanlage von dreißig Mitgliedern des
Verwaltungsrates der heutigen Brown-Universität gehörte das
Eigentum an Sklaventransportern, Stiftungslehrstühle wurden
aus dem Plantagen-Surplus finanziert, der Präsident der Alaba-
ma-Universität peitschte höchstpersönlich in seinem Büro aus,
der Moralphilosoph Samuel Smith, Princeton-Präsident, annon-
cierte 1784 einen seiner Sklaven zum Verkauf. – Und noch Wall
Street, wo ‚Sklaven lange Zeit als Sicherheit für Darlehen und
Hypotheken akzeptiert‘ waren. – Kurz, die Last solcher Hypo-
thek war breiter verteilt, sie wirkt daher bis zur Stunde ebenso
weitläufig. – ‚John, den mageren Nigger‘, nannte auch THOMAS
MANN 1938 in Princeton seinen ‚schwarzen Diener‘, ergänzt
Ulrich Schneider im Leserbrief (15.7.).

Kein Ausrutscher, denn in seinen Polemiken während des ersten
Weltkriegs war TM auch Teil des gesellschaftlichen Rassismus
und kommentierte einen französischen Krieger so:

‚Ich zeige Ihnen ein Bildchen. Ein Senegalneger, der deutsche Ge-
fangene bewacht, ein Tier mit Lippen so dick wie Kissen, führt seine graue Pfote die Kehle entlang und gurgelt: Man sollte sie hinma-
chen. Es sind Barbaren.‘

Zitiert von Wolfgang Schneider in der Rezension des David Diop
(22.1.20). Nicht das Zerfleischen Millionen junger Männer schien
ihm das Problem, sondern der schwarze Soldat mit Machete war
das stärkere Argument.

Drew Tal – Lilah with Bird
Turner Carroll Gallery

Namensverzeichnis

Abrams, Samuel J. | 74
Achleitner, Paul | 18
Afhüppe, Sven | 99
Ahrbeck, Bernd | 133
Albert II., Fürst von | 83
Altenbockum, Jasper von | 26, 55, 103, 112, 173
Altmaier, Peter | 29, 103, 118, 126, 143, 169, 177
Ankenbrand, Hendrik | 81 ff., 142
Applebaum, Anne | 129
Ardant, Fanny | 71
Ardenne, Manfred von | 72
Arterton, Gemma | 59
Auster, Paul | 46
Baberowski, Jörg | 41, 111, 174
Babiš, Andrej | 85
Baker, Ginger | 115
Bandulet, Bruno | 126
Baring, Arnulf | 56
Barley, Katarina | 7, 21, 26, 123
Battisti, Cesare | 18
Bayram, Canan | 43
Becker, K. B. | 7, 32
Beckmann, Kathinka | 171
Beer, Daniel | 41
Behns, Aphra | 19
Bellut, Thomas | 13
Bethke, Hannah | 9, 114, 116, 149
Biebricher, Thomas | 38
Bilabel, Barbara | 65, 106, 108
Böge, Friederike | 82 ff., 140 f.
Bogedan, Claudia | 179
Bongo, Ali-Ben | 37
Braun, Wernher von | 72
Braunberger, Gerald | 56
Brecht, Bertold | 61, 115
Brinkhaus, Ralph | 91
Brown, James | 77
Brown, Kerry | 83
Buchal, Christoph | 103

Bucharin, Nikolai | 25
Buffett, Warren | 120
Bury, Yannick | 62
Buschmann, Marco | 63
Butler, Judith | 116
Carstens, Peter | 28, 101
Cash, Johnny | 37, 135
Chanel, Coco | 56
Dabringhaus, Sabine | 81
Diess, Herbert | 118, 176
Dohnanyi, Hans von | 27
Doran, Jamie | 86
Draghi, Mario | 62, 95, 176
Dud, Jurij | 170
Dugin, Alexander G. | 72
Eastwood, Clint | 25
Eben-Worlée, Reinhold von | 29
Eckart, Andreas | 184
Edelmann, Josef | 57
Eichengreen, Barry | 176
Eichmann, Adolf | 73
Eisenberg, Peter | 7
Esser, Hartmut | 9
Fassbinder, Rainer Werner | 107, 123
Feld, Lars | 29, 62
Feldstein, Martin | 176
Fienkelkraut, Alain | 48 f., 174, 183
Folkerts-Landau, David | 67, 177
Forte, Dieter | 108
Friedländer, Saul | 27
Friedrich, Jörg | 183
Gauck, Joachim | 165
Gauland, Alexander | 173
Gauweiler, Peter | 173
Gessen, Masha | 71 f.
Geyer, Christian | 14
Ghadban, Ralph | 121
Giffey, Franziska | 105, 152
Glück, Helmut | 50
Göbel, Heike | 31, 38, 78
Grimm, Dieter | 49

GROSSER, ALFRED | 178
GÜNTHER, REGINE | 43
GUZMÁN, JOAQUÍN | 88, 137
HABECK, ROBERT | 165
HABERMAS, JÜRGEN | 170, 173
HANFELD, MICHAEL | 50
HARATISCHWILI, NINO | 25, 46, 53, 72, 97
HARDER-KÜHNEL, MARIANA | 91
HAWKING, STEPHEN | 62
HECK, WERNER | 44
HEIL, HUBERTUS | 30, 38, 138
HEINIG, HANS MICHAEL | 127
HENKE, KLAUS-DIETMAR | 25
HENKEL, OLAF | 58
HERBRAND, MARKUS | 167
HERZOG, ROMAN | 127
HILL, TERENCE | 80
HITLER, ADOLF | 14 ff., 79, 90, 116, 172
HOFFMANN, HEINRICH | 106
HÖGL, EVA | 21
HOLM, KERSTIN | 72 f., 130, 170 f.
HÜLLER, SANDRA | 174
HUPERTZ, HEIKE | 86
HÜSTER, WIEBKE | 61
HÜTTEL, RICHARD | 106
ISSING, OTMAR | 35, 64, 126 f.
JACKSON, MICHAEL | 58, 61, 81, 172
JAEGGI, JANINE | 52
JAGGER, MICK | 88
JELINEK, ELFRIEDE | 65
JONGEN, MARC | 54, 111
JUNCKER, JEAN CLAUDE | 35, 84, 100, 127
KAPFER, HERBERT | 93
KAPPLER, HERBERT | 73
KAUBE, JÜRGEN | 19, 111, 129, 178
KEFER, VOLKER | 87
KEHRBERG, JAN | 45
KEKULÉ, ALEXANDER S. | 7, 33
KEROUAC, JACK | 145, 175
KERSTING, FRANZ-WERNER | 94
KESTING, JÜRGEN | 38

KIELMANSEGG, HANNO GRAF VON | 35
KIELMANSEGG, PETER GRAF V. | 35, 44
KIJOWSKA, MARTA | 48
KIPPING, KATJA | 26
KLAUBERT, DAVID | 57
KLAUS, VÁCLAV | 64
KLEBER, CLAUS | 127
KLEMPERER, VICTOR | 50
KNABE, HUBERTUS | 175
KÖCHER, RENATE | 112
KOENEN, GERD | 71, 116
KÖLLER, OLAF | 12, 181
KÖNIG, INGRID | 132
KOSTNER, SANDRA | 132
KRAMP-KARRENBAUER, A. (AKK) | 45,
56, 73, 138, 165 f., 169
KRAUSE, TILMANN | 61
KRAUTZBERGER, MARIA | 77
KUFEN, THOMAS | 121 f.
KULENKAMPFF, HANS-JOACHIM | 12
KUNERT, GÜNTER | 61
KÜNSBERG, EBERHARD VON | 66
LAGERFELD, KARL | 48
LEHN, BRIGITTA VON | 179
LEIBINGER-KAMMÜLLER, NICOLA | 168
LEMPER, UTE | 16
LENZ, SIEGFRIED | 116
LETHEN, HELMUT | 14, 23
LINDENBERG, UDO | 90, 121
LINDH HELGE | 174
LINDNER, CHRISTIAN | 91
LINKEN, BARBARA | 48
LÖHR, JULIA | 41
LOHSE, ECKART | 92
LUCKE, BERND | 88
LUDEWIG, JOHANNES | 143
MAAS, HEIKO | 55
MAASSEN, HANS-GEORG | 166
MACHADO, CARMEN MARIA | 104
MACRON, EMMANUEL | 21, 42, 84, 89,
125, 128, 178

Magnitski, Sergei L. | 59
Mamardaschwili, Merab | 45
Mann, Thomas | 159, 184 f.
Margaine, Clémentine | 29
Marin, Dalia | 75
Maron, Monika | 75
Mattes, Eva | 14
Matthes, Jörg | 51
Mayer, Axel | 73
Mayer, Ulf | 21
Meidinger, Heinz-Peter | 9
Meier, Christian | 47
Mekas, Jonas | 23
Merkel, Angela | 21, 24, 29, 34, 40, 65, 84, 122, 149
Michelbach, Hans | 62
Miller, Alexei | 40
Minford, Patrick | 35
Mitterand, François | 18
Monet, Oscar-Claude | 134
Moscovici, Pierre | 21, 176
Movais, José | 119
Mühe, Andreas | 115
Müller-Eiselt, Ralph | 11
Münch, Holger | 171
Münkler, Herfried | 111, 143
Mussler, Werner | 34, 93, 138, 176
Nahles, Andrea | 77
Neubauer, Luisa | 46
Nolde, Emil | 116
Norman, Joe | 119
Obama, Barack | 24
Oettinger, Günther | 42, 100
Oppermann, Thomas | 43, 178
O'Reilly, Emily | 42
Osokina, Elena | 130
Pennekamp, Johannes | 87, 131
Pétain, Philippe | 79
Petersdorff, Wieland von | 102, 119, 142, 176
Petersen, Andreas | 174 f.
Petersen, Thomas | 51

Peterson, Jordan | 73
Pfab, Susanne | 50
Pfeiffer, Joachim | 46
Pfeiffer-Poensgen, Isabel | 70
Picabia, Francis | 23, 42, 51
Pizarro, Claudio | 47
Plickert, Philip | 13, 46, 50, 169
Pofalla, Joachim | 177
Prechtken, Markus | 90
Preusker, Victor-Emanuel | 25
Priebke, Erich | 73
Prigoschin, Jewgenij | 41
Prokofiew, Sergej | 130
Psotta, Michael | 20
Putin, Wladimir W. | 40, 46, 72, 81, 86, 171
Ragnitz, Jochen | 169
Raspail, Jean | 123
Reents, Edo | 149
Rees-Mogg, Jacob | 64
Ren, Zhengfei | 83 ff., 141 f.
Resch, Jürgen | 103
Richter, Gerhard | 64
Roeder, Manfred | 48
Röhr-Sendlmeier, Una | 9
Rohwedder, Hergard | 117
Rommel, Erwin | 113
Rudiš, Jaroslav | 70
Russ, Klaus | 9
Ryklin, Michail | 171
Sandweiss, Martha | 184
Sarrazin, Thilo | 37, 54, 92, 111
Scaraffia, Lucetta | 80
Schäfers, Manfred | 5, 38
Schalamow, Warlam | 130, 170 f., 175
Scharpf, Fritz | 49
Schäuble, Wolfgang | 20, 91
Scheller, Kay | 168
Schellnhuber, Joachim | 177
Scheuer, Andreas | 31, 168
Schierach, Ferdinand von | 106
Schierach, Henriette von | 106

188

Schilling, Florian | 7
Schimpf, Wolfgang | 11
Schmidt, Eike | 6
Schmidt, Friedrich | 40 f.
Schmidt, Helmut | 152
Schmidt, Susanne K. | 49
Schmidt, Zilly | 114
Schmitt, Carl | 72
Schmoll, Heike | 6–12, 60, 74, 109, 111, 133, 166, 171, 180 f.
Schmuhl, Hans-Walter | 94
Schnabel, Isabel | 35
Schnabl, Gunther | 78
Schneider-Kuhn, Caroline | 135, 148
Schneyder, Werner | 57
Scholz, Olaf | 5, 21, 30, 34, 38, 70, 126
Schönberger, Christoph | 54, 91
Schönecker, Dieter | 54, 111
Schreuf, Kristof | 115
Schröter, Susanne | 111
Schulze, Svenja | 52, 70, 75, 138 f., 177
Seibel, Wolfgang | 28
Selge, Edgar | 39
Selmayr, Martin | 42
Serebrennikow, Kirill | 170 f.
Serra, Jacob Strobel y | 113
Shaviv, Nir | 33
Simms, Brendan | 65, 89
Sinn, Hans-Werner | 103
Soldt, Rüdiger | 7, 31 f., 143, 165
Soros, George | 127
Spahn, Jens | 41, 75
Speer, Albert | 90
Spoerhase, Carlos | 65
Stabenow, Michael | 129
Stadelmaier, Gerhard | 47, 87
Stalin, Josef W. | 25, 34, 41, 45, 82, 129 f., 141, 170
Starbatty, Jochen | 58
Stauffenberg, Claus S. G. von | 79
Steiner, Christian | 40
Steinmayr, Ricarda | 11

Stelters, Daniel | 67 f.
Steltzner, Holger | 30, 52
Stenton, Harry Dean | 37
Stevens, Cat | 59
Strauss, Simon | 39, 87, 98, 123
Suntum, Ulrich von | 21
Szilárd, Leó | 137
Taheri, Rouzbeh | 21, 43
Thiel, Thomas | 36, 54 f., 71
Thielke, Thilo | 41
Thunberg, Greta | 55, 66
Tibi, Bassam | 120
Trittin, Jürgen | 118, 139
Trotzeck, Veronika | 148
Trump, Johnny | 4, 24, 66, 74, 92 f., 113, 118, 149, 151, 165, 167, 169
Ulbricht, Walter | 175
Unzeitig, Doris | 149
Vaubel, Roland | 124
Wagner, Alfred | 181
Wagner, Richard | 172
Waigel, Theo | 98
Weber, Lukas | 133
Weber, Max | 20, 36
Weber, Oliver | 51
Weede, Erich | 67
Wehling, Elisabeth | 34, 49, 51
Wehner, Markus | 43 f., 86, 122, 174
Weimann, Joachim | 76
Weinstein, Bret | 74
Weisenborn, Günther | 48
Wells, H.G. | 137, 157
Werner, Rainer | 7 f., 12, 148, 180
Xi, Jinping | 81–86, 140 ff.
Zaboji, Niklas | 56
Zenthöfer, Jochen | 105
Zurhorst, Eva-Maria | 56

Themenverzeichnis

BILDUNGSREPUBLIK | 6–12, 60 f., 70, 118 f., 132 f., 143 f., 148 f., 178 ff.

BREMEN | 120, 124, 179

CHINA | 81 ff., 140 ff.

DIGITAL – INNOVATIV | 18, 87, 110, 143 f.

EUROPA – BRÜSSEL | 34 f., 37, 49, 62, 64, 69, 89, 99 f., 111, 124 ff., 133 f., 137–140, 151

GENDERINKLUSIPARI | 26 f., 44 f., 54 f., 73 ff., 95, 111 f., 131 f., 152

GEZ – ARD | 49 ff.

KLIMAREPUBLIK | 24, 32 ff., 45 f., 56 f., 66, 75 ff., 118, 120, 138 ff., 177

MISSBRAUCH – KINDER – FRAUEN | 28, 69 f., 94

NAZI | 14 ff., 27, 47 f., 73, 79, 106, 113 f., 135 f., 145 ff., 182 f.

ÖFFENTLICHER RAUM | 29 f., 38 f., 54, 62 f., 165 f.

ORG.VERBRECHEN | 57 ff., 121 f., 136, 150 f.

RUSSLAND | 40 f., 71 f., 170 f.

SOZIALES&WOHLFAHRT | 20 f., 30 ff., 42 f.

STAAT&BEUTE | 21 f., 90 ff., 136 f., 167 f.

STALINAT – DDR | 41 f., 86, 115, 129 f., 174 f.

Band 1 auf DIN A 1, zu Seite 106 f.

Wann ist Blütende! Wann wendet sich eine Kamera ab?

Blut ohne Ende, 60 x 40 cm

Ende, 60 x 60 cm

Enthauptung in Ägypten: 12 Uhr mittags, „sterben üben"
die Tabus sind in den Dienst der Ökonomie gestellt worden, sie werden nützlich,
wie der Mensch
könnten wir sterben üben, wären wir nicht so produktiv,
deshalb wird der Tod i d Ges abgeschafft,
die Linie des Fortschritts ist an die Stelle des Kreislaufs gesetzt
– wenn wir wüßten (erkennen würden), was wir tun,
wären wir nicht mehr verfügbar
Agave u Pentheus: Das Problem, nicht zu erkennen

21.1.
– mein Bild, mein Text, mein Theater, mein Berlin füllen mich aus. Struktur! Bei sechs Stunden Probe ist alles vorgegeben, „Krankheit oder Moderne Frauen" soll wiederaufgenommen werden, dabei alles ein luxuriöser Ausblick. – Das Auto ist verkauft, kein Geld. Wir sitzen in dieser Dreieinhalbzimmer-Wohnung und ich weiß immer nicht, welches das halbe Zimmer ist. Drehe ich mich beim Duschen um, springt die Plastik-Schiebetür aus der Fassung oder der Haltegriff hinterläßt bleibende Spuren am dem Rücken. Das wächst sich aus. Immerhin komme ich danach knapp am Clo vorbei und, verkeilt zwischen Handtuchhalter und Ablage

Berlin, Zentrum 3

– Warum zögern Sie?
– Fragen und Antworten haben den Kreis des Horizonts, im Reichtum seh Zögern.
– Spüren Sie Klarheit Ihrer Haltung!
– Ich stolpere bisweilen beim Laufen.
(Das ist Verrat auf ganzer Linie)

– Beim Verteilen der Flugblätter für die „Krankheit" tat ich ein Germa Seminar auf, wo der Stoff grade das Thema ist. Alle halten das Flugblatt Hand, anstrengend.

– „Niemand ist bereit zu gehen", Tabori.

26.1.
– Ein Artikel beschreibt das Sterben und den eintretenden Tod. Es ist m hätte ich erlebt und bin zurück ins Leben, komme aus den Unfällen m richtungen der Frühheit zu Kraft. Daß es geschehen ist, macht Heiligkeit ich aber ans Ende vor meinen Spuren laufe, ebenso gewiß.

Übung am

ABKÜRZUNGEN

BA	Bundesanstalt für Arbeit
BDS	Boycott, Divestment & Sanctions
BIP	Bildung-Information-Politik als System
BKA	Bundeskriminalamt, Bundeskanzleramt
CETC	China Electronics Technology Group
CI (ratio)	Cost Index (Aufwand pro $, pro €)
CNAS	Center for a New American Security
EIB	Europäische Investitionsbank
EY	Ernst & Young
gMv	gesunder Menschenverstand
HR	Human Resources, Personal
INSA	Institut für Neue Soziale Antworten
IPN	Leibniz-Institut für die Pädagogik der Naturwissenschaften und Mathematik
IQB	Institut zur Qualitätsentwicklung im Bildungswesen
IWF	Internationaler Währungsfonds
Mifid	Finanzmarktrichtlinie
NEPS	National Educational Panel Study
OCCRP	Organized Crime & Corruption Reporting Project, Maryland
OECD	Organisation for Economic Co-operation and Development
PEP©	Posten-Einkommen-Pension
Priips	Basisinformationsblatt Finanzprodukte
VBE	Verband Bildung und Erziehung
VfZ	Vierteljahresheft für Zeitgeschichte

Das Modell des Stücks:
die Figuren sind real u versuchen, die Bacchen zu spielen.
Was ist der Motor des Dionysos-Spielers?
- er sucht Randale, Kontakt, Zwiespalt, Katastrophe,
aggresiv unter der harmlosen Maske
(das ist die Sprache), ein grausamer Gott, er treibt die Geschichte an,
er kann aber nicht „grausam" spielen, con Manipulateur.
Sprache verliert im Dialog ihre notzige Schärfe, der Situation folgend oder dem
Fehlen eines inneren Bildes, D's Verbot am Dialog geschieldet.
- wie der Mann, der sich täglich sillern einzeligst,
in die Stadt zu seinem Platz führt
u sich mit Maschinenbewegungen anhält.
Der Weg der Figur findet nur auf der Bühne statt, nicht im Vorbild,
welches dort in eine Kopie gewänigt wird. Die eigene Erfindung wird
dann auch selbt biografiert.

9.6. Probenraum:
nach dem Mord -
die Reorganisation Pafl, Geld, Brille, Schlips, Taschentuch falten
Tisch oben, Sessel unten, Fleisch – im Sack (John)
die Aufgabe wird jetzt ganz real kleine Handlungen,
die, das Geschehene angrschiehen machen
(das Blut überdecken) - Eintritt in die Wohnung kühler, mit Bedienung,
Agaue läuft sich im off waren, nimmt Platz, Klingel: Essen!
Der Haufen bleibt aber im Wohnzimmer sitzen
bis D! Umschlag, Text zur eigenen Figur (1–2 Sätz)
Programmheft: Entwurf
Gunnars Ausstellung vor der Aufführung
Kadmos, Typ des Nasiverarbeiters, der abseidgekt,
mitgemacht hat u jetzt trauert,
ober weitermacht, durch sein Alter
spanung: wieder Sturz in die Erinnerung – in der Hitze am Rande eines abge-
sitezen Kornfelds, wenn das Auto kaputt war: ich bin kaputt, ich muß jetzt flie-
gen, um die Welt zu retten (Atombomben, Gift) - was mucht Hans Martin
der Nachbar, der fruh um 7 Sturm klingelt, weil die Luft aus den Reifen ist.
Herr Bitterling, der aus dem Krieg kam, Guten Morgen sagte, sich ins Bett legte
und starb - kriegsrand, immer in der Etappe
wie um 1 Uhr in der S-Bahn, kein Mensch, links Betriebsruhe,
wo der Fernseher läuft u ein Hobbywinker
mit der Iher Heimbandsäge RX-BAT 2000/Sp Schmetterlinge austräft.
Brahms 3. Sinfonie, 3. Satz

Improvisation:
Monolog Pentheus / Klaus v. D.
„Ich trete vor mein Volk und lüge eigentlich" es ist alles gut!
in Jedem schiebt die Orgie und prägt - in der Figur u in den Reaktionen
Chor im Chaos, Begründung!
„Kultur als höchste Form der Ordnung", Kunst gegen Auflösung
hier, Mittel, um die Bacchen in den Zustand zu bringen,
nach der ersten Entgleitung u - vorsichtigen - Barrikade (Salzbrezelorgie),
einer ersten Versuchskette ...

22.2.
10.00 Moliks ‚Soundtravelling' - 12.30 Klausuraufsicht - 15.00 Altona Wohnungs-
verkauf, grade liegt das Glück in meiner Stimme, wenn ich im schwarzen Trai-
ningsanzug vor der weiten Fläche stehe und den Stuhl oder Kleiderständer fixiere,
den Saal füllend.

23.2.
Auf dem Boden der Probebühne sitzend, Kraft zur Verfügung, wenig Führung,
brachte die Sache um ihre Wirkung, aber großartig.

Die Leben des Zygmund Molik

Prophet 2

191